MANUAL BÁSICO DE PSICOLOGÍA
© Adolfo Pérez Agustí
edicionesmasters@gmail.com

Tema 1

CONCEPTO E HISTORIA

ÍNDICE

10.1. La psicología en el siglo XX

10.2. Principales áreas de investigación

10.2.1. Psicología fisiológica

1. DEFINICIÓN

La palabra "Psicología" deriva del griego psije (=soplo, alma, espíritu) + logia (=conocer) y se refiere al estudio científico del comportamiento y la experiencia, y de cómo los seres humanos y los animales sienten, piensan, aprenden y conocen para adaptarse al medio que les rodea. La psicología moderna se ha dedicado a recoger hechos sobre el comportamiento y la experiencia, y a organizarlos sistemáticamente, elaborando teorías para su comprensión. Estas teorías ayudan a conocer y explicar el comportamiento de los seres humanos y en alguna ocasión incluso a predecir sus acciones futuras, pudiendo intervenir sobre ellas.

Históricamente, la psicología se ha dividido en varias áreas de estudio; no obstante, estas áreas están interrelacionadas y frecuentemente se solapan unas a otras. La psicología fisiológica, por ejemplo, estudia el funcionamiento del cerebro y del sistema nervioso, mientras que la psicología experimental diseña tests y organiza investigaciones para descubrir, por ejemplo, cómo se aprende y se recuerda.

Las áreas de la psicología pueden también describirse en términos de áreas de aplicación. Los psicólogos sociales, por ejemplo, están interesados en el modo en que las personas se influyen mutuamente y el modo en que actúan en grupo. Los psicólogos industriales estudian el comportamiento en el trabajo y los efectos de ese entorno. Los psicólogos educativos ayudan a los estudiantes a elegir sus estudios y su futura profesión. La psicología clínica, por último, intenta ayudar a quienes tienen problemas en su vida diaria o sufren alguna enfermedad mental.

Historia

Thomas Hobbes

La psicología procede de muy distintas fuentes, pero sus orígenes como ciencia habría que buscarlos en los orígenes de la filosofía, en la antigua Grecia.

Platón y Aristóteles, como otros filósofos griegos, afrontaron algunas de las cuestiones básicas de la psicología que aún hoy son objeto de estudio: ¿Nacen las personas con ciertas aptitudes y habilidades, y con una determinada personalidad, o se forman como consecuencia de la experiencia? ¿Cómo llega el individuo a conocer el mundo que le rodea? ¿Ciertos pensamientos son innatos o son todos adquiridos?

Tales cuestiones fueron debatidas durante siglos, pero la psicología científica como tal no se inicia hasta el siglo XVII con los trabajos del filósofo racionalista francés René Descartes y de los empiristas británicos Thomas Hobbes y John Locke. Descartes afirmaba que el cuerpo humano era como una maquinaria de relojería, pero que cada mente (o alma) era independiente y única.

Mantenía que la mente tiene ciertas ideas innatas, cruciales para organizar la experiencia que los individuos tienen del mundo. Hobbes y Locke, por su parte, resaltaron el papel de la experiencia en el conocimiento humano. Locke creía que toda la información sobre el mundo físico pasa a través de los sentidos, y que las ideas correctas pueden y deben ser referidas y verificadas con la información sensorial de la que proceden.

John Locke

La corriente más influyente se desarrolló siguiendo el punto de vista empirista de Locke. Sin embargo, ciertos psicólogos europeos que han estudiado la percepción sostendrían varios siglos después la idea cartesiana de que parte de la organización mental es innata. Esta concepción aún juega un papel importante en las recientes teorías de la percepción y la cognición (pensamiento y razonamiento).

2. PERCEPCIÓN

La percepción es la acción y el efecto de percibir. Es la sensación interior que resulta de una impresión material hecha en nuestros sentidos, Aunque cuando hablamos de percepción *extrasensorial* nos referimos a fenómenos sin mediación normal de los sentidos, comprobada al parecer estadísticamente.

La percepción es el proceso mediante el cual la conciencia integra los estímulos sensoriales sobre objetos, hechos o situaciones y los transforma en experiencia útil. Por ejemplo, y a un nivel muy elemental, la psicología de la percepción investiga cómo una rana distingue a una mosca entre la infinidad de objetos que hay en el mundo físico. En los seres humanos, a un nivel más complejo, se trataría de descubrir el modo en que el cerebro traduce las señales visuales estáticas recogidas por la retina para reconstruir la ilusión de movimiento, o cómo reacciona un artista ante los colores y las formas del mundo exterior y los traslada a su pintura.

Los psicólogos de la percepción reconocen que la mayoría de los estímulos puros desorganizados de la experiencia sensorial (vista, audición, olfato, gusto y tacto) son corregidos de inmediato y de forma inconsciente, es decir, transformados en percepciones o experiencia útil, reconocible. Por ejemplo, un automóvil que circula por una carretera se ve de tamaño real, sin tener en cuenta lo pequeña o grande que sea la imagen formada en la retina del observador. Del mismo modo, un tema musical puede ser seguido a través de un conjunto de notas individuales, sin importar cuántas veces haya cambiado el compositor la clave musical. El proceso de percepción no se limita a organizar los estímulos sensoriales directos en forma de percepciones, sino que éstas, por sí mismas, recuperadas de la experiencia pasada, también se organizan favoreciendo una más rápida y adecuada formación del proceso de percepción actual.

El estudio y la teoría de la percepción superan a la psicología teórica y tienen aplicaciones prácticas en el aprendizaje, la educación y la psicología clínica. Una percepción deficiente implica experimentar el mundo como un caos, mientras que una 'extrapercepción' —eliminar estímulos que no se ajustan a los esquemas de la percepción o percibir estímulos inexistentes— puede llevar a experimentar el mundo inadecuadamente, con sentimientos de depresión en el primer caso y de alucinación o delirio en el segundo.

A pesar del papel fundamental que la percepción cumple en la vida de las personas y de los organismos más sencillos, sus procesos permanecen poco claros por dos razones principales: primero, porque los investigadores sólo han obtenido un éxito limitado al intentar descomponer la percepción en unidades analizables más simples, y, segundo, porque las evidencias empíricas, científicamente verificables, se hacen difíciles de repetir e incluso de obtener, con lo que el estudio de la percepción sigue dependiendo en gran medida de informes introspectivos, con un alto grado de subjetividad.

2.1. Constancia perceptiva

Un fenómeno que los investigadores han tratado de explicar reiteradamente es el principio de la constancia perceptiva. Una vez que un objeto ha sido percibido como una entidad identificable, tiende a distinguirse como un objeto estable, de características permanentes, a pesar de las variaciones en su iluminación, situación física observable o distancia a la que aparece. En consecuencia, aunque un objeto situado a una distancia de 100 metros produzca en la retina una imagen notablemente inferior que a una distancia de 20 metros, tenderá a percibirse como si tuviera un tamaño intrínseco.

Según la teoría clásica de la percepción que el fisiólogo alemán Hermann Ludwig Ferdinand von Helmholtz formuló a mediados del siglo pasado, la constancia en la percepción, al igual que la percepción de la profundidad y la mayoría de las percepciones, es resultado de la capacidad del individuo de sintetizar las experiencias del pasado y las señales sensoriales presentes. A medida que un animal o un niño recién nacido explora el mundo que le rodea, aprende rápidamente a organizar sus observaciones dentro de un esquema de representación tridimensional, basándose en los descubrimientos de Leonardo da Vinci: la perspectiva lineal, la ocultación de un objeto lejano por otro más cercano o una menor precisión visual a medida que los objetos se alejan.

Partiendo también de la estimulación táctil y auditiva, un niño aprende con rapidez un sinnúmero de asociaciones específicas que se corresponden con las propiedades de los objetos en el mundo físico. Tales asociaciones, o percepciones, se forman automáticamente y a tal velocidad que ni siquiera un adulto bien entrenado puede descifrar —con un grado fiable de aciertos— las señales visuales de las que proceden.

Los defensores de la teoría clásica de la percepción creían que la mayoría de ellas procedían de lo que denominaban 'inferencia inconsciente a partir de sensaciones no advertidas para el sujeto'. Sólo cuando se tiene una ilusión o una percepción deformada, como cuando las casas y los automóviles aparecen como juguetes desde un avión, el sujeto se hace consciente de tales sensaciones y accede a comprender su papel en la organización de las percepciones. Precisamente, gran parte de la investigación experimental sobre la percepción consiste en examinar a los sujetos con material de estímulo ilusorio, en un intento de diferenciar las unidades individuales de percepción del proceso global.

2.2. Investigaciones actuales

Desde el inicio de los estudios sobre la percepción, los psicólogos han intentado diferenciar en el proceso perceptivo lo innato de lo aprendido. Los experimentos en los que ingenuos animales y bebés huían de los llamados 'acantilados visuales', se diseñaron para demostrar que la percepción de la profundidad es innata. A través de experimentos similares, los teóricos de esta escuela intentan calcular las proporciones de lo innato y lo aprendido en el comportamiento perceptivo.

Recientemente, sin embargo, muchos psicólogos han llegado a la conclusión de que esta aproximación dicotómica apenas tiene base científica y aporta muy poco al estudio de la percepción, por lo que desde un enfoque más clásico proponen que la capacidad perceptiva proviene de la capacidad animal y humana de organizar la experiencia global de los individuos, lo que significa incluir las múltiples experiencias fisiológicas del desarrollo en la experiencia formal del aprendizaje. Argumentan que, aunque el recién nacido pueda carecer de experiencia visual, tiene sin embargo otras experiencias sensoriales que pueden contribuir a su capacidad para percibir la profundidad en los 'acantilados visuales'. A través de las primeras experiencias de ese tipo, los animales y los seres humanos aprenden, por así decirlo, cómo aprender.

En un descubrimiento reciente que muestra prometedores avances para desentrañar el misterio del proceso perceptivo, los investigadores de la psicología experimental han descubierto que ciertas células nerviosas y las células de la retina de anfibios y mamíferos pueden reconocer formas y movimientos específicos, en vez de reaccionar simplemente a cantidades dadas de energía luminosa reflejada por los objetos. Estas células responden a configuraciones concretas como discos y anillos, a movimientos concretos de los objetos y a la estimulación simultánea de otras ubicadas también en la retina del ojo.

3. COGNICIÓN

Cognición es el acto o proceso de conocimiento que engloba los procesos de atención, percepción, memoria, razonamiento, imaginación, toma de decisiones, pensamiento y lenguaje.

Los intentos de explicar el modo en que los procesos cognitivos tienen lugar son tan antiguos como la propia filosofía; el término, de hecho, procede de los escritos de Platón y Aristóteles. Con el nacimiento de la psicología como disciplina científica independiente de la filosofía, la cognición se ha estudiado desde otros puntos de vista.

Desde la década de 1950 se ha establecido una escuela de psicología, denominada psicología cognitiva, que estudia la cognición desde el punto de vista del manejo de la información, estableciendo paralelismos entre las funciones del cerebro humano y conceptos propios de la informática como codificación, almacenamiento, recuperación y ordenación de la información. La fisiología de la cognición tiene poco interés para los psicólogos cognitivos, pero sus modelos teóricos han profundizado en la comprensión de la memoria, la psicolingüística y el desarrollo de la inteligencia, lo que ha permitido avanzar en el terreno de la psicología educativa.

Por su parte, los psicólogos sociales se han ocupado desde mediados de la década de 1960 de la consistencia cognitiva, tendencia de las personas a establecer una consistencia lógica entre sus creencias y sus acciones. Cuando no aparece esta consistencia (denominada disonancia cognitiva), se intenta restablecer cambiando su comportamiento, sus creencias o sus percepciones. El modo en que se clasifican los distintos conocimientos para establecer el orden mental interno es una de las claves de la personalidad; básicos para entender las reacciones de un individuo en un momento determinado y sus posibles desequilibrios mentales, se les ha denominado 'estilos cognitivos'.

4. PROCESOS PSICOLÓGICOS BÁSICOS

4.1. El positivismo

En el s. XIX aparece el positivismo, método que dice que es verdad aquello que podemos medir, contar o pesar. Se trata de un sistema de filosofía basado en la experiencia y el conocimiento empírico de los fenómenos naturales, en el que la metafísica y la teología se consideran sistemas de conocimiento imperfectos e inadecuados. Fue utilizado por primera vez por el filósofo y matemático francés del siglo XIX Auguste Comte, pero algunos de los conceptos positivistas se remontan al filósofo británico David Hume, al filósofo francés Saint-Simon, y al filósofo alemán Kant.

Comte eligió la palabra positivismo sobre la base de que señalaba la realidad y tendencia constructiva que él reclamó para el aspecto teórico de la doctrina. En general, se interesó por la reorganización de la vida social para el bien de la humanidad a través del conocimiento científico, y por esta vía, del control de las fuerzas naturales. Los dos componentes principales del positivismo, la filosofía y el Gobierno (o programa de conducta individual y social), fueron más tarde unificados por Comte en un todo bajo la concepción de una religión, en la cual la humanidad era el objeto de culto. Numerosos discípulos de Comte rechazaron, no obstante, aceptar este desarrollo religioso de su pensamiento, porque parecía contradecir la filosofía positivista original. Muchas de las doctrinas de Comte fueron más tarde adaptadas y desarrolladas por los filósofos sociales británicos John Stuart Mill y Herbert Spencer así como por el filósofo y físico austriaco Ernst Mach.

4.1.1. Auguste Comte

(Montpellier, 1798-París, 1857) Filósofo francés. A los diecinueve años fue nombrado secretario de Saint-Simon, con quien colaboró estrechamente de 1817 a 1823. Tras una violenta ruptura con su mentor, desarrolló su propia «sociología positiva» a lo largo de más de diez años, viéndose su trabajo interrumpido en ocasiones por ataques de enajenación mental y dificultado por acuciantes necesidades económicas, resueltas sólo en parte gracias a la ayuda de sus amigos.

Desde 1830 a 1842 publicó los seis volúmenes de su Curso de filosofía positiva, en el que fundamentó su método epistemológico, modelado sobre el ejemplo de la ciencia experimental.

Según su «teoría de los tres estadios», la sociedad sigue necesariamente una evolución en tres fases: teológica, metafísica y positivista, hallándose él mismo y la sociedad de su tiempo en la última. A cada uno de los estadios corresponde una estructura de las creencias y de las normas morales, derivando su teoría, por tanto, hacia un relativismo moral.

El método empleado por Compte, correspondiente al modelo de conocimiento del último estadio, parte siempre de los «hechos», entendidos como los fenómenos comprobables empíricamente, mediante la intervención de los sentidos. En 1844, año de la aparición de Discurso sobre el espíritu positivo, conoció a Clotilde de Veux, que murió dos años después. Con ella mantuvo una apasionada relación que le condujo hacia el misticismo, motivo por el cual, a partir de 1845, quiso obtener a partir de su filosofía una religión para la humanidad. Desde 1848 hasta su muerte vivió sumido en la pobreza, lo cual no fue obstáculo para que entre los años 1852 y 1854 apareciera El sistema de la política positiva, obra que sigue vigente en algunos aspectos. Comte es considerado el fundador de la sociología y el punto de partida del positivismo.

A principios del siglo XX un grupo de filósofos interesados en la evolución de la ciencia moderna, rechazaron las ideas positivistas tradicionales que creían en la experiencia personal como base del verdadero conocimiento y resaltaron la importancia de la comprobación científica.

Este grupo fue conocido como los positivistas lógicos entre los que se encontraban el austriaco Ludwig Wittgenstein y los filósofos británicos Bertrand Russell y George Edward Moore. El *Tractatus logico-philosoficus* (1921) resultó tener una influencia decisiva en el rechazo de las doctrinas metafísicas por su carencia de sentido y la aceptación del empirismo como una materia de exigencia lógica.

Los positivistas hoy en día, que han rechazado la llamada escuela de Viena, prefieren denominarse a sí mismos empiristas lógicos para disociarse de la importancia que dieron los primeros pensadores a la comprobación científica. Mantienen que el principio de verificación en sí mismo es inverificable en el campo filosófico.

A partir de estas ideas surge la Psicología como ciencia (Psicología científica); su padre es Wundt, que fundó el primer laboratorio de Psicología (1875) y estudió la conciencia definiéndola como una estructura sustentada por dos superestructuras: las sensaciones y los sentimientos.

La conciencia, para él, es estática, no cambia, pues ante estímulos iguales, las sensaciones y sentimientos son los mismos. Al partir del positivismo, debía medir los sentimientos y para ello sometía a un sujeto a diferentes estímulos durante un determinado tiempo; dicho sujeto hablaba de lo que sentía mirando en su interior.

Esto es lo que se conoce como introspección (vehículo hacia la conciencia), sin embargo, no todos los individuos son capaces de realizarla, por eso, Wundt estudia con individuos adultos y de un coeficiente intelectual normal.

El resultado es que basándose en el método positivo, controla las posibles variables. A esta corriente se le denominará estructuralismo, ya que Wundt estudia la conciencia como una estructura, dejando de lado su función.

4.1.2. Wundt

Wundt nació en Neckarau, actual Alemania, en 1832 y después de estudiar medicina Heidelberg se dedicó a la investigación en el ámbito de la fisiología y anatomía patológica. En 1856 fue a Berlín para trabajar en el laboratorio de J. Müller, tras lo cual trabajó en la universidad de Heidelberg (1858-1874). Más tarde se trasladó a la Universidad de Leipzig (1875-1917), donde creó el primer laboratorio experimental de psicología. Influido por Helmholtz, dirigiendo sus esfuerzos a hacer de la psicología una ciencia experimental autónoma, distinta de la fisiología. Propuso para la nueva ciencia un método introspectivo que debía guiar, sin embargo, un especialista: el psicólogo. Es autor, entre otras obras, de Fundamentos de psicología fisiológica (1873), Compendio de psicología (1896) y Psicología de los pueblos (1900-1904).

4.1.3. William James

Por las mismas fechas, surge en EE.UU. William James quien, en un viaje por Europa, se adscribe a las clases de Wundt. Cuando vuelve, termina su carrera y funda un laboratorio de Psicología, volviendo poco después a los estudios de Wundt. Sin embargo, no considera la conciencia como algo estático, sino dinámico, que se mueve, a la que compara con un pájaro, que unas veces vuela y otras se posa. Cuando vuela, recoge lo que observa; cuando se posa, procesa lo observado.

La conciencia será una función, no una estructura, y se llega a ella a través de la introspección, pero cae en el mismo problema de que no todos pueden realizarla, por eso decide servirse de la intervención de otros, ampliando así su margen de estudio. De esta manera, los psicólogos son capaces de llegar a la conciencia a través de la observación de la conducta.

A esta corriente se le denomina funcionalismo porque estudia las funciones de la conciencia y también la conducta, y tiene en cuenta el pragmatismo de Peirce: *"una cosa es verdad si funciona y si funciona para mí"*

James se centró en el tema de los hábitos y las emociones. Todo lo que hemos automatizado, haciéndolo hábito, lo pasamos a niveles inferiores dejando espacio en la conducta para otros conocimientos que, más tarde, automatizaremos. Las teorías tradicionales afirman que primero se da un sentimiento y luego se manifiesta fisiológicamente (1°- se manifiesta la tristeza, luego lloramos), pero según la teoría de las emociones de James, primero es la manifestación fisiológica y, luego, el sentimiento. Esta teoría, llamada "de la emoción de James-Lange", se da por cierta.

La biografía de William James nos cuenta que nació en Nueva York, en 1842, y la peculiaridad de su pragmatismo se debe a que su formación, a caballo entre Europa y Estados Unidos, quedó abierta a influencias de diversa índole. Por una parte, su trabajo es deudor del padre del pragmatismo, Peirce, aunque por otra también lo es del espiritualismo europeo de la época, especialmente el de Bergson. El filósofo parte de la tesis pragmatista de que «la percepción y el pensamiento existen sólo con miras a la conducta». Continúa afirmando que todo procedimiento de investigación está dirigido hacia la determinación de una creencia, tal como había afirmado ya Peirce, cuya propuesta metodológica adopta también James.

En realidad se trata de determinar las creencias involucradas en un sistema científico y aceptar como preferente la que sea más susceptible de rectificación.

Si para Peirce este método debe servir para asegurar la validez objetiva de la ciencia, la lectura que realiza James del pragmatismo es más instrumentalista. Según su punto de vista, la única diferencia entre las creencias seculares y las religiosas reside en que estas últimas suponen para quien las adopta un riesgo mayor, precisamente por cuanto se trata de una creencia ambiciosa. Puesto que las creencias sirven a la acción y funcionan como una apuesta del sujeto a fin de poder llevar una vida mejor, la creencia religiosa no ha perdido validez, según James, pese a la secularización progresiva de Occidente. Por otra parte, entiende que, dado que toda afiliación a una creencia comporta un riesgo, lo que hace falta es mirar hasta qué punto una creencia compensa el riesgo derivado de adoptarla, según la utilidad que reporte, tal como defiende en "La voluntad de creer" (1897).

Este planteamiento deja al descubierto el hecho de que para James el pragmatismo sirve de puente hacia un relativismo subjetivista, que defiende un mundo plural (tantos mundos como individuos), opuesto a la noción tradicional de universo, y que ofrece sólo, si acaso, un «pluriverso» (*Un universo pluralista*, 1909). Su obra programática se titula *Pragmatismo*, aunque no menos interesante es *Un nombre nuevo para algunos antiguos modos de pensar* (1907). Interesado en diversas disciplinas, James enseñó psicología (1889-1897) y filosofía (1897-1907) en la Universidad de Harvard.

En 1913, la escuela americana de Psicología fundada por James va a dar una figura muy importante: Watson (que veremos más adelante), quien insiste en que tenemos que dejar de hablar de la conciencia. Asegura que la Psicología tiene que ser una ciencia natural y para ello no puede estudiar la conciencia sino la conducta, la cual será definida por primera vez (tenía que poderse medir). Su tesis es que todo son movimientos musculares y glandulares producidos por estímulos físicos; con esto, la Psicología entra por el seguro camino de la Ciencia.

5. SIGMUND FREUD

Nacido en Freiberg, actual República Checa, en 1856, este psiquiatra austriaco es considerado el fundador del psicoanálisis. De origen judío, su familia se trasladó a Viena, donde residió prácticamente toda su vida. En 1883 se licenció en medicina, para especializarse luego en psicopatología, obteniendo dos años más tarde una beca para estudiar en el hospital de la Salpêtrière de París con Charcot. De regreso a su país, se estableció en una consulta privada junto con su colega y amigo Breuer, donde trataban a los pacientes neuróticos mediante la técnica de sugestión hipnótica de Charcot. Sin embargo, a partir de una primera experiencia de Breuer con una paciente con síntomas de histeria, él y Freud empezaron a interesarse por la técnica de la asociación libre, consistente en animar al paciente a hablar libremente, sin control consciente, lo que los llevó a constatar mejoras, producidas al parecer por el simple hecho de verbalizar determinados conflictos; ambos publicaron estas experiencias clínicas en Estudios sobre la histeria (1895).

Freud estableció la hipótesis de que este material provenía del inconsciente, parcela de la psique humana habitualmente escondida o fuera del acceso de la conciencia. A diferencia de

Breuer, sostuvo que la fuerza determinante en estos casos era la libido, o energía sexual, contra cuyos deseos la psique establecía defensas; del éxito o el fracaso a la hora de alcanzar un compromiso entre ambas dependía la formación de síntomas neuróticos, que no eran más que la satisfacción desviada del deseo (o «pulsión»). También consideró que el material conflictivo almacenado en el inconsciente procedía en gran medida de traumas de la infancia, más que de problemas actuales. A partir de estas intuiciones originales, y rota ya su relación con Breuer, Freud trató de fundamentar su teoría sobre un individuo «normal», es decir, él mismo, llevando a cabo su autoanálisis. La vía de acceso a su propio inconsciente fueron los sueños, que, según Freud, manifestaban un sentido tras su apariencia absurda, aunque la relativa pervivencia del control consciente obligaba a manifestarlo de modo indirecto. Ello se lograba mediante mecanismos tales como la condensación o el desplazamiento, por lo que en los sueños se satisfacían las pulsiones inconscientes de modo alucinatorio.

Los resultados se reflejaron en *La interpretación de los sueños* (1900), aunque en posteriores estudios Freud extendió sus análisis a los olvidos y lapsus del habla corriente, y también a los chistes. En 1905 aparecieron sus *Tres ensayos* sobre una teoría sexual, uno de los primeros estudios de sexología, en los que postulaba una importante actividad sexual en el niño y definía una serie de fases en su desarrollo, marcadas por diferentes zonas erotogénicas. La fase fundamental de esta evolución está marcada por un conflicto –que llamó complejo de Edipo– en el que se producen complejas relaciones de atracción y rechazo respecto a los propios padres. Del éxito relativo en la superación del conflicto depende el desarrollo de una vida sexual normal, o bien, el de perversiones sexuales.

A pesar del escándalo que provocaban sus teorías, ya a partir de 1900 se empezó a formar un grupo de investigadores y alumnos alrededor de él –que en 1908 se denominó Sociedad Psicoanalítica de Viena–, cuya vida estaría marcada por las rupturas y los cismas, en especial los de Adler y Jung. En 1916, Freud publicó *Introducción al psicoanálisis*, obra en la que ampliaba y clarificaba su teoría al definir el Ello, el Superyo y el Yo, entre los que se dirimía la relación entre el principio del placer y el principio de realidad, aunque más tarde superpondría en parte a estos principios el eros (principio de vida) y el thanatos (principio de muerte). En 1938 se refugió en Londres, huyendo de la ocupación nazi de su país, y ya gravemente afectado por un cáncer palatal que le había sido diagnosticado en el año1923.

Obras maestras:
Estudios sobre la histeria (1895)
La interpretación de los sueños (1900)
El chiste y su relación con lo inconsciente (1905)
Tres ensayos sobre la teoría sexual (1905)
Tótem y tabú (1913)
Introducción al psicoanálisis (1916)
El yo y el ello (1923).

Una vez afirmó *que «estamos progresando. En la Edad Media me habrían quemado y ahora se conforman con quemar mis libros.»*
En Europa (1895), Sigmund Freud también trabaja en psicología tomando la conciencia como objeto de estudio, aunque verá la conciencia del hombre desde la enfermedad. En 1895, junto a Breuer, escribe "Estudios sobre la histeria", donde se plantea el

21

objeto de su estudio y de donde partirá su teoría del psicoanálisis con 3 objetivos:

-Que sea un método de curación.
-Que sea una teoría científica sobre la psique humana.
-Que sea un método de investigación que sirva para elaborar esta nueva teoría de la psique.

Freud concibe la mente o consciente dividida en 2 partes: La conciencia y el inconsciente. El inconsciente es lo que no sabemos que tenemos, y entre ambas hay una zona: el preconsciente. Cuando algo nos avergüenza, lo almacenamos en el inconsciente (olvido activo), fuera de la conciencia; esto es lo que se conoce como represión. Sin embargo, estos datos luchan por volver a salir, bien a través de los sueños (cuyo contenido represivo puede verse de forma real o simbólica, en este caso, debe interpretarse) o bien a través del Lapsus Lingüe (equivocaciones al hablar). Cuando los contenidos reprimidos son de índole sexual, aparece la Neurosis y para curarla se ha de llegar al inconsciente, para ello, hay 3 caminos:

a) **Método de asociación libre de ideas:** El paciente va a hablar (se pensaba que los pensamientos se asociaban unos con otros, hoy sabemos que no se asocian, se implican). Asociando ideas día tras día, Freud vio que llegaba un momento en que sus pacientes (sobre todo mayores) no recordaban 5, 4, 3 años en el pasado, por lo que allí estaba su objetivo.
b) **Interpretación de los sueños.**
c) **Estudiar los fallos del lenguaje.**

Freud se pregunta qué es lo que mueve a las personas enfermas a seguir viviendo y querer curarse. En principio cree que es un instinto de vida o la libido (aquí hay una parte de tipo sexual).

Hay también un instinto de muerte al que denominaba como tánatos.

Según Freud, lo reprimido siempre vuelve, aunque eso es incierto, ya que las nuevas experiencias pueden anular esas represiones. Con ello se convirtió en uno de los iconoclastas del mundo occidental al asegurarnos que estamos influenciados por el logos, la razón, pero también por lo reprimido y el instinto.

Más tarde desarrolló su teoría a partir de sus casos clínicos, hablando entonces sobre la estructura de la mente, la cual podemos simplificar así:

Dice que el sujeto tiene una parte llamada ID o ello (el niño, al nacer, es todo ID), que es inconsciente, y, poco a poco, va surgiendo el ego o yo (es el principio de realidad, el ID es el principio de placer). El Ego surge del ID, del inconsciente, por eso tiene una parte de inconsciente, pero coge mucha parte del consciente.

El Ego no tiene energía propia, sino que ha de coger la energía para actuar del ID (mediante un proceso de identificación).

El mundo exterior está habitado por otros sujetos que interaccionan con uno mismo en un mundo con normas. Así aparece el Superego (al interiorizar valores los pasamos al inconsciente), son las normas culturales, sociales, morales... de una determinada cultura; nos viene de fuera y lo hacemos nuestro, lo interiorizamos, pero cuando sale el animal que llevamos dentro, tenemos que reprimirlo.

-Quien tiene fuerte el ID es el tipo erótico.
-El que tiene muy fuerte el Ego va a ser el tipo narciso.

23

-El que tenga el Superego es el tipo obsesivo

5.1. Etapas de desarrollo según Freud

1ª. Etapa Autoerótica: El objeto de placer es uno mismo. Esta etapa (0 a 3 años) podría subdividirse en 2 etapas:

a) Fase Oral: El objeto de placer es la boca, los bebés todo se lo llevan a la boca.
b) Fase Anal: No deja de tener importancia la boca, pero ahora siente placer en controlar o no controlar el recto.

2ª.Etapa Fálica o Erótica: De 3 a 6 años. Es la gran etapa de los complejos, aquello que no recordaban los pacientes de Freud. La gente que dice muchas palabrotas es que en la niñez habrá tenido una represión oral. Aquí el objeto de placer es el falo, pero el objeto de amor está fuera del sujeto: la madre, pero, a la vez, tiene un rival, que es el padre para tener a su madre. No acepta la situación y tiene que reprimir los celos (complejo de Edipo en el niño; en la niña, complejo de Electra).

Hay otros complejos o conflictos, otros deseos o pulsiones que tiene que reprimir. En la niña: el complejo por la falta de pene ('"envidia del pene"); En el niño aparece el complejo de castración: teme que el padre conozca sus deseos hacia la madre y decida castrarle.

3ª Etapa de Latencia: Desde los 6 años hasta la pubertad. Se caracteriza por los complejos de la fase anterior que ahora están latentes, lo que origina que el niño   vuelque su conocimiento hacia el mundo exterior. El mundo escolar aprovecha este momento en el que al niño le interesa aprender.

4ª. Etapa adulta: (De la sexualidad adulta). El sujeto realiza un sexo normal, adulto. El tema es: ¿Qué ocurre? ¿Cuándo?

Algunas personas se habrán quedado en una determinada etapa, sin evolucionar y cuando un sujeto no ha pasado las etapas anteriores, según Freud, pueden ocurrir dos cosas:

a) Es la represión y cuando ocurre da lugar a la Neurosis y enferma.

b) Puede no reprimirla, en este caso da lugar a la perversión sexual.

Las tensiones que están en el subconsciente se manifiestan en el ""yo" y éste manifiesta la ansiedad, algo con lo que es difícil vivir. Surge en el yo que se siente oprimido por el ID y por el Superego (tú deseas tal cosa, pero las normas son otras...) entonces el "yo" genera unos mecanismos de defensa para suprimir o mitigar la angustia o ansiedad.

5.2. Mecanismos

Identificación:

El sujeto se hace con otro sujeto que le parece deseable, especialmente de otro que no tiene sus problemas. Este es el sujeto que para organizar su psiquismo se identifica con la madre para ser uno mismo. Más tarde buscan un líder, una pareja o un ídolo.

-Racionalización:

Consiste en buscar razones lógicas a lo que es absurdo; en realidad, busca razones psicológicas (yo quiero coger uvas, pero como no llego, digo que están verdes).

-Regresión:

Un sujeto que está en una etapa evolutiva, siempre que tiene que pasar a otra etapa, sufre; se le pide más y a veces vuelve, regresando al estadio anterior.

-Represión:

Mandar al inconsciente todos aquellos pensamientos, deseos... que nos hacen daño.

-Sublimación:

Es cambiar el objeto que no es aceptado por otro que sí es valorado (si su deseo no es aceptado socialmente, lo cambia por otro).

El mecanismo de defensa es un mecanismo inconsciente que surge basado en la ansiedad del "yo" por las presiones que recibe del ID y el Superego.

6. REFLEXOLOGÍA (PAVL0V)

Un reflejo es un estímulo que llega a los receptores y obtiene una respuesta.

Iván Pavlov pertenecía a la pequeña burguesía rusa y cuando estudiaba el proceso de la digestión utilizando perros, se encontró con un hecho curioso: los perros antes de comer, al ver la comida, salivaban. Le pareció curioso que esto les ocurriera antes de tener la comida en la boca y después de grandes investigaciones en este sentido le dieron el Premio Nóbel por el estudio de un estímulo no natural, sino aprendido.

Pavlov nos dio la clave sobre la forma que tenemos de aprender comportamientos y aunque siempre trabajó con animales, sus colaboradores y discípulos trabajaron con humanos.

Un estímulo natural se llama estimulo incondicional, y da lugar a una respuesta incondicional. Un estímulo no natural, que se llama estímulo condicionado (una alarma, accionada por una persona) da lugar a una respuesta condicionada similar a la respuesta incondicionada.

Pavlov no estudiaba la conciencia (no necesitaba la mente del perro), pues lo que le interesaba era la conducta, en concreto la conducta aprendida. Sus estudios sirven de base para la Psicología de los siguientes 50 años.

Ivan Petrovich Pavlov había nacido en Riazán, actual Rusia, en 1849 y era hijo de un pope ortodoxo, un monje de la iglesia cismática griega. Cursó estudios de teología, que abandonó para ingresar en la Universidad de San Petersburgo y estudiar medicina y química. Una vez doctorado, amplió sus conocimientos en Alemania, donde se especializó en fisiología intestinal y en el sistema circulatorio. En 1890 sentó plaza de profesor de fisiología en la Academia Médica Imperial, y en la década siguiente se centró en la investigación del aparato digestivo y el estudio de los jugos gástricos, trabajos que le valieron el Premio Nóbel en 1904.

Pavlov es conocido, sobre todo, por la formulación de la ley del reflejo condicionado, que desarrolló después de advertir que la salivación de los perros que utilizaba en sus experimentos podía ser resultado de una actividad psíquica. Al efecto, realizó el famoso experimento consistente en tañer una campana inmediatamente antes de dar el alimento a un perro, para concluir que, cuando el animal estaba hambriento, empezaba a salivar en cuanto oía el sonido habitual.

La guerra civil y el advenimiento del comunismo no afectaron sus investigaciones. A pesar de no ser afecto al nuevo régimen, los comunistas, que valoraban su talla como científico, no lo represaliaron como a tantos otros que, como él, habían mostrado su rechazo a los métodos del gobierno. En una ocasión llegó a declarar: «Por este experimento social que estáis realizando, yo no sacrificaría los cuartos traseros de una rana.» Los comunistas no dudaron en aplicar la teoría del reflejo condicionado de Pavlov a fines que su descubridor nunca hubiese podido imaginar: el condicionamiento de seres humanos, efectuado en el sistema carcelario soviético. En los años treinta, Pavlov volvió a significarse al anunciar el principio según el cual, la función del lenguaje humano es resultado de una cadena de reflejos condicionados que contendrían palabras.

7. JOHN BROADUS WATSON

Nos trasladamos ahora a América, la escuela más fuerte el Conductismo, que surge representada por Watson.

Nacido en Greenville, EE UU, en 1878 y fallecido en Nueva York, en 1958, se trasladó a Chicago para estudiar filosofía, atraído por Dewey y el pragmatismo, pero pronto comenzó a interesarse por la psicología. Se doctoró en 1903 y empezó a trabajar como asistente instructor en psicología animal. En 1907 pasó a la Universidad Johns Hopkins, donde estudió los procesos sensoriales en los animales. Su convencimiento de que las referencias a los contenidos de la mente y a la conciencia no podían someterse a ningún criterio objetivo y suscitaban una problemática seudocientífica, le llevó a la utilización de los únicos datos objetivos existentes en el análisis psicológico, es decir, aquellos que proporcionaba la conducta exterior. En 1914 publicó *El conductismo: una introducción a la psicología comparativa,* donde postulaba la observación directa de la conducta con el objetivo de hallar conexiones entre ella y la fisiología subyacente. Durante los años veinte abandonó la actividad académica, aunque continuó publicando numerosos ensayos, entre los cuales destacan *Conducta* (1914) y *Conductismo* (1924).

Watson, que conocía bien la obra de Pavlov, lo aplicó a su nueva concepción de conducta. En 1913, en una asamblea en Nueva York, lanza el Manifiesto Conductista que decía lo siguiente: "Dadme un grupo de niños y decid qué queréis que sean; tengo el método eficaz", y añadió: "Déjenme elegir a aquellos sujetos con buena naturaleza". Su secreto era que utilizaba la conducta aprendida por estímulos.

Descubre que hay 3 emociones básicas (Comportamientos emocionales): El Amor, la Ira y el Miedo. La conducta es la respuesta a un estímulo, y pronto averigua que estas conductas son aprendidas, no innatas y todo lo que se aprende podemos desaprenderlo. También dijo: *"La mente, si es que existe, no es objeto de la Psicología, nosotros estudiamos la conducta producida como respuesta a estímulos físicos"*. Aparece el paradigma Estímulo-Respuesta (E-R) y dice: "Yo puedo predecir la conducta, siempre que conozca el estímulo. Según la conducta que deseo producir, aplico unos a otros estímulos".

A medida que van avanzando estos estudios, se dan cuenta de que el paradigma E-R no es siempre como se creía, pues hay que ampliarlo con una variable mediadora que es el organismo. Al aplicar el nuevo paradigma surge el NEOCONDUCTISMO, cuyo principal representante fue Skinner, quien defendía la no inclusión de la conciencia o los conceptos mentales en Psicología.

La variable mediadora va a ser considerada como la caja negra para los neoconductistas. Hoy en día, ya no se habla del conductismo, lo consideramos como un mal necesario que consiguió ciertos avances, aunque no se pueda hablar de Watson y el Conductismo en la Facultad de Psicología, ya que no explicaba todo y era una visión muy estrecha. Watson murió en el año 54, justo cuando aparece el primer cerebro electrónico.

8. BURRHUS FREDERIC SKINNER

Este psicólogo nació en Susquehanna, EE UU, en 1904 y en Cambridge, en 1990. Obtuvo el doctorado en psicología por la Universidad de Harvard en 1931, y continuó sus investigaciones en la misma universidad como asistente de laboratorio de biología con el profesor Crozier; en 1936 empezó a trabajar como profesor en la Universidad de Minnesota, donde permaneció nueve años. En 1938 publicó su primer libro, Las conductas de los organismos, y tras un breve período en la Universidad de Indiana, se estableció en Harvard (1948).

Influido por la teoría de los reflejos condicionados de Pavlov y por el conductismo de Watson, Skinner creyó que era posible explicar la conducta de los individuos como un conjunto de respuestas fisiológicas condicionadas por el entorno, y se entregó al estudio de las posibilidades que ofrecía el control científico de la conducta, mediante técnicas de refuerzo (premio de la conducta deseada), necesariamente sobre animales. Entre sus experimentos más célebres cabe citar el adiestramiento de unas palomas para jugar al pimpón, la llamada caja de Skinner, todavía hoy utilizada para el condicionamiento de animales, o el diseño de un entorno artificial específicamente pensado para los primeros años de vida de las personas.

Su conductismo radical levantó abundante polémica en su país, y alcanzó una fama notable con la publicación de la novela *Walden 2* (1948), en la que especulaba sobre una sociedad futura totalmente programada con técnicas de ingeniería de la conducta. En su ensayo *Más allá de la libertad y la dignidad* (1971), defendió que tales conceptos resultaban en último término perniciosos para la sociedad, y que la única manera de alcanzar una convivencia óptima pasa necesariamente por aplicar unas técnicas adecuadas en el diseño de la conducta de sus miembros.

9. COGNITIVISMO

La aparición de las computadoras, los avances neurológicos y la teoría de la información, junto con las teorías de Chonsky, van a cambiar el signo de la Psicología, pero no su objeto, pues sigue estudiando la conducta basada en estos apartados:

1.-La conducta va a ser la actividad de un sujeto.

2.-Esa conducta tiene una finalidad, se conduce para algo; en el ser humano, tiene valores, pero la finalidad teleológica también la tienen los animales. La teleología es la parte de la metafísica que estudia las causas finales.

Es una doctrina que considera el Universo, no como una sucesión de causas y efectos, sino como un orden de fines que las cosas tienden a realizar. Se opone al mecanicismo en que mientras éste afirma el dominio de la ciega necesidad, la teleología sostiene el dominio de la razón y de la finalidad.

3.-Retroalimentación: La conducta no actúa en el vacío y una conducta determinada influye en las demás conductas (Feed-Back).

En 1954, surge la nueva escuela del COGNITIVISMO, la cual estudia la conducta y la conciencia. Su paradigma más importante defiende que: por una parte la persona, por otra el ambiente y, por otra, la conducta, todos están interrelacionados, se influyen unos a otros.

Esto es lo que se denomina Cognitivismo social. Algunos psicólogos cognitivos fueron: Simon, Newell, Miller, etc.

9.1. Gestalt

2.2. Teoría de la Gestalt

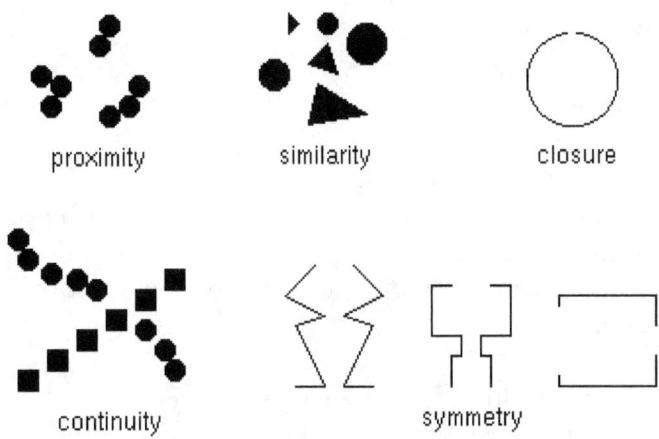

Según la escuela de psicología de la Gestalt, célebre en la década de 1920, la percepción debe estudiarse no analizando unidades aisladas como las sensaciones simples, sino tomando en cuenta configuraciones globales (en alemán, *Gestalten*) de los procesos mentales. En este sentido, la unidad perceptible real es la forma: una estructura mental que toma sus atributos de una estructura correspondiente a los procesos cerebrales. Los experimentos de los partidarios de esta teoría muestran que la percepción de la forma no depende de la percepción de los elementos individuales que la constituyen. En consecuencia, la cuadratura se puede percibir tanto en una figura hecha con cuatro líneas rojas como en otra hecha con cuatro puntos negros. Del mismo modo, la mente percibe la música no como una suma de notas individuales de varios instrumentos y voces, sino según las leyes de organización que hacen que el individuo perciba una unidad simple y organizada de principio a fin.

Aunque esta escuela hizo importantes contribuciones al estudio del aprendizaje y de los procesos creativos, los informes introspectivos de los que dependía para explicar la percepción continuaron siendo demasiado subjetivos. Es más, los procesos fisiológicos innatos, a los que la psicología gestáltica atribuía las leyes de organización de la percepción, han sido ampliamente refutados.

Mientras se está desarrollando el Conductismo, la GESTALT (=Totalidad, todo), va a ser muy importante en la educación. De esta escuela salieron cosas influyentes para el descubrimiento del teléfono, del cine, todo lo que implique una perfección.

Este último paradigma de la Psicología actual incluye: el ambiente físico, el ambiente social (con quién nos relacionamos), y el rol o papel que desempeñamos, los cuales influyen en el sujeto. En éste, a su vez, hay distintos sistemas: El subsistema Receptor, el subsistema Cognitivo.

La GESTALT nace aproximadamente en 1912. En este año, Whertheimer descubre el fenómeno del movimiento aparente (ej. la cruz de la farmacia, no se mueve, se enciende y apaga) y lo aprovechó para recoger estudios anteriores y dar una nueva teoría sobre cómo percibimos.

Se veía que nosotros percibíamos figuras individuales, pero lo que percibimos son las totalidades, no las partes (ej. vemos la casa, no los ladrillos). Esto es una Psicología holística o molar.

El estudio básico de la Gestalt va a ser la percepción, y por ello trabajan sobre la idea del isomorfismo, aunque piensan que hay una relación paralela, un paralelismo entre el hecho firme y la percepción de ese hecho. Para que se vea una casa, hay un paralelismo entre el hecho casa, con mi percepción de la casa (representación mental) y los soportes mentales del cerebro que me hacen capaz de percibirla.

Otro concepto importante es el tema del aprendizaje y que difiere del aprendizaje conductista: no es un aprendizaje asociativo, sino por descubrimiento.

El aprendizaje por insigt (por descubrimiento) carece de asociación de estímulos, y el individuo descubre el medio para lograr sus fines.

La GESTALT fue perseguida por los nazis y no pudieron seguir adelante, la desintegraron, pero quedará como un alimento para lo que será la Psicología social (La Psicología americana).

Según el punto de vista del asociacionismo, los estímulos se reciben primero aislados (como 'sensaciones') que después se organizan en imágenes perceptivas más complejas. Pero esta explicación era insuficiente ante ciertos fenómenos, incluso en el terreno del aprendizaje; si se condiciona a un animal a elegir un huevo gris situado entre varios de color blanco, según la perspectiva asociacionista, el estímulo condicionado, el huevo gris, debería ser elegido también en otro contexto distinto. Sin embargo, se comprobó que situado entre varios huevos de color negro, nunca era elegido; en cambio, si se colocaba un huevo negro junto a varios de color gris, era el negro el elegido; lo que probaba que el condicionamiento no se había implantado respecto de un estímulo, sino de una configuración (huevos más oscuros que los circundantes). Del mismo modo, un ave adiestrada para descender al ver un cuadrado en el suelo, desciende también si el cuadrado no es tal, sino un esquema del mismo formado por las cuatro piedras de los vértices (que el animal reconoce como la misma configuración). Además del contexto, el significado o el valor de un estímulo es esencial, máxime en la percepción humana.

10. DESARROLLO CIENTÍFICO DE LA PSICOLOGÍA

Aparte de esta herencia filosófica, el campo que más ha contribuido al desarrollo de la psicología científica ha sido la fisiología, es decir, el estudio de las funciones de los diversos órganos y sistemas del cuerpo humano. El fisiólogo alemán Johannes Müller intentó relacionar la experiencia sensorial con las actividades del sistema nervioso y del entorno físico de los organismos, pero los primeros representantes auténticos de la psicología experimental fueron el físico alemán Theodor Fechner y el fisiólogo, también alemán, Wilhelm Wundt. Ambos son considerados los padres de la actual psicología científica. Fechner desarrolló métodos experimentales para medir la intensidad de las sensaciones y relacionarla con la de los estímulos físicos que las provocaban, estableciendo la ley que lleva su nombre y que es, aún hoy, uno de los principios básicos de la percepción. Wundt, que en 1879 fundó el primer laboratorio de psicología experimental en la ciudad alemana de Leipzig, formó a estudiantes del mundo entero en la nueva ciencia.

Los médicos, preocupados por las enfermedades mentales, también contribuyeron al desarrollo de las modernas teorías psicológicas. Así, la clasificación sistemática de las enfermedades mentales desarrollada por el pionero de la

36

psiquiatría Emil Kraepelin, estableció las bases de los métodos de clasificación aún en uso. Más conocido, sin embargo, es el trabajo de Sigmund Freud, quien elaboró el método de investigación y tratamiento conocido como psicoanálisis. En sus trabajos, Freud llamó la atención sobre las pulsiones y los procesos motivacionales inconscientes que determinan el comportamiento humano. Este énfasis en los contenidos del pensamiento y en la dinámica de la motivación, más que en la naturaleza de la cognición por sí misma, ejerció una influencia decisiva en el desarrollo de la psicología contemporánea.

10.1. La psicología en el siglo XX

Hasta la década de 1960 la psicología estuvo imbuida de consideraciones de índole eminentemente práctica; los psicólogos intentaron aplicar la psicología en la escuela y en los negocios, interesándose muy poco por los procesos mentales y haciendo hincapié en el comportamiento (la conducta) por sí mismo.

La psicología actual todavía mantiene muchos de los problemas que se planteó originalmente. Por ejemplo, ciertos psicólogos están interesados ante todo en la investigación fisiológica, mientras que otros mantienen una orientación clínica, y algunos, una minoría, intentan desarrollar un enfoque más filosófico. Aunque algunos psicólogos pragmáticos insisten aún en que la psicología debe ocuparse sólo del comportamiento, olvidándose de los fenómenos psíquicos internos (que deben incluso ser rechazados por ser inaccesible su estudio científico), cada vez son más los psicólogos que están hoy de acuerdo en que la experiencia y la vida mental (los procesos psíquicos internos) son un objeto válido de estudio para la psicología científica. Esta vuelta al estudio de los fenómenos psíquicos internos, conocido como paradigma cognitivo por oposición al paradigma conductista dominante en la psicología académica durante buena parte del siglo, comenzó a extenderse a mediados de la década de los años setenta.

10.2. Principales áreas de investigación

Las principales áreas de investigación de la psicología moderna forman parte también de las ciencias sociales y biológicas.

10.2.1. Psicología fisiológica

El estudio de las bases fisiológicas subyacentes a las funciones psicológicas se denomina psicología fisiológica. Los dos mayores sistemas de comunicación del organismo humano, el nervioso y el circulatorio, son los ejes de la mayoría de las investigaciones en este campo.

El sistema nervioso comprende el sistema nervioso central, que incluye el cerebro, la médula espinal y sus correspondientes redes neuronales, y el sistema nervioso periférico, que se comunica con las glándulas y los músculos, e incluye los receptores sensoriales para ver, oír, oler, gustar, tocar y sentir. El sistema circulatorio, además de transportar la sangre, distribuye unos importantes agentes químicos llamados hormonas desde las glándulas al resto del cuerpo. Estos dos sistemas de comunicación son esenciales en el comportamiento humano.

La unidad mínima del sistema nervioso es la célula nerviosa elemental o neurona. Cuando una neurona es estimulada adecuadamente, transmite señales electroquímicas de un lugar del sistema a otro. El sistema nervioso tiene 12.500

millones de neuronas, de las cuales unos 10.000 millones están en el propio cerebro.

Una de las partes del sistema nervioso periférico, el sistema somático, transmite sensaciones al sistema nervioso central y emite órdenes a los músculos involucrados en el movimiento ordenado. Otra parte del sistema nervioso periférico, el sistema autónomo o neurovegetativo, incluye dos subsistemas de acciones antagónicas sobre la activación general y de diversos órganos: el sistema simpático, que activa el organismo aumentando la velocidad del latido cardiaco, dilatando las pupilas, aumentando el ritmo respiratorio y liberando adrenalina en la sangre, y el parasimpático, dominante en el reposo, que opera a la inversa.

Un ejemplo sencillo de comunicación dentro del sistema nervioso es el arco espinal, responsable por ejemplo del reflejo patelar: un golpecito en el tendón de la rótula, justo debajo de ésta, envía una señal a través de las neuronas sensoriales a la médula espinal, señal que activa las neuronas motoras que disparan una contracción del músculo unido al tendón, haciendo que la pierna se estire. Esto muestra cómo un estímulo puede provocar una respuesta sin intervención del cerebro, mediante una conexión a través de la médula espinal.

La comunicación circulatoria normalmente es más lenta que la nerviosa. Las hormonas secretadas por las diferentes glándulas que forman el sistema endocrino circulan a través del cuerpo, condicionando tanto a los cambios estructurales como al comportamiento. Las hormonas sexuales liberadas en la pubertad causarán diversos cambios en el crecimiento del cuerpo y en el desarrollo, pero también en el comportamiento, como la aparición de la actividad sexual. Otras hormonas pueden tener efectos más directos y a corto plazo, por ejemplo, la adrenalina, secretada cuando una persona se enfrenta a una situación peligrosa.

EXAMEN TEMA 1

1.   La psicología moderna trata...
a)   El comportamiento en sociedad
b)   Los trastornos del comportamiento
c)   El comportamiento y la experiencia

2.   Comenzaron a emplear la psicología...
a)   Aristóteles
b)   Sócrates
c)   Platón

3.   Percepción y cognición es a...
a)   Pensamiento y razonamiento

b)   Memoria y comportamiento
c)   Intuición y memoria

4.   La percepción extrasensorial es…
a)   Presentir el peligro
b)   Presentir el otro mundo
c)   Percibir sin mediación de los sentidos

5.   La percepción deficiente…
a)   Ocasiona poca intuición
b)   Percibe el mundo como un caos
c)   Genera psicopatías

6.   Un niño aprende rápidamente…
a)   Las propiedades de los objetos
b)   A moverse
c)   A delimitar su territorio

7.   ¿El recién nacido tiene experiencias sensoriales?
a)   Requiere aprendizaje
b)   Las desarrolla a partir de los dos años
c)   Desde el nacimiento

8.   Cognición es…
a)   El acto o proceso de conocimiento
b)   El aprendizaje de la comunicación
c)   La aplicación de la psicología

9.   La psicología cognitiva estudia…
a) Las aptitudes del ser humano
b) Los problemas de adaptación
c) El manejo de la información

10. El positivismo dice que...

a)   Es verdad aquello podemos medir, contar o pesar
b)   Solamente lo placentero es válido
c)   Lo importante es ser feliz

11. ¿Quién dijo *"una cosa es verdad si funciona y si funciona para mí"*

a) Sócrates
b) Freud
c) Peirce

11. Sigmund Freud es natural de...

a)   Freiberg
b)   París
c)   Israel

12. A Freud se le considera el padre del...

a)   La Psicología
b)   La Psicoterapia
c)   El Psicoanálisis

13. ¿La interpretación de los sueños es una obra de Freud?

a)   No
b)   Eso es un libro de esoterismo
c)   Sí

14. Freud ponía mucho interés en...

a)   La neurosis
b)   Las histeria
c)   La sexualidad

15. La racionalización consiste en…
a)   Buscar la lógica a lo absurdo
b)   Buscar la causa de las cosas
c)   Buscar lo aparente

16. Pavlov investigó…
a)   La neurosis
b)   Los reflejos condicionados
c)   Las alteraciones en el comportamiento

17. Watson investigó…
a)   La mejora mediante los estímulos
b)   La mejora mediante el aprendizaje
c)   La mejora mediante los castigos

18. Skinner creyó que…
a) Toda patología tiene un origen traumático
b) Las respuestas estaban condicionadas por el entorno
c) La memoria está siempre condicionada

19. La psicología busca…
a)   Entender para ayudar
b)   Clarificar ideas
c)   Mejorar las relaciones

20. ¿Los médicos se interesan por la psicología?
a)   En gran medida
b)   Prefieren la Psiquiatría
c)   No

RESPUESTAS EXAMEN TEMA 1

1. c
2. a y c
3. a
4. c
5. b
6. a
7. c
8. a
9. c
10. a
11. c
12. a
13. c
14. Los tres
15. a
16. b
17. a
18. b
19. a
20. b

Tema 2

APRENDIZAJE Y CONDICIONAMIENTO

ÍNDICE

1. APRENDIZAJE Y CONDICIONAMIENTO

Un área central de estudio en la psicología es cómo los organismos cambian como resultado de la experiencia, esto es, cómo aprenden. Gran parte de la investigación sobre el aprendizaje se ha desarrollado utilizando animales de laboratorio. En el enfoque que más se ha ocupado de las formas elementales del aprendizaje, el conductista, se distinguen dos tipos de condicionamiento: el condicionamiento clásico y el instrumental u operante.

El condicionamiento clásico también se conoce como condicionamiento pavloviano en honor de su descubridor, el fisiólogo ruso Iván Pávlov. Éste demostró que si un hecho arbitrario, el sonido de una campana, precede regularmente a un hecho biológicamente relevante (la comida de un animal), la campana pasará a ser una señal de comida y el animal salivará al escucharla, preparándose para comer. El comportamiento del animal, por tanto, será una respuesta condicionada al sonido de la campana.

En términos pavlovianos, la unión de un estímulo condicionado (la campana) y uno no condicionado (la comida), supone un aprendizaje. De hecho, parte de la respuesta incondicionada (como el prepararse para comer) es provocada por los estímulos condicionados por sí solos. Del número y la consistencia de los ensayos que unen los estímulos, dependerá la eficacia del aprendizaje. Si, no obstante, se deja de ofrecer la comida, pero sigue sonando la campana, el animal deja de responder a ella. En otras palabras, si se dejan de asociar estímulo condicionado y no condicionado, la respuesta condicionada se extingue.

En el condicionamiento instrumental u operante, que aplicó B. F. Skinner, el énfasis recae en el comportamiento del animal y en las consecuencias de sus acciones. En general, si a una acción le sigue una recompensa, la acción se repetirá cuando el animal se encuentre en la misma situación. Por ejemplo, si un animal hambriento es recompensado con comida por girar a la derecha en un laberinto simple, tenderá a girar de nuevo a la derecha cuando se encuentre en el laberinto. Si la recompensa cesa, aparecerán otros tipos de comportamientos.

Estos dos tipos de investigación con animales tratan de los aspectos más elementales de la experiencia del aprendizaje. En el condicionamiento clásico la atención recae en la importancia de la asociación del estímulo condicionado y del no condicionado; en el instrumental u operante, recae en la asociación de respuesta y esfuerzo de la conducta. Dicho de otro modo, el primero se ocupa de qué clase de fenómenos aparecen juntos en el proceso de aprendizaje, mientras que el segundo trata de las consecuencias de las acciones. La mayoría de las situaciones reales de aprendizaje tienen, de hecho, características clásicas y operantes.

1.1. Enfoque cognitivo

Las investigaciones sobre el aprendizaje humano son, naturalmente, más complejas que las del aprendizaje animal, y en rigor no se pueden limitar a los dos tipos de condicionamiento antes expuestos. El aprendizaje humano y la memoria han sido estudiados con materiales verbales (como listas de palabras o relatos) o mediante tareas que implicaban habilidades motoras (como aprender a escribir a máquina o a tocar un instrumento). Estos estudios han resaltado la deceleración progresiva en la curva del aprendizaje (curva semejante a una función logarítmica, con gran rendimiento al comienzo que después se va haciendo más y más lento), y también la deceleración progresiva en la del olvido (se olvida más justo después del aprendizaje, con el tiempo se olvida menos).

En las últimas décadas, la investigación psicológica ha mostrado una atención creciente por el papel de la cognición en el aprendizaje humano, liberándose de los aspectos más restrictivos de los enfoques conductistas. Se ha hecho hincapié en el papel de la atención, la memoria, la percepción, las pautas de reconocimiento y el uso del lenguaje en el proceso del aprendizaje, y este enfoque ha pasado gradualmente del laboratorio a la práctica terapéutica.

Los procesos mentales superiores, como la formación de conceptos y la resolución de problemas, son difíciles de estudiar. El enfoque más conocido ha sido el del procesamiento de la información, que utiliza la metáfora 'computacional' para comparar las operaciones mentales con las informáticas, indagando cómo se codifica la información, cómo se transforma, almacena, recupera y se transmite al exterior, como si el ser humano estuviera diseñado de modo semejante a un ordenador o computadora. Aunque el enfoque del procesamiento de información ha resultado muy fructífero para sugerir modelos explicativos del pensamiento humano y la resolución de problemas en situaciones muy definidas, también se ha demostrado que es difícil establecer modelos más generales del funcionamiento de la mente humana siguiendo tales modelos informáticos.

1.2. Tests y psicometría

En numerosos campos de la psicología teórica y aplicada se emplean tests y otros sistemas para llevar a cabo una evaluación psicológica. Los más conocidos son los tests de inteligencia, desarrollados desde los comienzos de este siglo, en los albores mismos de la psicología científica, que miden la capacidad de un individuo para relacionarse con su entorno. Estos tests han sido muy útiles en el ámbito educativo para clasificar alumnos, asignar a estudiantes cursos de formación específicos y, en general, predecir el éxito o fracaso en la escuela. Se han desarrollado también tests especiales para predecir el éxito en diferentes profesiones y asesorar qué campos o especialidades convienen más a un determinado individuo. La evaluación psicológica, que también se utiliza en la clínica psicoterapeuta, se ha ocupado de medir aspectos de la personalidad, intereses y actitudes de los individuos.

Sin embargo, un problema clave en el diseño de tests es el desarrollo de criterios comunes a la hora de su puntuación. En los **tests de inteligencia**, por ejemplo, el criterio estándar ha sido el éxito escolar, pero han sido frecuentemente cuestionados por el matiz cultural que implican (los resultados podrían reflejar más que la capacidad de un niño para aprender, su aprendizaje previo, favorecido por el nivel social de su familia). Para los **tests de intereses** y **orientación profesional**, el criterio ha sido normalmente la persistencia en una ocupación. Pero en los de personalidad ha habido desacuerdo entre los psicólogos sobre qué criterios deberían utilizarse. Aunque se han propuesto muchos, la mayoría sólo son referencias indirectas al aspecto concreto de la personalidad que tratan de medir.

Se han desarrollado también modelos estadísticos muy sofisticados para los tests, siendo los más eficaces los que tienen una base estadística compleja y sutil. Algunos psicólogos se han convertido en verdaderos expertos en la elaboración de tests y otros instrumentos de medida para propósitos concretos, una vez acordada su finalidad.

2. PSICOLOGÍA SOCIAL

La psicología social comprende diversas teorías que pueden ser clasificadas como teorías del equilibrio. Son las que se ocupan tanto teórica como prácticamente, de cómo y por qué cambian los individuos sus actitudes. Si, por ejemplo, una audiencia escucha un discurso de una persona considerada respetable, normalmente esperan ideas con las que estén de acuerdo. Si este no es el caso, la audiencia pasará a desestimar al orador, o cambiará de actitud y participará de las ideas expresadas. En suma, los oyentes modificarán sus actitudes hacia el orador o hacia sus ideas, buscando el equilibrio. Del mismo modo, las personas tienden a equilibrar o reconciliar sus propias ideas con sus acciones. Al margen de este tipo de cuestiones, la psicología social también ha estudiado, entre otros temas, el comportamiento de las masas o de los fenómenos grupales.

2.1. Psicopatología

La psicopatología, también conocida como psicología de los procesos anormales o de las conductas desviadas, es quizá la especialidad más conocida y la que el público en general asocia cuando escucha la palabra 'psicología', dado que los casos, historias y síntomas de pacientes que muestran comportamientos inadaptados afectan a la sensibilidad del público y provocan la curiosidad. Por ejemplo, sentir miedo por algo es absolutamente normal, pero estar todo el tiempo atemorizado sin que exista una causa real no lo es, aunque las barreras entre ambos estados, difíciles de delimitar incluso para los especialistas del tema, causen un alto grado de indeterminación. Por lo general, y debido a la fuerte orientación clínica de este enfoque, se hace más hincapié en la dinámica, causas y resultados de la enfermedad, pero los aspectos cognitivos de la misma pueden ser también estudiados.

Los sistemas de clasificación del comportamiento anormal han cambiado por la mayor información y la modificación de los hábitos sociales. La clasificación que a continuación esbozamos deriva de los términos aceptados tradicionalmente, pero agrupa a los trastornos mentales en términos de la práctica actual.

Los tres grandes grupos de desórdenes son las psicosis, trastornos estructurales que implican una pérdida de contacto con la realidad (esquizofrenia, psicosis maníaco depresiva, paranoia y psicosis orgánicas) y las neurosis, trastornos no psicóticos, funcionales, que normalmente no suponen una pérdida de contacto con la realidad, aunque la vida del paciente se vuelve infeliz o dolorosa, incapacitándole para ciertas tareas. Entre las patologías y cuadros sistemáticos de las neurosis se encuentran: la ansiedad aguda, las fobias, las neurosis obsesivo-compulsivas y las histerias, así como los desórdenes de la personalidad o psicopatías, que incluyen las personalidades antisociales —psicópatas o sociópatas— entre otros comportamientos desviados.

3. APLICACIONES DE LA PSICOLOGÍA

La psicología tiene su aplicación en problemas que surgen prácticamente en todas las áreas de la vida social. Por ejemplo, los psicólogos asesoran a instituciones y organismos tan distintos como los tribunales de justicia o las grandes empresas. A continuación presentamos un breve resumen de las tres áreas principales de la psicología aplicada: psicología industrial, psicología educativa y psicología clínica.

3.1. Psicología industrial

Los psicólogos desempeñan diversas tareas en organizaciones empresariales y lugares de trabajo: en el departamento de personal o recursos humanos, en asesorías para la contratación y selección de personal, en la entrevista y realización de tests a los candidatos, en la elaboración de cursos de formación y en el mantenimiento de un ambiente laboral adecuado; otros investigan para los departamentos de marketing (mercadotecnia) y publicidad de las empresas, o directamente para las agencias de publicidad; por último, también se dedican a investigar la organización metódica del trabajo y a acondicionar el equipo o espacios laborales adaptándolos a las necesidades y potencialidades de los usuarios.

La aplicación de estas técnicas psicológicas en la selección y adiestramiento de los trabajadores de una organización empresarial y en la promoción de condiciones y técnicas de trabajo eficientes, así como a la satisfacción laboral de los propios trabajadores, está cada vez más extendida.

Este campo de la psicología aplicada cobró importancia en Estados Unidos durante la II Guerra Mundial, cuando se hizo necesario reclutar y formar a los muchos trabajadores que necesitaba la expansión industrial de la época.

La selección de trabajadores para una tarea concreta consiste esencialmente en detectar las aptitudes y rasgos de personalidad más idóneos para el puesto y a partir de ahí (análisis de tarea) seleccionar las pruebas necesarias para determinar qué candidatos se ajustan mejor a ese perfil idóneo.

El desarrollo de pruebas de esta clase ha sido, durante bastante tiempo, un campo básico de la investigación psicológica.

Cuando el trabajador está en su puesto y ha sido formado, el principal objetivo del psicólogo industrial es encontrar el modo en que la tarea concreta sea acometida con un mínimo de esfuerzo y un máximo de satisfacción individual. La función del psicólogo, en consecuencia, difiere de la del experto en eficiencia, que da prioridad al incremento de la productividad.

Las técnicas psicológicas empleadas para aminorar el esfuerzo necesario para realizar un trabajo determinado incluyen un detallado estudio de los movimientos requeridos para el trabajo, el equipamiento usado, y las condiciones en que se realiza. Estas condiciones incluyen la ventilación, la climatización, la iluminación, la ausencia de ruidos, y cualquier otra circunstancia que afecte al confort o al ánimo del trabajador. Tras hacer tal estudio, el psicólogo industrial a menudo determina que el trabajo en cuestión puede realizarse con menor esfuerzo si se modifican las rutinas utilizadas en la tarea, se cambia la posición de las herramientas, o se mejoran las condiciones ambientales.

Los psicólogos industriales han estudiado también los efectos de la fatiga sobre los trabajadores para determinar la modalidad de la jornada laboral que genera una mayor productividad. En algunos casos, tales estudios han demostrado que la producción total de una tarea puede mejorarse reduciendo el número de horas de trabajo o incrementando el número de periodos de descanso durante la jornada. Los psicólogos industriales pueden también sugerir que haya exigencias menos directas para la mejora general de los resultados del trabajo, como mejorar los canales de comunicación entre la dirección y los empleados.

3.2. Psicología educativa

Los psicólogos educativos trabajan en los problemas derivados del aprendizaje y la enseñanza; por ejemplo, investigan nuevos métodos para enseñar a los niños a leer o a resolver problemas matemáticos, con el fin de hacer el aprendizaje escolar más efectivo.

3.3. Psicología clínica

Muchos psicólogos trabajan en hospitales, clínicas y consultas privadas, aplicando diferentes tipos de psicoterapia a las personas que necesitan ayuda psicológica. Entrevistan y estudian a los pacientes y realizan terapias que no son ni médicas (con fármacos) ni quirúrgicas (mediante operaciones).

Una contribución especial de la psicología clínica es la terapia de conducta, basada en los principios del aprendizaje y el condicionamiento, con la que los terapeutas intentan cambiar la conducta del paciente, eliminando los síntomas indeseables mediante su descondicionamiento sistemático o del refuerzo gradual de un comportamiento deseable alternativo.

Un paciente con fobia a los perros, por ejemplo, puede ser desensibilizado si progresivamente se va recompensando (reforzando) con una conducta de aproximación gradual a estos animales en situaciones no amenazadoras para el individuo.

En otras formas de terapia, el psicólogo puede ayudar a los pacientes a comprender mejor sus problemas, hallando nuevas formas para enfrentarse a ellos.

4. TENDENCIAS Y AVANCES

La psicología hoy es un campo con una creciente especialización, fruto de la necesidad y de las nuevas tendencias. Los psicólogos infantiles, por ejemplo, han sido muy influidos por las observaciones y los experimentos del psicólogo suizo Jean Piaget. Por su parte, los psicólogos interesados en el lenguaje y la comunicación han visto muy afectadas sus investigaciones por la revolución lingüística del estadounidense Noam Chomsky.

Los avances en el conocimiento del comportamiento animal y la sociobiología han ayudado a extender de forma significativa el interés y las técnicas de investigación de la psicología. Los trabajos etológicos del zoólogo austriaco Konrad Lorenz y del holandés Nikolaas Tinbergen, que estudiaron a los animales en sus hábitat naturales y no en laboratorio, llamaron la atención sobre el carácter único de las especies y determinaron algunos factores claves en la comprensión de su desarrollo conductual.

Otra fuente de cambios en la psicología moderna proviene de los avances recientes de la informática y la computación, en concreto de la invención del ordenador o computadora digital, que ha supuesto no sólo un nuevo enfoque en el planteamiento del estudio de las funciones cognitivas, sino también la herramienta para evaluar complejas teorías sobre estos procesos. Los ordenadores son manipuladores de símbolos, esto es, reciben información codificada (simbólica), la transforman y la utilizan según sus propósitos. Los ingenieros electrónicos trabajan actualmente en el desarrollo de máquinas que realicen tareas complejas como emitir juicios o tomar decisiones.

Al mismo tiempo, algunos psicólogos, utilizando equipos informáticos como modelo, intentan analizar la conducta humana comparando la mente con un procesador de información. Los ingenieros investigan cómo resuelven las personas los problemas más complicados para intentar reproducirlo en la computadora, mientras que los psicólogos han aprendido que sus teorías deben ser precisas y explícitas si quieren programarlas, y de esta forma hacer predicciones de las más complejas teorías psicológicas. Por todo ello, hoy se estudian cada vez más los comportamientos complejos y se proponen y evalúan teorías más refinadas.

4.1. Psicología Experimental

Nos referimos a la aplicación de técnicas de laboratorio, semejantes a las de las ciencias naturales, para el estudio del comportamiento y los fenómenos psíquicos, entre los que se incluyen elementos de estudio tradicionales de la psicología, como la percepción, la memoria, el pensamiento, el aprendizaje y la resolución de problemas.

La psicología experimental como disciplina científica comenzó con los estudios del físico alemán Gustav Theodor Fechner, cuya obra *Elementos de psicofísica* (1860) utilizaba datos experimentales para probar e inducir la relación entre magnitudes físicas y sensoriales, relación que tenía una formulación matemática logarítmica, conocida como Ley de Fechner, considerada una de las leyes básicas de la percepción. Años después, en 1879, Wilhelm Wundt, psicólogo alemán, fundó el primer laboratorio psicológico. Wundt enseñaba a los sujetos a describir detalladamente las sensaciones — introspectivamente experimentadas—, que provocaban en ellos una serie de estímulos sistemáticamente controlados. El psicólogo también medía los tiempos de reacción en tests de complejidad variable, intentando identificar los componentes psíquicos internos y descubrir las leyes que regían sus combinaciones.

Wundt y su concepción de la psicología dominaron este campo, al menos en el ámbito académico, hasta los inicios del siglo XX, en que los métodos introspectivos, o el hecho mismo de considerar los fenómenos psíquicos internos como objeto de estudio científico, fueron desestimados, incapaces de aclarar fenómenos como el del pensamiento sin imágenes. Sus rivales se rebelaron contra las reglas de Wundt: su compatriota Hermann Ebbinghaus dirigió una monumental investigación sobre la memoria que implicaba el aprendizaje de largas series de sílabas sin sentido, sentando un precedente para las generaciones futuras de psicólogos especializados en el aprendizaje.

Estos profesionales perseguían objetivos similares para dotar a la psicología de rigor científico, tradicionalmente objeto de las especulaciones filosóficas, por lo que comenzaron a hacer experimentos de laboratorio con animales, tendencia que orientó metodológica y conceptualmente el estadounidense Edward Lee Thorndike. Más tarde, el estadounidense J. B. Watson, fundador del conductismo, definió la psicología como ciencia del comportamiento —externo, observable— y no de la mente, consideración que excluía a los fenómenos psíquicos internos como objeto de estudio y a los métodos introspectivos como técnica para estudiarlos.

Sin embargo, la introspección continuó estudiándose desde otros enfoques como el de la Gestalt, que comenzó en Alemania como estudio de la percepción, para después extenderse a otros campos como la resolución de problemas, el aprendizaje, la creatividad e incluso las dinámicas sociales (en especial la microsociología de grupos pequeños, con aplicaciones industriales y terapéuticas). Frente al asociacionismo inherente al enfoque de Wundt o el de los conductistas, la psicología de la Gestalt destacaba la importancia de las configuraciones globales de estímulos, sus relaciones internas y con el contexto (relaciones figura-fondo), así como su organización activa.

En consecuencia, la psicología experimental englobaba ya desde sus inicios una considerable diversidad de métodos, intereses y puntos de vista que le han permitido encontrar multitud de aplicaciones prácticas en la industria, la educación y la terapia, entre otras áreas.

Hoy persisten las mismas inquietudes hacia la psicofísica, la percepción, la memoria y el aprendizaje, pero los interrogantes desaparecen con nuevos enfoques fisiológicos y el uso de procedimientos estadísticos para diseñar experimentos y analizar datos; la tecnología de las computadoras también ha influido en los métodos y teorías de la psicología experimental, en la que la influencia del paradigma conductista ha sido mitigada por el resurgir del estudio de los fenómenos psíquicos internos desde el punto de vista cognitivo, y por la creciente alianza de esta tendencia con la biología. Sin embargo, hasta ahora ninguna teoría ha unificado la psicología experimental, que en la práctica es una amalgama de las diferentes corrientes de la psicología con sus respectivas áreas de interés.

5. PERCEPCIÓN

Proceso mediante el cual la conciencia integra los estímulos sensoriales sobre objetos, hechos o situaciones y los transforma en experiencia útil. Por ejemplo, y a un nivel muy elemental, la psicología de la percepción investiga cómo una rana distingue a una mosca entre la infinidad de objetos que hay en el mundo físico. En los seres humanos, a un nivel más complejo, se trataría de descubrir el modo en que el cerebro traduce las señales visuales estáticas recogidas por la retina para reconstruir la ilusión de movimiento, o cómo reacciona un artista ante los colores y las formas del mundo exterior y los traslada a su pintura.

5.1. Percepciones

Los psicólogos de la percepción reconocen que la mayoría de los estímulos puros desorganizados de la experiencia sensorial (vista, audición, olfato, gusto y tacto) son corregidos de inmediato y de forma inconsciente, es decir, transformados en percepciones o experiencia útil, reconocible. Por ejemplo, un automóvil que circula por una carretera se ve de tamaño real, sin tener en cuenta lo pequeña o grande que sea la imagen formada en la retina del observador. Del mismo modo, un tema musical puede ser seguido a través de un conjunto de notas individuales, sin importar cuántas veces haya cambiado el compositor la clave musical. El proceso de percepción no se limita a organizar los estímulos sensoriales directos en forma de percepciones, sino que éstas, por sí mismas, recuperadas de la experiencia pasada, también se organizan favoreciendo una más rápida y adecuada formación del proceso de percepción actual.

El estudio y la teoría de la percepción superan a la psicología teórica y tienen aplicaciones prácticas en el aprendizaje, la educación y la psicología clínica. Una percepción deficiente implica experimentar el mundo como un caos, mientras que una 'extrapercepción' —eliminar estímulos que no se ajustan a los esquemas de la percepción o percibir estímulos inexistentes— puede llevar a experimentar el mundo inadecuadamente, con sentimientos de depresión en el primer caso y de alucinación o delirio en el segundo.

A pesar del papel fundamental que la percepción cumple en la vida de las personas y de los organismos más sencillos, sus procesos permanecen poco claros por dos razones principales: primero, porque los investigadores sólo han obtenido un éxito limitado al intentar descomponer la percepción en unidades analizables más simples, y, segundo, porque las evidencias empíricas, científicamente verificables, se hacen difíciles de repetir e incluso de obtener, con lo que el estudio de la percepción sigue dependiendo en gran medida de informes introspectivos, con un alto grado de subjetividad.

5.2. Teorías clásicas

Un fenómeno que los investigadores han tratado de explicar reiteradamente es el principio de la constancia perceptiva. Una vez que un objeto ha sido percibido como una entidad identificable, tiende a distinguirse como un objeto estable, de características permanentes, a pesar de las variaciones en su iluminación, situación física observable o distancia a la que aparece. En consecuencia, aunque un objeto situado a una distancia de 100 metros produzca en la retina una imagen notablemente inferior que a una distancia de 20 metros, tenderá a percibirse como si tuviera un tamaño intrínseco.

Según la teoría clásica de la percepción que el fisiólogo alemán Hermann Ludwig Ferdinand von Helmholtz formuló a mediados del siglo pasado, la constancia en la percepción, al igual que la percepción de la profundidad y la mayoría de las percepciones, es resultado de la capacidad del individuo de sintetizar las experiencias del pasado y las señales sensoriales presentes. A medida que un animal o un niño recién nacido explora el mundo que le rodea, aprende rápidamente a organizar sus observaciones dentro de un esquema de representación tridimensional, basándose en los descubrimientos de Leonardo da Vinci: la perspectiva lineal, la ocultación de un objeto lejano por otro más cercano o una menor precisión visual a medida que los objetos se alejan.

Partiendo también de la estimulación táctil y auditiva, un niño aprende con rapidez un sinnúmero de asociaciones específicas que se corresponden con las propiedades de los objetos en el mundo físico. Tales asociaciones, o percepciones, se forman automáticamente y a tal velocidad que ni siquiera un adulto bien entrenado puede descifrar —con un grado fiable de aciertos— las señales visuales de las que proceden.

Los defensores de la teoría clásica de la percepción creían que la mayoría de ellas procedían de lo que denominaban 'inferencia inconsciente a partir de sensaciones no advertidas para el sujeto'. Sólo cuando se tiene una ilusión o una percepción deformada, como cuando las casas y los automóviles aparecen como juguetes desde un avión, el sujeto se hace consciente de tales sensaciones y accede a comprender su papel en la organización de las percepciones. Precisamente, gran parte de la investigación experimental sobre la percepción consiste en examinar a los sujetos con material de estímulo ilusorio, en un intento de diferenciar las unidades individuales de percepción del proceso global.

5.3. Investigaciones actuales

Desde el inicio de los estudios sobre la percepción, los psicólogos han intentado diferenciar en el proceso perceptivo lo innato de lo aprendido. Los experimentos en los que ingenuos animales y bebés huían de los llamados 'acantilados visuales', se diseñaron para demostrar que la percepción de la profundidad es innata. A través de experimentos similares, los teóricos de esta escuela intentan calcular las proporciones de lo innato y lo aprendido en el comportamiento perceptivo.

Recientemente, sin embargo, muchos psicólogos han llegado a la conclusión de que esta aproximación dicotómica apenas tiene base científica y aporta muy poco al estudio de la percepción, por lo que desde un enfoque más clásico proponen que la capacidad perceptiva proviene de la capacidad animal y humana de organizar la experiencia global de los individuos, lo que significa incluir las múltiples experiencias fisiológicas del desarrollo en la experiencia formal del aprendizaje. Argumentan que, aunque el recién nacido pueda carecer de experiencia visual, tiene sin embargo otras experiencias sensoriales que pueden contribuir a su capacidad para percibir la profundidad en los 'acantilados visuales'. A través de las primeras experiencias de ese tipo, los animales y los seres humanos aprenden, por así decirlo, cómo aprender.

En un descubrimiento reciente que muestra prometedores avances para desentrañar el misterio del proceso perceptivo, los investigadores de la psicología experimental han descubierto que ciertas células nerviosas y las células de la retina de anfibios y mamíferos pueden reconocer formas y movimientos específicos, en vez de reaccionar simplemente a cantidades dadas de energía luminosa reflejada por los objetos. Estas células responden a configuraciones concretas como discos y anillos, a movimientos concretos de los objetos y a la estimulación simultánea de otras ubicadas también en la retina del ojo.

6. MEMORIA

Proceso de almacenamiento y recuperación de la información en el cerebro, básico en el aprendizaje y en el pensamiento.

Los psicólogos distinguen cuatro tipos de recuerdo: reintegración, reproducción, reconocimiento y reaprendizaje. La 'reintegración' supone la reconstrucción de sucesos o hechos sobre la base de estímulos parciales, que sirven como recordatorios. La 'reproducción' es la recuperación activa y sin ayuda de algún elemento de la experiencia pasada (por ejemplo, de un poema memorizado). El 'reconocimiento' se refiere a la capacidad de identificar estímulos previamente conocidos. Por último, el 'reaprendizaje' muestra los efectos de la memoria: la materia conocida es más fácil de memorizar una segunda vez.

El fenómeno del olvido ha sido objeto de estudio por parte de los psicólogos. Normalmente, se da primero el olvido rápido, al que sigue una pérdida de memoria más lenta. Sin embargo, aumentar la cantidad de información retenida puede lograrse practicando activamente la 'reproducción' durante el aprendizaje, mediante revisiones periódicas del material aprendido, y 'sobreaprendiendo' el material más allá del punto de mero dominio.

6.1. Mnemotecnia

Una técnica instrumental desarrollada para mejorar la memoria es la mnemotecnia, que supone usar asociaciones y otros trucos para recordar estímulos concretos.

Tradicionalmente se han dado cuatro explicaciones del olvido: la primera es que las huellas mnémicas se van borrando de modo natural a lo largo del tiempo como resultado de procesos orgánicos que tienen lugar en el sistema nervioso, supuesto del que no hay constatación empírica; la segunda es que la memoria se va distorsionando progresivamente o modificando con el tiempo; la tercera es que el nuevo aprendizaje interfiere o reemplaza al antiguo, fenómeno que se conoce como inhibición retroactiva; por último, la cuarta explicación es que la represión de ciertas experiencias indeseables para el individuo causa el olvido de éstas y sus contextos.

6.2. Almacenamiento

Existen pocos datos sobre la fisiología del almacenamiento de la memoria en el cerebro. Algunos investigadores sugieren que la memoria se sitúa en localizaciones específicas, y otros que la memoria implica a amplias regiones cerebrales que funcionan conjuntamente. De hecho, es posible que ambas hipótesis se cumplan de forma simultánea. Los teóricos también proponen diferentes mecanismos de almacenamiento para la memoria a corto y a largo plazo, y que si lo aprendido no pasa del primero al segundo existe la posibilidad de olvidar esa información.

Los estudios con animales indican que las estructuras en el sistema límbico cerebral cumplen distintas funciones en cuanto a la memoria. Por ejemplo, un circuito a través del hipotálamo y del tálamo podría estar relacionado con la memoria espacial, mientras que a través de la amígdala y del tálamo podría estar relacionado con la memoria emocional. La investigación también sostiene que la memoria de las habilidades psicomotoras es almacenada de modo distinto al de las actividades intelectuales.

En general, los recuerdos son menos claros y detallados que las percepciones, pero a veces una imagen memorizada es completa en cada detalle. Este fenómeno, conocido como memoria eidética, o imágenes eidéticas, se da con frecuencia en los niños, quienes a veces son capaces de reconstruir una imagen tan completa que pueden llegar a deletrear una página entera escrita en un idioma desconocido que apenas han visto durante unos momentos.

6.3. Conductismo

Corriente de la psicología que defiende el empleo de procedimientos estrictamente experimentales para estudiar el comportamiento observable (la conducta), considerando el entorno como un conjunto de estímulos-respuesta. El enfoque conductista en psicología tiene sus raíces en el asociacionismo de los filósofos ingleses, así como en la escuela de psicología estadounidense conocida como funcionalismo y en la teoría darwiniana de la evolución, ya que ambas corrientes hacían hincapié en una concepción del individuo como un organismo que se adapta al medio (o ambiente).

6.3.1. Estudios

Desde 1950, los psicólogos conductistas han producido una cantidad ingente de investigaciones básicas dirigidas a comprender cómo se crean y se mantienen las diferentes formas de comportamiento. Estos estudios se han centrado en el papel de:

(1)   Las   interacciones   que   preceden   al comportamiento, tales como el ciclo de la atención o los procesos preceptúales

(2)   Los cambios en el comportamiento mismo, tales como la adquisición de habilidades

(3)   Las   interacciones   que   siguen   al comportamiento, como los efectos de los incentivos o las recompensas y los castigos, y (4) las condiciones que prevalecen sobre la conducta, tales como el estrés prolongado o las carencias intensas y persistentes.

Algunos de estos estudios se llevaron a cabo con seres humanos en laboratorios equipados con dispositivos de observación y también en localizaciones naturales, como la escuela o el hogar. Otros emplearon animales, en particular ratas y palomas, como sujetos de experimentación, en ambientes de laboratorio estandarizados. La mayoría de los trabajos realizados con animales requerían respuestas simples. Por ejemplo, se les adiestraba para pulsar una palanca o picar en un disco para recibir algo de valor, como comida, o para evitar una situación dolorosa, como una leve descarga eléctrica.

Al mismo tiempo, los psicólogos llevaban a cabo estudios aplicando los principios conductistas en casos prácticos (de psicología clínica, social —en instituciones como las cárceles—, educativa o industrial), lo que condujo al desarrollo de una serie de terapias denominadas modificación de conducta, aplicadas sobre todo en tres áreas:

1-   La primera se centra en el tratamiento de adultos con problemas y niños con trastornos de conducta, y se conoce como terapia de conducta.

2- La segunda se basa en la mejora de los métodos educativos y de aprendizaje; se ha estudiado el proceso de aprendizaje general desde la enseñanza preescolar a la superior, y en otras ocasiones el aprendizaje profesional en la industria, el ejército o los negocios, poniéndose a punto métodos de enseñanza programada. También se ha tratado de la mejora de la enseñanza y el aprendizaje en niños discapacitados en el hogar, la escuela o en instituciones de acogida.

3- El tercer área de investigaciones aplicadas ha sido la de estudiar los efectos a largo y corto plazo de las drogas en el comportamiento, mediante la administración de drogas en diferentes dosis y combinaciones a una serie de animales, observando qué cambios se operan en ellos en cuanto a su capacidad para realizar tareas repetitivas, como pulsar una palanca.

6.4. La influencia del conductismo

La influencia inicial del conductismo en la psicología fue minimizar el estudio introspectivo de los procesos mentales, las emociones y los sentimientos, sustituyéndolo por el estudio objetivo de los comportamientos de los individuos en relación con el medio, mediante métodos experimentales. Este nuevo enfoque sugería un modo de relacionar las investigaciones animales y humanas y de reconciliar la psicología con las demás ciencias naturales, como la física, la química o la biología.

El conductismo actual ha influido en la psicología de tres maneras: ha reemplazado la concepción mecánica de la relación estímulo-respuesta por otra más funcional que hace hincapié en el significado de las condiciones estimulares para el individuo; ha introducido el empleo del método experimental para el estudio de los casos individuales, y ha demostrado que los conceptos y los principios conductistas son útiles para ayudar a resolver problemas prácticos en diversas áreas de la psicología aplicada.

7. ASOCIACIONISMO

Teoría según la cual la mente humana funciona (percibe, aprende, etc.) combinando elementos simples, irreductibles.

Aristóteles señaló cuatro maneras de asociar una idea con otra:

1- La semejanza (por ejemplo, de una naranja y un limón)

2- La diferencia (caliente versus frío)

3- La contigüidad en el tiempo (un amanecer y el canto de un gallo)

4- También en el espacio (una taza y su plato).

Más tarde, los filósofos empiristas ingleses John Locke y David Hume subrayaron la importancia de las asociaciones en la percepción sensorial. Otros filósofos, como David Hartley, John Stuart Mill o Alexander Bain, formularon teorías sobre el asociacionismo durante el siglo XIX, siendo los responsables de la escuela asociacionista en psicología. Además de las asociaciones de ideas aristotélicas, los miembros de esta escuela incluyeron leyes como la intensidad, inseparabilidad o la repetición. La aparición de la obra de James Mill, *Análisis de la mente humana* (1829), marca el momento de máximo esplendor de esta corriente.

El nacimiento de la psicología moderna experimental a finales del siglo XIX hizo nacer una nueva adaptación del concepto de asociacionismo. Hoy los 'elementos simples irreductibles' asociados se denominan estímulos y respuestas. Un estímulo puede asociarse con una respuesta o con otro estímulo, y una respuesta con otra; asimismo, una combinación dada estímulo-respuesta puede asociarse con otra combinación ya organizada.

Todos los psicólogos conductistas han utilizado el mecanismo de la asociación dentro de su teoría, lo hayan denominado así o no. Aunque los conductistas parten de que todos los procesos psicológicos son reducibles a cadenas de asociaciones estímulo-respuesta, otras escuelas de psicología han rechazado tal enfoque como inadecuado e insuficiente para dar cuenta de los fenómenos psíquicos internos complejos, como el pensamiento creativo o el comportamiento verbal.

La asociación de ideas, imágenes y objetos tiene usos prácticos que van más allá de su discutible papel en la formulación de teorías psicológicas. La asociación libre, en la que se verbalizan los pensamientos sin tener en cuenta su efecto ni su sentido lógico, es una herramienta básica de la psicoterapia. La asociación libre se emplea también en el mundo de los negocios o en la psicología industrial, cuando se trata de obtener soluciones a problemas a través de técnicas creativas como el *brainstorming* (tormenta de ideas), donde los miembros de un equipo de la empresa expresan sus puntos de vista libremente, lo que permite desarrollar nuevos conceptos o resolver los conflictos planteados.

Otros sistemas asociativos se emplean en la enseñanza moderna, sobre todo en las disciplinas relacionadas con el lenguaje y en la enseñanza de idiomas extranjeros. La música, el movimiento y el color pueden ayudar a los estudiantes a recordar el vocabulario y la pronunciación de muchas palabras.

8. APLICACIONES MÉDICAS

8.1. Psicoterapia

Se refiere al tratamiento de las enfermedades mentales por procedimientos basados en la comunicación verbal y emocional, así como en otros comportamientos simbólicos.

La psicoterapia se diferencia de la ayuda informal que una persona puede prestar a otra en, al menos, dos aspectos: el primero, en que la controla un psicoterapeuta, formado y autorizado para ello, lo que supone una sanción cultural que le otorga la autoridad propia de los médicos; el segundo es que se apoya en teorías científicas que han estudiado el origen de los trastornos y la forma de aliviar sus consecuencias. Precisamente porque la comunicación es fundamental en la mayoría de las formas de psicoterapia, la relación que se establece entre el terapeuta y el paciente es mucho más importante que en otras relaciones médicas. La personalidad del terapeuta influye en el paciente y puede ser utilizada de modo deliberado para conseguir determinados objetivos terapéuticos.

La curación de los trastornos mentales y emocionales a través de métodos exclusivamente psicológicos datan de tiempos remotos. A lo largo de la historia, estos métodos han estado basados en creencias y ceremonias religiosas o mágicas. A mediados del siglo XVIII las técnicas psicoterapéuticas comenzaron a basarse en principios científicos cuando el físico austriaco Franz Anton Mesmer usó por vez primera una forma de sugestión que denominó magnetismo animal. Las neurosis se tratarían en el siglo XIX con medios semejantes, además de los baños de aguas medicinales o las dolorosas corrientes eléctricas cuya efectividad también dependía en gran parte de la sugestión ejercida sobre el paciente. El hipnotismo como forma de sugestión para aliviar ciertas dolencias psíquicas alcanzó su máximo esplendor a finales del siglo XIX, de manos del neurólogo francés Jean Martin Charcot, en el Hospital Salpêtrière de París.

8.2. Psicoterapia psicoanalítica

Estimulado por las demostraciones de Charcot sobre el valor terapéutico de la hipnosis, el médico austriaco y fundador del psicoanálisis, Sigmund Freud, empleó la hipnosis, no para sugestionar al paciente, sino para evocar recuerdos olvidados y dolorosos. A través de esta técnica, intentó ayudar a sus pacientes y al mismo tiempo recoger los hechos en los que basaría su teoría del funcionamiento psíquico. Freud sostenía que durante el desarrollo de la personalidad las pulsiones agresivas o sexuales indeseables eran expulsadas de la conciencia. Estas pulsiones reprimidas se expresaban en los síntomas de las neurosis en su constante lucha por liberarse.

Según Freud, estos síntomas podrían ser eliminados llevando las fantasías y las emociones reprimidas de nuevo a la conciencia. Primero empleó la hipnosis como medio para lograr este acceso al inconsciente, pero pronto abandonó esta técnica en favor de la asociación libre, método en el que se les pide a los pacientes que verbalicen lo primero que se les viene a la mente, por absurdo que les resulte, ya sean recuerdos, fantasías o sueños. Mediante la interpretación de estas asociaciones, Freud ayudaba a sus pacientes a profundizar en el conocimiento de su propio inconsciente como forma de llegar a la 'raíz' de sus problemas.

Más tarde, Freud valoró el aprendizaje adquirido a través del estudio de la estructura psíquica de sus pacientes, y denominó 'transferencia' a la relación emocional que se establece entre el paciente y su terapeuta, que según su punto de vista reflejaba los primeros sentimientos del paciente hacia sus progenitores. La asociación libre y las reacciones de transferencia son todavía hoy elementos centrales de las sesiones psicoanalíticas.

8.3. Otras escuelas psicoanalíticas

Algunos de los discípulos más destacados de Freud, que discreparon con importantes aspectos de su teoría y consecuentemente con los métodos y técnicas de aplicación clínica, fundaron escuelas propias.

8.3.1. Jung

Uno de los discípulos más destacados fue el psiquiatra suizo Carl Gustav Jung, quien pensó que Freud había sobrevalorado las pulsiones sexuales como origen del comportamiento. Jung opinaba que el potencial personal de un individuo, de naturaleza no sexual, debía ser reconocido o se desembocaría en una neurosis. En consecuencia, los terapeutas 'jungianos' intentan ayudar a los pacientes a reconocer sus propias fuerzas internas para que procuren el crecimiento y la realización personales, superando así los conflictos. Acostumbran a tratar a sus pacientes con asiduidad al principio de la terapia, para después verlos semanalmente durante meses o años. Las técnicas para resolver los problemas inmediatos son variadas y pragmáticas, como los métodos de evaluación de Jung, de ahí la razón de su éxito. Los sueños y las creaciones artísticas se emplean para obtener asociaciones del paciente con las imágenes inconscientes que Jung creía compartidas por todos (los arquetipos).

8.3.2. Adler

Otro discípulo de Freud que creó escuela fue el psicólogo austriaco Alfred Adler, quien también trató de minimizar la importancia de las pulsiones sexuales en el comportamiento humano. Para él eran la pequeñez y la indefensión de los niños recién nacidos lo que producía en ellos sentimientos de inferioridad, a los que se trataría de responder con una actitud de superioridad que se convertiría en un elemento vital. Esta búsqueda constante de poder y significación constituiría lo que él llamó interés social, y englobaba también la empatía y la identificación con otros seres humanos. Según Adler, los trastornos psicológicos provienen de un modo de vida equivocado, que supone la adopción de opiniones y metas erróneas, por un escaso desarrollo del interés social. En consecuencia, desde este enfoque se considera que el trabajo del terapeuta es reeducar a los pacientes haciéndoles ver sus errores y animándolos a desarrollar un mayor interés social.

8.3.3. Fromm, Horney y Erikson

Algunos de los seguidores de Freud han elaborado teorías de las neurosis que hacen hincapié en el rol de las variables sociales y culturales en la formación de la personalidad. Entre estos pensadores y sus escuelas, denominados genéricamente neofreudianos, destacan los alemanes Erich Fromm, Karen Horney y Erik Erikson, quienes en la década de 1930 emigraron a Estados Unidos.

Fromm sostenía que el problema fundamental que cada persona debe afrontar es un cierto sentimiento de soledad. Según Fromm, la meta en la vida es orientarse, echar raíces y hallar seguridad uniéndose a otras personas manteniendo la independencia individual.

Horney creía que el comportamiento neurótico bloquea la capacidad, inherente a la persona, de crecer positivamente y de cambiar. La labor de la terapia, según su punto de vista, es hacer ver al paciente que no necesita defenderse creando sus propios obstáculos, sino identificarlos y aclararlos, lo que le permitirá movilizar sus fuerzas constructivas innatas para cambiar.

Erikson, como Horney, estaba convencido de que los seres humanos tienen capacidad para crecer durante sus vidas, y que la guía de ese cambio positivo está en el yo, que puede madurar saludablemente si las condiciones ambientales son las apropiadas. Si esta maduración fracasa, la persona puede recurrir a la terapia como medio para adquirir la confianza básica necesaria para tener un yo saludable. A diferencia del psicoanálisis tradicional, Erikson, que comenzó como terapeuta infantil, trabajó con las familias de los pacientes.

8.4. Psicoterapia humanística

Nacida como una reacción al psicoanálisis, esta escuela basa su terapia en el potencial de bondad que hay en la naturaleza humana.

8.4.1. Carl Rogers

La más clásica de las terapias humanistas es la psicoterapia centrada en el paciente. El psicólogo estadounidense Carl Rogers sostenía que los individuos, así como todos los seres vivos, están dirigidos por una tendencia innata a sobrevivir y reafirmarse que les lleva al crecimiento personal, a la madurez y al enriquecimiento vital. Cada persona, creía Rogers, tiene una capacidad para el autoconocimiento y el cambio constructivo que la acción del terapeuta, que reunirá una serie de cualidades personales esenciales, debe ayudar a descubrir.

Rogers daba así más importancia a las actitudes del terapeuta que a su capacidad o a su preparación técnica. Utilizaba el término 'cliente' en vez de paciente para subrayar que su método de tratamiento no era manipulador ni médico, sino que se basaba en una comprensión adecuada y sensible de sus experiencias y necesidades. La segunda cualidad importante del psicoterapeuta es la aceptación incondicional positiva, sin juzgar lo que el paciente dice o relata. La autenticidad o ausencia de simulación era la tercera cualidad que él consideraba esencial.

Rogers describió el proceso del tratamiento como la reciprocidad entre las actitudes del cliente y del terapeuta. Precisamente porque el terapeuta escucha incondicionalmente, el cliente aprende a escuchar incluso sus pensamientos más temidos, hasta alcanzar un estado de autoaceptación donde son posibles el cambio y el crecimiento.

8.5. Terapia de conducta

A diferencia de la mayoría de las demás formas de psicoterapia, la terapia de conducta no se basa en una teoría de la neurosis, sino que deriva de la aplicación de los métodos propios de la psicología experimental a los problemas de la persona que acude a la consulta. Los terapeutas de conducta, por lo general psicólogos, no se preocupan directamente de las fuerzas psíquicas subyacentes, sino que se centran en el comportamiento externo, observable, que causa malestar a sus clientes. Parten de que todos los comportamientos, tanto los normales como los inadaptables, se aprenden según principios concretos, ampliamente estudiados en Rusia por Iván Pávlov y en Estados Unidos por B. F. Skinner, entre otros. Los terapeutas de conducta creen que se pueden aplicar los mismos principios del aprendizaje para corregir el comportamiento conflictivo.

Con independencia de la técnica específica que utilicen después, los terapeutas de conducta comienzan el tratamiento estudiando el problema del paciente y las circunstancias que lo rodean. No valoran ni buscan significados ocultos, sino que se centran en los fenómenos observables y medibles. Sobre la base de este análisis del comportamiento, formulan hipótesis sobre las circunstancias que, a su parecer, mantienen el comportamiento indeseable; a continuación, tratan de alterar estas circunstancias una por una, observando si así cambia el comportamiento del sujeto.

9. CONTROLAR LA MENTE

La mente es la energía natural que todos poseemos, y entenderlo así nos llevará a la fuente de la sabiduría y al valor supremo que es la existencia. Pero la mente es mixta, ya lo sabemos, y suele entrar en conflicto frecuentemente, contradiciéndose, confrontándose, y ocasionándonos problemas físicos.

Entonces, ¿qué es la mente? Esta parece ser más una cuestión filosófica que una pregunta, y a la cual los seres humanos han tratado de buscar una respuesta concreta y válida.

La mayoría de las personas creemos que podemos mejorar nuestra mente mediante el estudio y el lenguaje, diferenciándonos de los animales precisamente por ello. Esto significa que la mente humana depende esencialmente de la palabra, escrita o hablada, lo que nos lleva a admitir que el poder de la palabra es el poder de la mente.

El motivo final de la política, las empresas, y las artes, así como todo lo que constituye la vida social, es controlar a la mente humana, aunque muchos lo denominan como "educación", pues al condicionar nuestro pensamiento también lo hacemos con el comportamiento. Si se fijan, cada organización, política, económica, social o religiosa, lo que quieren realmente es "educarnos" para hacernos más fieles a sus deseos.

Podemos decir que un gobernante es aquel que normalmente educa, y gobernados son aquellos que están educados.

Si usted tiene la suficiente confianza y habilidad para gobernar las mentes de las personas, su vida cambiará sin problemas, será más agradable y llena de esperanza.

En 1927, se dijo que *"la mayoría de las cosas peligrosas para la humanidad dependen de la técnica para controlar el pensamiento de las masas, porque si se usan incorrectamente la guerra mundial será un hecho cierto"*. Si esto es así, la técnica que trata de controlar la mente de las personas es la psicología contemporánea, pues está a punto de sacar al consciente nuestro yo interno mediante el simple sistema de la sugestión.

La física ha conseguido equilibrar la energía atómica, los hombres llegaron a la Luna, y un cohete aterrizó incluso en Marte. Ello indica que el progreso científico no es un asunto físico exclusivamente, pues la psicología nos dice que la sabiduría llega mediante el cultivo de la mente y que esta puede modificarse y controlarse empleando el antiguo sistema de la hipnosis.

9.1. Desensibilización sistemática

De las numerosas técnicas empleadas por los terapeutas de conducta, una de las principales es la desensibilización sistemática, procedimiento desarrollado por el polémico psiquiatra conductista Joseph Wolpe, quien llegó a emplear estas técnicas para eliminar lo que él consideraba 'conductas desviadas', incluyendo la homosexualidad o la infidelidad conyugal. En un principio, no obstante, se aplicaron para eliminar los síntomas fóbicos y en general todos aquellos trastornos en los que un estímulo determinado origina una reacción de ansiedad desproporcionada. Básicamente, la técnica consiste en ayudar al paciente a relajarse, para así presentarle de forma gradual los objetos o las situaciones que le producen ansiedad.

9.2. Enfoques cognitivos

Recientemente, los terapeutas de la conducta han empezado a prestar más atención a la influencia del pensamiento en el comportamiento, espoleados por el ejemplo del psicólogo estadounidense Albert Bandura. Las terapias de conducta cognitivas emplean este enfoque para cambiar los pensamientos y los hábitos intelectuales que parecen ser la fuente del malestar del paciente.

Otros enfoques cognitivos similares han sido diseñados por los terapeutas que, formados en el psicoanálisis, estaban algo decepcionados de sus teorías y sus técnicas.

La más antigua de estas aproximaciones es la terapia racional-emotiva del psicólogo estadounidense Albert Ellis, que parte de considerar las creencias irracionales y el modo ilógico de pensar como causas de los trastornos emocionales. Su tratamiento consiste en que el paciente se enfrente a su irracionalidad, animándolo a trabajar vigilando ese modo irracional de pensar para sustituirlo por pensamientos y emociones más coherentes.

Otra técnica relacionada con el enfoque cognitivo, que se ha mostrado eficaz en el tratamiento de la depresión, es la desarrollada por el psicólogo estadounidense Aaron T. Beck, que parte del supuesto de que los individuos depresivos tienden a formar pensamientos negativos sobre ellos mismos y sus capacidades, sobre el mundo circundante y sus experiencias en él, y sobre el futuro (lo que se conoce como 'tríada cognitiva' de la depresión). Estas tendencias serían básicamente un problema del pensamiento, es decir, de emplear modos de pensar inapropiados. Sus técnicas terapéuticas, como los planteamientos conductistas más estrictos, se dirigen a corregir el problema directamente, más que a intentar comprender sus orígenes en el pasado del individuo.

9.3. Terapia de grupo

Por exigir un número menor de terapeutas, la psicoterapia de grupo resulta menos costosa que la individual. Además, ofrece otras ventajas, como el demostrar a los pacientes que sus problemas no son únicos. En la terapia de grupo la interacción entre sus miembros se considera la principal fuente de mejora, y el trabajo del terapeuta consiste sobre todo en controlar y facilitar estas interacciones.

9.4. Orígenes

La terapia de grupo comenzó a principios del siglo XX. En Europa, el primero en emplearla fue el rumano Jacob Levy Moreno, psiquiatra de formación psicoanalítica que hacía a sus pacientes exteriorizar sus problemas como medio de hacerles conscientes de ellos. Su psicodrama se extendió rápidamente a otras partes del mundo, y es empleado en la actualidad para tratar a los pacientes neuróticos y psicóticos, así como para formar a los profesionales sanitarios que trabajan con enfermos mentales.

En la actualidad se practican numerosas formas de psicoterapia de grupo, y la mayoría de las corrientes teóricas que sustentan métodos de psicoterapia individual tienen sus variantes grupales. Muchos terapeutas atienden a sus pacientes simultáneamente de forma individual y grupal.

9.5. Terapia de familia

Un tipo especial de tratamiento grupal es la terapia familiar. Adler había trabajado con familias enteras durante la década de 1930 pero hasta veinte años después los psicoterapeutas no empezaron a tratar a las familias. Aquellos pioneros, y sus sucesores, trabajan desde el supuesto de que las relaciones familiares cotidianas afectan profundamente, y son a su vez afectadas, por los problemas psíquicos de cualquiera de los miembros.

En vez de explorar los conflictos internos de los individuos, los terapeutas de familia intentan promover interacciones entre sus componentes, logrando así el bienestar de cada uno de ellos.

9.6. Nuevos enfoques de psicoterapia

A finales de la década de 1960, y durante la década de 1970, se desarrollaron un gran número de métodos nuevos de terapia. Muchos de ellos, como las primeras psicoterapias de corte humanístico, partirían de la ruptura con el psicoanálisis clásico, considerado demasiado costoso, lento y, por ello, elitista. Algunas opiniones críticas también pensaban que la práctica psicoanalítica era demasiado intelectual y racional, preocupada principalmente por el pasado, comprometida en conservar los valores occidentales del individualismo, el ascenso social y la productividad. Como reacción, desarrollaron métodos que hacían hincapié en las emociones y en el momento presente. Otros psicólogos, como Ellis o Beck, eligieron caminos totalmente opuestos, dando todavía una mayor relevancia al poder de la razón para solucionar problemas emocionales.

Entre los métodos más controvertidos que han atraído el interés del público están la terapia fundamental del psicólogo estadounidense Arthur Janov y el análisis transaccional, basado en los trabajos de Eric Berne. En la terapia fundamental, los pacientes son animados a revivir sus primeras experiencias con la misma intensidad. Janov sostiene que estas reacciones catárticas liberan al paciente de su comportamiento neurótico compulsivo.

Por su parte, el análisis transaccional se basa en la teoría de que una persona en interacción con los demás adopta el rol de adulto o de niño.

En la terapia de grupo se les enseña a reconocer esta situación, a comprender cuándo el actuar como un padre autoritario o como un niño impulsivo puede ser apropiado y a comportarse como adulto el mayor tiempo posible.

9.7. Psicoterapia puntual e intervenciones críticas

Otra tendencia reciente en la psicoterapia es el uso de métodos puntuales, con frecuencia destinados a ayudar a las personas a superar periodos de crisis. Estas psicoterapias se desarrollaron en parte debido a la insatisfacción por la excesiva duración de las psicoterapias psicoanalíticas clásicas, que a veces se prolongaban varios años, y por el mayor conocimiento de las reacciones personales ante momentos críticos de la vida, como el periodo que sigue a la muerte del ser amado, circunstancia que a veces modifica la vida de los individuos. La intervención en estos momentos no sólo ayuda a superar la crisis, sino que además refuerza psíquicamente a quien la padece.

Hay dos tipos principales de psicoterapia puntual: el primero, dirigido a eliminar la ansiedad, emplea técnicas de apoyo como el refuerzo, la sugestión, la manipulación del ambiente y los fármacos. El segundo, basado en técnicas que provocan la ansiedad, trata de romper las defensas neuróticas habituales del paciente para permitir que se produzca el cambio.

9.8. Psicoterapia infantil

La psicoterapia infantil se guía por las mismas pautas de referencia empleadas en la psicoterapia de los adultos, pero con la diferencia esencial de que los terapeutas infantiles deben tener presente el estadio evolutivo de sus pacientes. Por ello, las técnicas también difieren: la conversación se sustituye por el juego. Dependiendo de si la orientación del terapeuta es psicoanalítica o conductista, o considera a la familia como un sistema, las técnicas empleadas incorporarán nuevas actividades, como jugar con arcilla o barro, muñecas u otros juguetes.

La utilización del juego como medio de comunicación con el niño lo emplearon por vez primera las psicoanalistas Anna Freud y Melanie Klein.

9.9. El terapeuta

Los psicoterapeutas proceden del campo de la medicina, la psicología, el trabajo social o la enfermería psiquiátrica. Su formación, por tanto, es sensiblemente diferente, si se tiene en cuenta que su ejercicio profesional posterior debe ser bastante similar.

Los psiquiatras son médicos. En muchos países acuden a las facultades de Medicina durante una serie de años, para después completar un periodo de formación práctica clínica. Es entonces cuando pueden acceder a la especialidad de psiquiatría. Los psicoanalistas estudian después tres años más en un instituto psicoanalítico y, además, deben someterse ellos mismos al psicoanálisis.

Los psicólogos suelen obtener una licenciatura en Psicología clínica y realizar después un año de práctica supervisada de la psicoterapia. Los trabajadores sociales se pueden especializar en salud mental y deben hacer una maestría o un doctorado antes de ejercer. Algunos psicólogos y trabajadores sociales estudian en escuelas con una orientación psicoterapeútica concreta, y en algunos casos deben someterse ellos mismos a la psicoterapia. Los estudiantes de enfermería psiquiátrica normalmente obtienen sus titulaciones y realizan sus prácticas en los hospitales.

9.10. Evaluación

Los diferentes tipos de psicoterapia tienen metas diferentes: de la ambición del psicoanalista de alterar la estructura básica de la personalidad tratando problemas existenciales, a la concepción más instrumental de la terapia de conducta, que sólo trata de aliviar unos síntomas concretos. Por ello, los diferentes métodos de tratamiento deben ser evaluados en función de sus propios objetivos.

Es más fácil evaluar si un síntoma ha desaparecido que medir metas psicoterapeúticas inalcanzables. En consecuencia, no debería sorprendernos que en medios académicos la terapia de conducta y otras modalidades capaces de probar sus éxitos, aunque limitados, se hayan considerado más válidas científicamente que el psicoanálisis y los métodos relacionados con él.

Una tendencia importante ha sido el apartarse de las evaluaciones clínicas -basadas en un solo caso individual- para juzgar los tratamientos a través de diseños experimentales, con múltiples casos cuyos datos se analizan estadísticamente, como se haría para evaluar un nuevo medicamento o tratamiento. Por lo general, el diseño experimental consiste en que una serie de pacientes recibe la versión uniforme del tratamiento que debe valorarse, y sus resultados se comparan con los de otros pacientes que podrán recibir o no un tratamiento distinto. El objetivo de estas investigaciones es aclarar qué tipo de tratamiento es el más adecuado para cada tipo de paciente. Este grado de especificidad ha sido eludido por los investigadores, con una excepción: la terapia de conducta parece más efectiva para el tratamiento de las fobias.

EXAMEN TEMA 2

1.   ¿Dónde han realizado estudios sobre el aprendizaje?
a)   En los animales
b)   En los escolares
c)   En los niños

2.   El condicionamiento se denomina también...
a)   Aprendizaje
b)   Coacción
c)   Condicionamiento pavloviano

3.   La memoria se desarrolla mediante...
a)   Estudios
b)   Tareas físicas
c)   Repetición

4.   El olvido aparece antes...
a)   Con el paso del tiempo
b)   Inmediatamente
c)   Según la edad

5.   Para memorizar hay que imitar a...
a)   Los animales
b)   Los niños
c)   Las computadoras

6. El problema de los test de inteligencia es que...
a) Tienen en cuenta la cultura adquirida
b) Tienen en cuenta la memoria
c) No evalúan la creatividad

7. Un test eficaz es aquel que...

a)   Evalúan solamente un aspecto concreto

b)   No tiene en cuenta la cultura

c)   Tiene en cuenta los fallos

8. La psicopatología estudia...

a) La inteligencia

b) La agresividad

c) Las alteraciones de la conducta

9. La neurosis suele...

a) Ocasionar agresividad

b) Producir tristeza y dolor

c) Ocasionar anorexia

10. La psicología industrial se aplica para...

a) Seleccionar personal

b) Aumentar la eficacia empresarial

c) Evaluar el mercado

11. La psicoterapia aplica...

a) Medicamentos

b) Tratamientos médicos diversos

c) Solamente ayuda psicológica

12. Una buena referencia para analizar el comportamiento humano es...

a) Observar a las tribus antiguas

b) Observar a los animales

c) Estudiar la historia

13. La psicología experimental emplea...
a) Técnicas de laboratorio
b) Medicamentos
c) Primates

14. El niño aprende primero...
a) A hablar
b) Andar
c) Manipular los objetos

15. La memoria es...
a) El almacenaje de la información
b) El almacenaje y recuperación de la información
c) La aplicación de la información

16. La mnemotecnia usa...
a) Asociaciones visuales
b) Computadoras
c) Asociaciones y trucos

17. El conductismo estudia la...
a) Conducta
b) Las masas
c) Manipulación mental

18. ¿Es igual el aprendizaje escolar y el industrial?
a) Requiere los mismos sistemas
b) La edad condiciona el aprendizaje
c) Requiere técnicas diferentes

19. Una idea se asocia con otra mediante...
a) La semejanza

b) La diferencia
c) La utilidad
20. El psicoanálisis trata de…
a) Llegar al subconsciente
b) Analizar solamente la niñez
c) Estudiar solamente los traumas

RESPUESTAS EXAMEN TEMA 2

1.   a
2.   c
3.   Los tres
4.   b
5.   c
6.   Los tres
7.   a
8.   c
9.   b
10.   Los tres
11.   c
12.   b y c
13.   a
14.   c
15.   b
16.   c
17.   a
18.   b y c
19.   a y b
20.   a

Tema 3

PSICOANÁLISIS Y FILOSOFÍA

1. PSICOANÁLISIS

Se entiende como tal el método específico para investigar los procesos mentales inconscientes y a un enfoque de la psicoterapia. El término se refiere también a la estructuración sistemática de la teoría psicoanalítica, basada en la relación entre los procesos mentales conscientes e inconscientes.

1.1. Teoría psicoanalítica

Las técnicas del psicoanálisis y gran parte de la teoría psicoanalítica basada en su aplicación fueron desarrolladas por Sigmund Freud. Sus trabajos sobre la estructura y el funcionamiento de la mente humana tuvieron un gran alcance, tanto en el ámbito científico como en el de la práctica clínica.

1.2. El inconsciente

La primera de las aportaciones de Freud fue el descubrimiento de la existencia de procesos psíquicos inconscientes ordenados según leyes propias, distintas a las que gobiernan la experiencia consciente. En el ámbito inconsciente, pensamientos y sentimientos que se daban unidos se dividen o desplazan fuera de su contexto original; dos imágenes o ideas dispares pueden ser reunidas (condensadas) en una sola; los pensamientos pueden ser dramatizados formando imágenes, en vez de expresarse como conceptos abstractos, y ciertos objetos pueden ser sustituidos y representados simbólicamente por imágenes de otros, aun cuando el parecido entre el símbolo y lo simbolizado sea vago o explicarse sólo por su coexistencia en momentos alejados del presente. Las leyes de la lógica, básicas en el pensamiento consciente, dejan de ejercer su dominio en el inconsciente.

Comprender cómo funcionan los procesos mentales inconscientes hizo posible la comprensión de fenómenos psíquicos previamente incomprensibles, como los sueños. A través del análisis de los procesos inconscientes, Freud vio que soñar servía para proteger el sueño (el reposo) del individuo contra los elementos perturbadores procedentes de deseos reprimidos, relacionados con las primeras experiencias del desarrollo que afloran en ese momento a la conciencia. Así, los deseos y pensamientos moralmente inaceptables, (es decir, el contenido latente del sueño), se transforman en una experiencia consciente, aunque no inmediatamente comprensible, a veces absurda, denominada 'contenido manifiesto'. El conocimiento de estos mecanismos inconscientes permite al analista invertir el proceso de elaboración onírica, por el que el 'contenido latente' se transforma en el contenido manifiesto, accediendo, a través de la interpretación de los sueños, a su significado subyacente.

1.3. Conflictos

Una suposición esencial de la teoría freudiana es que los conflictos inconscientes involucran deseos y pulsiones, originadas en las primeras etapas del desarrollo. Al serle desvelados al paciente los conflictos inconscientes mediante el psicoanálisis, su mente adulta puede encontrar soluciones inaccesibles a la mente inmadura del niño que fue. Esta descripción de la función que cumplen las pulsiones básicas en la vida humana es otra de las aportaciones cruciales de la teoría freudiana.

Según su teoría sobre la sexualidad infantil, la sexualidad adulta es el resultado de un complejo proceso de desarrollo que

93

comienza en la infancia, pasa por una serie de etapas ligadas a diferentes funciones y áreas corporales (oral, anal y genital), y se corresponde con distintas fases en la relación del niño con los adultos, especialmente con sus padres. En este desarrollo es esencial el periodo edípico (de Edipo), que transcurre, aproximadamente, entre los 4 y 6 años de edad, momento en el que el niño por primera vez es capaz de establecer un vínculo afectivo con su progenitor del sexo opuesto, semejante a la relación de un adulto con su pareja, con lo que el progenitor del mismo sexo es considerado un rival.

La inmadurez psíquica del niño condena al fracaso los deseos infantiles y malogra su primer paso hacia lo adulto. Además, la inmadurez intelectual del niño complica aún más la situación porque le hace temer sus propias fantasías. El grado en el que el niño supere este trauma y en el que estos vínculos, miedos y fantasías pervivan de modo inconsciente, será decisivo en su vida posterior, especialmente en sus relaciones afectivas.

Los conflictos que ocurren en las etapas iniciales del desarrollo no son menos significativos como influencia formativa, porque representan los prototipos iniciales de situaciones sociales tan básicas como la dependencia de otros o la relación con la autoridad. Por eso, en estas primeras etapas de su desarrollo, también será básico en la formación de la personalidad del niño el comportamiento de los padres.

Sin embargo, el hecho de que el niño reaccione no sólo ante la realidad objetiva, sino también ante la distorsión fantástica de la realidad, complica significativamente incluso los esfuerzos educativos mejor intencionados.

1.4. El ello, el yo y el superyo

El esfuerzo por clarificar el desconcertante número de observaciones interrelacionadas puestas a la luz por la exploración psicoanalítica, condujo al desarrollo de un modelo de estructura del sistema psíquico. Tres sistemas funcionales, o instancias, se distinguen en este modelo: el ello, el yo y el superyo.

La primera instancia se refiere a las tendencias impulsivas (entre ellas las sexuales y las agresivas) que parten del cuerpo y tienen que ver con el deseo en un sentido primario, contrarios a los frutos de la educación y la cultura. Freud llamó a estas tendencias *triebe,* que literalmente significa 'pulsión' pero que a menudo se traduce con impropiedad como 'instinto'. Estas pulsiones exigen su inmediata satisfacción, y se experimentan de forma placentera por parte del sujeto, pero desconocen el principio de realidad y se atienen sólo al principio del placer (egoísta, acrítico e irracional).

Cómo conseguir en el mundo real las condiciones de satisfacción de esas pulsiones básicas es tarea de la segunda instancia, el yo, que domina funciones como la percepción, el pensamiento y el control motor, para adaptarse a las condiciones exteriores reales del mundo social y objetivo. Para desempeñar esta función adaptativa, de conservación del individuo, el yo debe ser capaz de posponer la satisfacción de las pulsiones del ello que presionan para su inmediata satisfacción, con lo que se origina la primera tensión. Para defenderse de las pulsiones inaceptables del ello, el yo desarrolla mecanismos psíquicos específicos llamados mecanismos de defensa. Los principales son: la represión —exclusión de las pulsiones de la consciencia, para arrojarlas a lo inconsciente—, la proyección —proceso de adscribir a otros los deseos que no se quieren reconocer en uno mismo— y la formación reactiva —establecimiento de una pauta de comportamiento contraria a una fuerte necesidad inconsciente. Tales mecanismos de defensa se disparan en cuanto la ansiedad señala el peligro de que las pulsiones inaceptables originales puedan reaparecer en la conciencia.

Una pulsión del ello llega a hacerse inadmisible, no sólo como resultado de una necesidad temporal de posponer su satisfacción hasta que las condiciones de la realidad sean más favorables, sino, sobre todo, debido a la prohibición que los otros (originalmente los padres) imponen al individuo. El conjunto de estas demandas y prohibiciones constituye el contenido principal de la tercera instancia, el superyo, cuya función es controlar al yo según las pautas morales impuestas por los padres. Si las demandas del superyo no son atendidas, la persona se sentirá culpable, culpabilidad que también se manifiesta como ansiedad y/o vergüenza.

El superyo, que según la teoría freudiana se origina en el esfuerzo de superar el complejo de Edipo, es parcialmente inconsciente, debido a que tiene una fuerza semejante (aunque de signo opuesto) a la de las pulsiones, y puede dar lugar a sentimientos de culpa que no dependan de ninguna transgresión consciente. El yo, instancia mediadora entre las demandas del ello, las exigencias del superyo y el mundo exterior, puede no tener el poder suficiente para reconciliar estas fuerzas en conflicto. Es más, el yo puede coartarse en su desarrollo al ser atrapado en sus primeros conflictos, denominados fijaciones o complejos, pudiendo volverse hacia modos de funcionamiento primarios en el desarrollo psíquico y hacia modos de satisfacción infantiles. Este proceso se conoce como 'regresión'. Incapaz de funcionar normalmente, el yo sólo puede mantener su control limitado y su integridad desarrollando síntomas neuróticos, a través de los cuales se expresa la tensión del aparato psíquico.

1.5. Ansiedad

Piedra angular de la teoría y la práctica psicoanalíticas modernas es el concepto de ansiedad, un tipo de experiencia que implica una reacción contra ciertas situaciones peligrosas. Estas situaciones de peligro, tal como las describe Freud, son el miedo a ser abandonado, a perder el objeto amado, el miedo a la venganza y al castigo, y la posibilidad de castigo por parte del superyo. En consecuencia, los síntomas, los desórdenes de la personalidad y de los deseos, así como la propia sublimación de las pulsiones, representan compromisos, diferentes formas de adaptación que el yo intenta con mayor o menor éxito, reconciliando las diferentes fuerzas mentales en conflicto.

1.6. Escuelas psicoanalíticas

Varias escuelas psicoanalíticas han adoptado otras denominaciones para indicar sus diferencias con las teorías freudianas ortodoxas.

Además de Carl Jung y Alfred Adler, que ya hemos mencionado en la lección anterior, destacan:

1.6.1. Otto Rank

Discípulo de Freud, Otto Rank, introdujo una nueva teoría de la neurosis, atribuyendo todas las perturbaciones neuróticas al trauma inicial del nacimiento. En sus últimas investigaciones describe el desarrollo individual como una progresión desde la absoluta dependencia de la madre y de la familia a la independencia física, que va unida a la dependencia intelectual del entorno social, llegando finalmente a completarse la emancipación intelectual y afectiva del individuo. Rank también daba gran importancia a la voluntad, definida como la organización y la integración positivas de la personalidad que utiliza de forma creativa los impulsos instintivos, al tiempo que los controla e inhibe.

1.7. Otras escuelas psicoanalíticas

1.7.1. Erich Fromm

Las últimas innovaciones a la teoría psicoanalítica que merecen mención son las de los psicoanalistas Erich Fromm, Karen Horney y Harry Stack Sullivan. Las teorías de Fromm hacen especial hincapié en la idea de que el individuo y la sociedad no son fuerzas opuestas ni separables, en que la naturaleza de la sociedad viene determinada por su pasado histórico, y en que las necesidades y deseos de las personas están en gran medida determinados por su contexto social. Como resultado de este punto de vista, Fromm creía que el problema fundamental de la psicología y del psicoanálisis no era resolver los conflictos entre los fijos e inamovibles impulsos instintivos del individuo y las exigentes e inamovibles leyes y normas sociales, sino armonizar y comprender las relaciones entre ambos. Fromm también hizo hincapié en la importancia que tiene para los individuos desarrollar la capacidad de usar plenamente su potencial perceptivo, emocional e intelectual.

1.7.2. Karen Horney

Horney trabajó básicamente en el terreno de la psicoterapia (en concreto con las neurosis), en el que estableció una distinción básica entre situación neurótica y carácter neurótico. La primera nace de la ansiedad asociada a un conflicto simple, como la necesidad de enfrentarse a una decisión difícil. Aunque pueda paralizar al individuo temporalmente, haciéndole imposible pensar o actuar eficazmente, tales neurosis no están profundamente enraizadas. Por el contrario, la personalidad neurótica posee, debido a su carácter, una ansiedad y una hostilidad básicas fruto de la carencia afectiva en la infancia.

1.7.3. Harry Stack Sullivan

Por último, Sullivan creía que todo el desarrollo podía describirse exclusivamente en términos de las relaciones con los otros. Los distintos tipos de personalidades, así como los síntomas neuróticos, se explican como resultado del combate contra la ansiedad que nace de las relaciones con los demás, actuando como un sistema de seguridad que se mantiene con el propósito de mitigarla.

1.7.4. Melanie Klein

Otra importante escuela de pensamiento psicoanalítico, especialmente en Europa y Latinoamérica, es la conocida como 'escuela inglesa', que se basa en las enseñanzas de esta autora británica, provenientes básicamente de sus observaciones del psicoanálisis infantil.

Klein postuló la existencia de complejas fantasías inconscientes en los niños, incluso de menos de seis meses, cuya principal fuente de ansiedad es la amenaza sobre la propia existencia por el instinto de muerte. Dependiendo de cómo se materialicen las representaciones concretas de las fuerzas destructivas en la vida inconsciente fantaseada por el niño, aparecerían dos primeras actitudes básicas que Klein denominó 'posición paranoide' y 'posición depresiva'. En la paranoide, la defensa del yo se realiza proyectando los objetos internos peligrosos hacia algún elemento exterior que los represente, elemento que pasará a considerarse como una amenaza procedente del mundo exterior. En la depresiva, el objeto amenazador es introyectado, es decir, retenido dentro del propio individuo, con lo que aparecen los síntomas de la depresión y de la hipocondría. Aunque hay serias dudas de que tales complejos infantiles actúen realmente en la mente del niño, estas observaciones han tenido bastante importancia en el desarrollo de la psiquiatría y la psicología de las fantasías inconscientes, delirios paranoides y teorías vinculadas en general con las primeras relaciones objetales.

2. DENTRO DE LA MENTE

2.1. Inconsciente

En psicología, región hipotética de la mente que contiene los deseos, recuerdos, temores, sentimientos, e ideas cuya expresión queda reprimida en el plano de la conciencia. Se manifiestan a través de su influencia sobre los procesos conscientes y, de manera más notable, por medio de fenómenos anómalos como sueños o síntomas neuróticos. No toda la actividad mental de la que el sujeto no es consciente pertenece al inconsciente; por ejemplo, los pensamientos que se pueden convertir en conscientes al concentrar la atención se denominan *anteconscientes* o *preconscientes.*

El concepto de inconsciente fue descrito por primera vez en el periodo comprendido entre 1895 y 1900 por Sigmund Freud, quien elaboró la teoría de que estaba formado por sentimientos experimentados durante la infancia, junto con los instintos o la libido y sus modificaciones por la evolución del superyo. De acuerdo con la interpretación del psicoanalista suizo Carl Jung, el inconsciente también consta de un inconsciente cultural que contiene ciertas fantasías atávicas, universales y heredadas, que pertenecen a lo que Jung denominó el *ámbito colectivo.*

2.2. El Superego o superyo

En la teoría psicoanalítica, una de las tres instancias de la mente humana, junto al ello y el yo. Tal como lo definió Sigmund Freud, el término designa la instancia que en la personalidad normal modifica e inhibe automáticamente los impulsos instintivos del ello, que tienden a producir acciones y pensamientos antisociales o inmorales. Es, por tanto, una especie de conciencia moral con sentido dinámico.

Según la teoría psicoanalítica, el superyo se desarrolla a medida que el niño adopta gradual e inconscientemente los valores y normas, primero de los padres y después del entorno social. Según el psicoanálisis freudiano contemporáneo, el superyo engloba también el yo positivo (yo ideal o autoimagen consciente) que cada individuo desarrolla.

2.3. El Ello

Una de las tres instancias básicas de la personalidad, junto al yo y el superyo.

El ello se asimila a veces, incorrectamente, con la idea común del inconsciente, que no es una instancia en la concepción dinámica psicoanalítica, sino una categoría descriptiva: por ejemplo, son inconscientes no sólo ciertas pulsiones del ello, sino también muchos contenidos del superyo o conciencia moral, así como la mayor parte de las operaciones del yo. Para distinguir aquellos contenidos y operaciones inconscientes del aparato psíquico que pueden hacerse conscientes con un esfuerzo de conciencia por parte del individuo, Freud acuñó el concepto de 'preconsciente'. El resto de los contenidos y operaciones del inconsciente —todos los del ello y parte de los del yo y superyo— constituyen el inconsciente propiamente dicho, y sólo pueden ser sacadas a la luz de la conciencia por medio de la práctica psicoanalítica.

El ello se refiere en realidad al conjunto de impulsos instintivos del individuo, necesidades biológicas, deseos y motivaciones afectivas primarias que, bajo el principio del placer, buscan su realización inmediata, presionando al yo, que opera con el sentido de realidad para obtener su gratificación urgente. En la teoría de Sigmund Freud, la energía subyacente a las pulsiones instintivas del ello se conoce como libido —fuerza psicológica general que es básicamente de naturaleza sexual— a través de la cual se expresa la conformación psicosexual del individuo.

Conviene matizar que al indicar la naturaleza sexual de los contenidos del ello, Freud no se refería exactamente a la acepción de sexualidad en sentido biológico estricto (es decir, al coito), sino a todo el conjunto de contenidos y conductas afectivas del ser humano, básicas para la construcción de su existencia social, que comienzan a desarrollarse desde la infancia en las relaciones materno-filiales.

2.4. El Yo

Nos encontramos ahora con la parte central de la estructura de la personalidad.

Según la teoría desarrollada por Sigmund Freud, el yo es una de las tres instancias del aparato psíquico, junto al ello y el superyo. La formación del yo comienza con el nacimiento, en el primer encuentro con el mundo externo. El yo, ateniéndose al principio de realidad, trata de ajustar las pulsiones del ello (dominado por el principio del placer) a las exigencias del superyo (dominado por el deber moral). Su papel, por tanto, es interceder entre los impulsos y deseos instintivos, por un lado, y las presiones morales, por otro, fuerzas a menudo inconscientes, y entre éstas y las exigencias del medio social.

En filosofía, el yo significa la conciencia de uno mismo, la primera persona; esto hizo que algunos filósofos, como el francés del siglo XVII René Descartes o el ilustrado alemán del XVIII Johann Gottlieb Fichte, lo consideraran como única base de una realidad cuya existencia cierta es por lo demás discutible (el hecho básico de la realidad es que uno mismo existe), con lo cual el resto del Universo es una suposición a partir de la percepción personal. Otros filósofos, como Immanuel Kant, propusieron dos modos de entender el yo: como objeto de los pensamientos y las percepciones, y como sujeto (yo trascendental).

2.5. La personalidad

Son las pautas de pensamiento, percepción y comportamiento relativamente fijas y estables, profundamente enraizadas en cada sujeto.

La personalidad es el término con el que se suele designar lo que de único, de singular, tiene un individuo, las características que lo distinguen de los demás. El pensamiento, la emoción y el comportamiento por sí solos no constituyen la personalidad de un individuo; ésta se oculta precisamente tras esos elementos. La personalidad también implica previsibilidad sobre cómo actuará y cómo reaccionará una persona bajo diversas circunstancias.

Las distintas teorías psicológicas recalcan determinados aspectos concretos de la personalidad y discrepan unas de otras sobre cómo se organiza, se desarrolla y se manifiesta en el comportamiento. Una de las teorías más influyentes es el psicoanálisis, creado por Sigmund Freud, quien sostenía que los procesos del inconsciente dirigen gran parte del comportamiento de las personas.

Otra corriente importante es la conductista, representada por psicólogos como el estadounidense B. F. Skinner, quien hace hincapié en el aprendizaje por condicionamiento, que considera el comportamiento humano principalmente determinado por sus consecuencias. Si un comportamiento determinado provoca algo positivo (se refuerza), se repetirá en el futuro; por el contrario, si sus consecuencias son negativas —hay castigo— la probabilidad de repetirse será menor.

2.6. Formación y desarrollo de la personalidad

Herencia y ambiente interactúan para formar la personalidad de cada sujeto. Desde los primeros años, los niños difieren ampliamente unos de otros, tanto por su herencia genética como por variables ambientales dependientes de las condiciones de su vida intrauterina y de su nacimiento. Algunos niños, por ejemplo, son más atentos o más activos que otros, y estas diferencias pueden influir posteriormente en el comportamiento que sus padres adopten con ellos, lo que demuestra cómo las variables congénitas pueden influir en las ambientales. Entre las características de la personalidad que parecen determinadas por la herencia genética, al menos parcialmente, están la inteligencia y el temperamento, así como la predisposición a sufrir algunos tipos de trastornos mentales.

Entre las influencias ambientales, hay que tener en cuenta que no sólo es relevante el hecho en sí, sino también cuándo ocurre, ya que existen periodos críticos en el desarrollo de la personalidad en los que el individuo es más sensible a un tipo determinado de influencia ambiental. Durante uno de estos periodos, por ejemplo, la capacidad de manejar el lenguaje cambia muy rápidamente, mientras que en otros es más fácil desarrollar la capacidad de entender y culpabilizarse.

La mayoría de los expertos cree que las experiencias de un niño en su entorno familiar son cruciales, especialmente la forma en que sean satisfechas sus necesidades básicas o el modelo de educación que se siga, aspectos que pueden dejar una huella duradera en la personalidad. Se cree, por ejemplo, que el niño al que se le enseña a controlar sus esfínteres demasiado pronto o demasiado rígidamente puede volverse un provocador. Los niños aprenden el comportamiento típico de su sexo por identificación con el progenitor de igual sexo, pero también el comportamiento de los hermanos y/o hermanas, especialmente los de mayor edad, puede influir en su personalidad.

Algunos autores hacen hincapié en el papel que cumplen las tradiciones culturales en el desarrollo de la personalidad. La antropóloga Margaret Mead convivió con dos tribus de Guinea y mostró esta relación cultural al comparar el comportamiento pacífico, cooperativo y amistoso de una, con el hostil y competitivo de la otra, pese a tener ambas las mismas características étnicas y vivir en el mismo lugar.

Aunque tradicionalmente los psicólogos sostienen que los rasgos de la personalidad de un individuo se mantienen estables a lo largo del tiempo, recientemente se cuestionan este enfoque, señalando que los rasgos existían sólo en la óptica del observador, y que en realidad la personalidad de un individuo varía según las distintas situaciones a las que se enfrenta.

2.7. Trastornos

Los trastornos de la personalidad suelen ser afecciones duraderas, que se pueden caracterizar por falta de flexibilidad o inadaptación al entorno, que ocasionan frecuentes problemas laborales y sociales, y generan molestias y daños a la propia persona y a los demás. Hay muchos tipos de trastornos de la personalidad: la paranoide, por ejemplo, es característicamente suspicaz y desconfiada; la histriónica tiene un comportamiento y una expresión teatrales y manipuladores hacia los que conviven con ellos; la personalidad narcisista tiende a darse una gran importancia y necesita de una constante atención y admiración por parte de los demás; por último, las personalidades antisociales se caracterizan por su escasa conciencia moral, violando los derechos ajenos y las normas sociales, incluso sin beneficio para ellos mismos.

3. PERCEPCIÓN

Es el proceso mediante el cual la conciencia integra los estímulos sensoriales sobre objetos, hechos o situaciones y los transforma en experiencia útil. Por ejemplo, y a un nivel muy elemental, la psicología de la percepción investiga cómo una rana distingue a una mosca entre la infinidad de objetos que hay en el mundo físico. En los seres humanos, a un nivel más complejo, se trataría de descubrir el modo en que el cerebro traduce las señales visuales estáticas recogidas por la retina para reconstruir la ilusión de movimiento, o cómo reacciona un artista ante los colores y las formas del mundo exterior y los traslada a su pintura.

3.1. Percepciones

Los psicólogos de la percepción reconocen que la mayoría de los estímulos puros desorganizados de la experiencia sensorial (vista, audición, olfato, gusto y tacto) son corregidos de inmediato y de forma inconsciente, es decir, transformados en percepciones o experiencia útil, reconocible. Por ejemplo, un automóvil que circula por una carretera se ve de tamaño real, sin tener en cuenta lo pequeña o grande que sea la imagen formada en la retina del observador. Del mismo modo, un tema musical puede ser seguido a través de un conjunto de notas individuales, sin importar cuántas veces haya cambiado el compositor la clave musical. El proceso de percepción no se limita a organizar los estímulos sensoriales directos en forma de percepciones, sino que éstas, por sí mismas, recuperadas de la experiencia pasada,

107

también se organizan favoreciendo una más rápida y adecuada formación del proceso de percepción actual.

El estudio y la teoría de la percepción superan a la psicología teórica y tienen aplicaciones prácticas en el aprendizaje, la educación y la psicología clínica. Una percepción deficiente implica experimentar el mundo como un caos, mientras que una 'extrapercepción' —eliminar estímulos que no se ajustan a los esquemas de la percepción o percibir estímulos inexistentes— puede llevar a experimentar el mundo inadecuadamente, con sentimientos de depresión en el primer caso y de alucinación o delirio en el segundo.

A pesar del papel fundamental que la percepción cumple en la vida de las personas y de los organismos más sencillos, sus procesos permanecen poco claros por dos razones principales: primero, porque los investigadores sólo han obtenido un éxito limitado al intentar descomponer la percepción en unidades analizables más simples, y, segundo, porque las evidencias empíricas, científicamente verificables, se hacen difíciles de repetir e incluso de obtener, con lo que el estudio de la percepción sigue dependiendo en gran medida de informes introspectivos, con un alto grado de subjetividad.

3.2. Teorías clásicas

Un fenómeno que los investigadores han tratado de explicar reiteradamente es el principio de la constancia perceptiva. Una vez que un objeto ha sido percibido como una entidad identificable, tiende a distinguirse como un objeto estable, de características permanentes, a pesar de las variaciones en su iluminación, situación física observable o distancia a la que aparece. En consecuencia, aunque un objeto situado a una distancia de 100 metros produzca en la retina una imagen notablemente inferior que a una distancia de 20 metros, tenderá a percibirse como si tuviera un tamaño intrínseco.

Según la teoría clásica de la percepción que el fisiólogo alemán Hermann Ludwig Ferdinand von Helmholtz formuló a mediados del siglo pasado, la constancia en la percepción, al igual que la percepción de la profundidad y la mayoría de las percepciones, es resultado de la capacidad del individuo de sintetizar las experiencias del pasado y las señales sensoriales presentes. A medida que un animal o un niño recién nacido explora el mundo que le rodea, aprende rápidamente a organizar sus observaciones dentro de un esquema de representación tridimensional, basándose en los descubrimientos de Leonardo da Vinci: la perspectiva lineal, la ocultación de un objeto lejano por otro más cercano o una menor precisión visual a medida que los objetos se alejan.

3.3. Investigaciones actuales

Desde el inicio de los estudios sobre la percepción, los psicólogos han intentado diferenciar en el proceso perceptivo lo innato de lo aprendido. Los experimentos en los que ingenuos animales y bebés huían de los llamados 'acantilados visuales', se diseñaron para demostrar que la percepción de la profundidad es innata. A través de experimentos similares, los teóricos de esta escuela intentan calcular las proporciones de lo innato y lo aprendido en el comportamiento perceptivo.

Recientemente, sin embargo, muchos psicólogos han llegado a la conclusión de que esta aproximación dicotómica apenas tiene base científica y aporta muy poco al estudio de la percepción, por lo que desde un enfoque más clásico proponen que la capacidad perceptiva proviene de la capacidad animal y humana de organizar la experiencia global de los individuos, lo que significa incluir las múltiples experiencias fisiológicas del desarrollo en la experiencia formal del aprendizaje. Argumentan que, aunque el recién nacido pueda carecer de experiencia visual, tiene sin embargo otras experiencias sensoriales que pueden contribuir a su capacidad para percibir la profundidad en los 'acantilados visuales'. A través de las primeras experiencias de ese tipo, los animales y los seres humanos aprenden, por así decirlo, cómo aprender.

En un descubrimiento reciente que muestra prometedores avances para desentrañar el misterio del proceso perceptivo, los investigadores de la psicología experimental han descubierto que ciertas células nerviosas y las células de la retina de anfibios y mamíferos pueden reconocer formas y movimientos específicos, en vez de reaccionar simplemente a cantidades dadas de energía luminosa reflejada por los objetos. Estas células responden a configuraciones concretas como discos y anillos, a movimientos concretos de los objetos y a la estimulación simultánea de otras ubicadas también en la retina del ojo.

Partiendo también de la estimulación táctil y auditiva, un niño aprende con rapidez un sinnúmero de asociaciones específicas que se corresponden con las propiedades de los objetos en el mundo físico. Tales asociaciones, o percepciones, se forman automáticamente y a tal velocidad que ni siquiera un adulto bien entrenado puede descifrar —con un grado fiable de aciertos— las señales visuales de las que proceden.

Los defensores de la teoría clásica de la percepción creían que la mayoría de ellas procedían de lo que denominaban 'inferencia inconsciente a partir de sensaciones no advertidas para el sujeto'. Sólo cuando se tiene una ilusión o una percepción deformada, como cuando las casas y los automóviles aparecen como juguetes desde un avión, el sujeto se hace consciente de tales sensaciones y accede a comprender su papel en la organización de las percepciones. Precisamente, gran parte de la investigación experimental sobre la percepción consiste en examinar a los sujetos con material de estímulo ilusorio, en un intento de diferenciar las unidades individuales de percepción del proceso global.

4. TESTS

La entrevista personal, el método más utilizado para conocer la personalidad, es el medio para obtener un informe sobre el pasado, presente y previsibles reacciones futuras de un individuo en concreto. La mayoría de las entrevistas son desestructuradas, pero algunas emplean una serie de 'preguntas tipo' siguiendo una secuencia dada. Los entrevistadores más experimentados ponen atención en lo que manifiesta verbalmente el individuo entrevistado, pero también atienden a otros elementos de expresión no verbal, como gestos, posturas, silencios, etc.

La observación directa, ya sea en su contexto natural o en laboratorio, trata de recoger sistemáticamente las reacciones del individuo ante situaciones cotidianas, y sus respuestas típicas hacia las personas, o bien de manipular experimentalmente situaciones artificiales para medir su respuesta frente a esas condiciones controladas en laboratorio. Como fuente de información, también son útiles los relatos de aquellas personas que han observado al individuo en el pasado.

Los métodos codificados de evaluación psicológica de la personalidad (los tests de personalidad), se basan generalmente en cuestionarios de preguntas cerradas sobre hábitos personales, creencias, actitudes y fantasías (pruebas psicométricas), o bien en técnicas proyectivas, en las que el individuo responde libremente ante estímulos no estructurados o ambiguos, a través de las cuales reflejará los aspectos más profundos y menos controlados de su personalidad. El test de Rorschach, la prueba proyectiva más famosa, consiste en una serie de manchas de tinta sobre las que el sujeto manifiesta sus percepciones. Del análisis de sus manifestaciones, a través de complejos sistemas de codificación y de interpretación, el analista deduce aspectos esenciales de la dinámica de la personalidad del individuo.

5. LA FILOSOFÍA

La **filosofía occidental** (del griego *philos* y *sophía,* 'amor a la sabiduría'), es el estudio racional y crítico de los principios básicos. La filosofía se divide a menudo en cuatro ramas principales:

1. **Metafísica,** el estudio de la realidad última
2. **Epistemología,** el estudio de los orígenes, validez y límites del conocimiento
3. **Ética,** el estudio de la naturaleza de la moral y el juicio
4. **Estética,** estudio de la naturaleza de la belleza en las actividades artísticas.

Los dos tipos de investigación filosófica son la **filosofía analítica**, que es el estudio lógico de los conceptos, y la **filosofía sintética**, que es el ordenamiento de los conceptos en un sistema unificado.

Según fue utilizado en su origen por los griegos clásicos, el término filosofía significa la búsqueda del conocimiento por sí mismo. La filosofía comprende todas las áreas del pensamiento especulativo e incluye tanto la reflexión sobre las artes como sobre las ciencias y la religión. Conforme se fueron desarrollando métodos y principios particulares en las distintas áreas del conocimiento, cada campo adquirió su propio perfil filosófico, lo cual dio lugar a la filosofía del arte, de la ciencia y de la religión. El término filosofía se usa de forma popular para referirse a un conjunto de actitudes y valores básicos respecto a la vida, la naturaleza y la sociedad (de ahí procede la frase "filosofía de la vida"). Como las fronteras que separan las distintas áreas del conocimiento son flexibles y están sujetas a cambio, la definición del término filosofía sigue estando sometida a controversia.

5.1. Filosofía griega

Se considera en general que la filosofía occidental comenzó en la Grecia antigua, y en Jonia más en concreto, como una especulación en torno a la naturaleza subyacente del mundo físico. En su forma primera no se distinguía de la ciencia natural, pues los primeros filósofos eran físicos preocupados por determinar qué puede permanecer tras el aparente cambio. Los escritos de los primeros filósofos no se han conservado en lo fundamental, excepto algunos fragmentos citados por Aristóteles y otros autores pertenecientes a épocas posteriores.

5.2. La escuela jónica

El primer pensador considerado filósofo en el tiempo fue **Tales de Mileto**, originario de esta ciudad, en la costa jónica de

113

Asia Menor, que vivió hacia el año 580 a.C. Tales, venerado por las generaciones posteriores como uno de los Siete Sabios de Grecia, se interesó por los fenómenos astronómicos, físicos y meteorológicos, y sus investigaciones científicas le llevaron a pensar que todos los fenómenos naturales son formas diferentes de una sustancia fundamental (una primera idea sobre el monismo) que él creía era el agua, pues pensaba que la evaporación y condensación eran procesos universales.

Anaximandro, discípulo de Tales, mantenía que el primer principio a partir del cual surgen todas las cosas es una sustancia intangible, invisible e infinita que llamó *apeiron* ('lo ilimitado'). Comprendió, sin embargo, que en todas las cosas se podía encontrar una sustancia no observable, por lo que su noción de lo ilimitado anticipó la noción moderna de un Universo sin límite. Esta sustancia, afirmaba, es eterna e indestructible. Debido a su movimiento continuo, las sustancias conocidas —como calor, frío, tierra, aire y fuego— evolucionan de una forma ininterrumpida generando a su vez los distintos objetos y organismos que configuran el mundo que conocemos por los sentidos.

El tercer gran filósofo jonio, **Anaxímenes**, volvió a la suposición de Tales de que la sustancia primera es algo conocido y material, pero mantuvo que ésta es el aire en vez del agua. Creía que los cambios que experimentan los objetos se pueden explicar en términos de rarefacción y condensación del aire. De tal modo, Anaxímenes fue el primer filósofo que explicó diferencias cualitativas en términos de diferencias cuantitativas, un método fundamental en la ciencia física.

En general, la escuela jónica dio el primer paso radical desde la explicación mítica de los fenómenos naturales a la exposición científica; descubrió los importantes principios científicos de la permanencia de la sustancia, la evolución natural del mundo y la reducción de calidad a cantidad.

5.3. La escuela pitagórica

Hacia el año 530 a.C., el filósofo **Pitágoras de Samos** fundó una escuela de filosofía en Crotona, en la Magna Grecia, al sur de Italia, que fue más religiosa y mística que la escuela jónica. Pretendía conciliar la antigua visión mítica del mundo con el creciente interés por la explicación científica. El sistema de filosofía resultante —que se conoció como pitagorismo— aunó las creencias éticas, sobrenaturales y matemáticas en una visión espiritual de la vida. Los pitagóricos enseñaron y practicaron un sistema de vida basado en la creencia de que el alma es prisionera del cuerpo, del cual se libera al morir y se reencarna en una forma de existencia, más elevada o no, en relación con el grado de virtud alcanzado.

El principal propósito de los seres humanos tendría que ser la purificación de sus almas mediante el cultivo de virtudes intelectuales, la abstención de los placeres de los sentidos y la práctica de diversos rituales religiosos. Los pitagóricos —que descubrieron las leyes matemáticas del tono musical— dedujeron que el movimiento planetario produce una "música de las esferas" y desarrollaron una "terapia a través de la música" para lograr que la humanidad encontrara su armonía con las esferas celestes. Identificaron la ciencia con las matemáticas y mantuvieron que todas las cosas son reductibles a números y figuras geométricas. Realizaron grandes contribuciones a las matemáticas, la teoría musical y la astronomía.

5.4. La escuela de Heráclito

Heráclito de Éfeso (Jonia), continuando la búsqueda de la sustancia primigenia que iniciaron los jonios, afirmó que ésta es el fuego. Observó que el fuego produce cambios en la materia y anticipó la teoría moderna de la energía. También afirmó que todas las cosas se encuentran en un estado de flujo continuo (*panta rei*), que la estabilidad es una ilusión y que sólo el cambio y la ley del cambio (o logos) son reales. La doctrina del logos de Heráclito, que identificaba las leyes de la naturaleza con una mente divina, evolucionó hacia la teología panteísta del estoicismo.

5.5. La escuela eleática

En el siglo V a.C., **Parménides** fundó una escuela de filosofía en Elea, colonia griega en la península Itálica (Magna Grecia). Parménides adoptó una actitud opuesta a la de Heráclito en la relación entre estabilidad y cambio y mantuvo que el universo o lo que es, es decir, el ente, se puede describir como una esfera indivisible e inmutable y que toda referencia a cambio o diversidad es por sí misma contradictoria. Mantenía que nada puede ser realmente afirmado excepto "lo que es" (el ente). Zenón de Elea, discípulo de Parménides, intentó probar la unidad del ser afirmando que la creencia en la realidad de cambio, la diversidad y el movimiento lleva a paradojas lógicas. Las aporías de Zenón llegaron a ser enigmas intelectuales que filósofos y lógicos de todas las épocas posteriores han intentado resolver. El interés de los eleáticos por el problema de la consistencia racional propició el desarrollo de la ciencia de la lógica.

5.6. Los pluralistas

La especulación en torno al mundo físico iniciada por los jonios fue seguida en el siglo V a.C. por **Empédocles** y **Anaxágoras**, que desarrollaron filosofías que sustituían la descripción jónica de una sustancia primera única por la suposición de una pluralidad de sustancias.

Empédocles mantenía que todas las cosas están compuestas por cuatro elementos irreductibles: aire, agua, tierra y fuego, combinados o separados por dos fuerzas opuestas según un proceso de alternancia: el amor y el odio. Mediante este proceso, el mundo evoluciona desde el caos hasta la forma y vuelve al caos otra vez, en un ciclo reiterado. Empédocles consideró el ciclo eterno como el objeto verdadero del culto religioso y criticó la creencia popular en divinidades personales pero no consiguió explicar cómo los objetos conocidos por la experiencia pueden desarrollarse al margen de factores que son por completo distintos a ellos.

Por consiguiente, Anaxágoras sugirió que todas las cosas están compuestas por partículas muy pequeñas o 'semillas', que existen en una variedad infinita. Para explicar cómo se combinan esas partículas para formar los objetos que constituyen el mundo conocido, Anaxágoras desarrolló una teoría de la evolución cósmica. Afirmaba que el principio activo de este proceso evolutivo es una mente universal que separa y combina las partículas, el *nous*. Su concepto de partículas elementales llevó al desarrollo de una teoría atómica de la materia.

5.7. Los atomistas

Fue un paso natural el que condujo desde el pluralismo hasta el atomismo, interpretación según la cual toda materia está compuesta por partículas diminutas e indivisibles que se diferencian sólo en simples propiedades físicas como el peso, el tamaño y la forma. Este paso se dio en el siglo IV a.C. con Leucipo y su colaborador más conocido, **Demócrito de Abdera**, a quien se le atribuye la primera formulación sistemática de una teoría atómica de la materia. Su concepción de la naturaleza fue materialista de un modo absoluto, y explicó todos los fenómenos naturales en términos de número, forma y tamaño de los átomos. Redujo las cualidades sensoriales de las cosas (como calor, frío, gusto y olor) a las diferencias cuantitativas de los átomos. Las formas más elevadas de existencia, como la vida de las plantas y animales e incluso la humana, fueron explicadas por Demócrito en términos físicos en sentido estricto. Aplicó su teoría a la psicología, la fisiología, la teoría del conocimiento (epistemología), la ética y la política, y presentó así el primer planteamiento amplio del materialismo determinista que afirma que todos los aspectos de la existencia están determinados de forma rígida por leyes físicas.

5.8. Los sofistas

Hacia finales del siglo V a.C., un grupo de maestros ambulantes llamados sofistas alcanzó un gran renombre en toda Grecia. Los sofistas tuvieron un papel importante en la evolución de las ciudades Estado griegas desde unas monarquías agrarias hasta su consolidación como democracias comerciales. Conforme crecieron la industria y el comercio helénicos, una nueva clase de ricos comerciantes poderosos en el ámbito

118

económico empezó a controlar el poder político. Careciendo de la educación de los aristócratas, quisieron prepararse para la política y el comercio pagando a los sofistas a cambio de enseñanzas en el arte de hablar en público, el razonamiento legal y la cultura general. A pesar de que lo mejor de los sofistas contribuyó mucho al pensamiento griego, el grupo en su conjunto adquirió una reputación de falaz, hipócrita y demagogo. De ahí que la palabra sofisma represente esas deficiencias morales.

La famosa máxima de **Protágoras**, uno de los sofistas más importantes, "el hombre es la medida de todas las cosas", es representativa de la actitud filosófica de esta escuela. Sus componentes mantenían que los individuos tienen el derecho de juzgar por sí mismos todos los asuntos; negaban la existencia de un conocimiento objetivo en el que se supone que todo el mundo debe creer, mantuvieron que la ciencia natural y la teología tienen poco o ningún valor porque carecen de relevancia en la vida diaria, y declararon que las reglas éticas sólo tenían que asumirse cuando conviene al propio interés.

5.9. Filosofía socrática

Tal vez la mayor personalidad filosófica en la historia haya sido **Sócrates**. Nacido en el 469 a.C., practicó un diálogo continuo con sus alumnos hasta que fue sentenciado a muerte, condena que cumplió bebiendo cicuta en el 399 a.C. A diferencia de los sofistas, Sócrates se negó a aceptar dinero por sus enseñanzas, afirmando que no tenía ninguna certidumbre que ofrecer excepto la conciencia de la necesidad de más conocimiento. Sócrates no dejó ningún escrito, pero sus enseñanzas fueron preservadas para generaciones posteriores en los diálogos de su famoso discípulo Platón y también aparecen en los escritos de Jenofonte. Sócrates enseñó que cada persona tiene pleno conocimiento de la verdad última dentro de su alma y que sólo necesita llevarlo a la reflexión consciente para darse cuenta. Por ejemplo, en *Menón* (un diálogo de Platón) Sócrates plantea a través de una ficción la forma en que un esclavo ignorante puede llegar a la formulación del teorema de Pitágoras, demostrando así que el conocimiento está innato en el alma, en vez de ser implícito o indisociable de la experiencia. Sócrates creía que el deber del filósofo era provocar que la gente pensara por sí misma, en vez de enseñarle algo que no supiera. Por eso se decía partero de ideas. Su contribución a la historia de la filosofía no fue una doctrina sistemática, sino un método de reflexión, la mayéutica, y un tipo de existencia. Hizo hincapié en la necesidad de un examen analítico de las creencias de cada uno, de definiciones claras de los conceptos básicos, y de un planteamiento racional y crítico de los problemas éticos.

5.10. Filosofía platónica

Platón fue un pensador más sistemático que Sócrates, pero sus escritos, en especial los primeros diálogos, pueden ser considerados como una continuación y elaboración de las ideas socráticas. Al igual que Sócrates, **Platón** consideró la ética como la rama más elevada del saber, y subrayó la base intelectual de la virtud al identificar virtud con sabiduría. Esta idea llevó a la llamada 'paradoja socrática' por la que "ningún hombre hace el mal por propia voluntad", como dice Sócrates en *Protágoras*. Más tarde, Aristóteles advirtió que una conclusión así no da lugar a la responsabilidad moral. Platón exploró también los problemas fundamentales de la ciencia natural, la teoría política, la metafísica, la teología y la epistemología, y enriqueció conceptos que luego han sido fundamentos permanentes en el pensamiento occidental.

La base de la filosofía de Platón es su teoría de las ideas, o doctrina de las formas. La teoría de las ideas (que queda expresada en muchos de sus diálogos, sobre todo en *La República* y *Parménides*) divide la existencia en dos esferas o mundos, una "esfera inteligible" de ideas o formas perfectas, eternas e indivisibles, el Topos Uranos, y una "esfera sensible", de objetos concretos y conocidos. Los árboles, las piedras, los cuerpos humanos y en general los objetos que pueden ser conocidos a través de los sentidos son para Platón irreales, sombríos y copias imperfectas de las ideas. Llegó a esta, en apariencia, extraña conclusión por las elevadas reglas que adjudicó al conocimiento, por ejemplo, que todos los objetos auténticos de conocimiento fueran descritos sin contradicciones. Como todos los objetos percibidos por los sentidos experimentan cambios, una afirmación hecha respecto a esos objetos en un instante no será válida en un momento posterior. Según Platón, esos objetos no son del todo reales. Las creencias que se derivan de la experiencia de esos objetos son, por lo tanto, imprecisas e inconstantes, mientras que los principios de las matemáticas y la filosofía —elaborados a partir de la meditación interior sobre las ideas— constituyen el único saber digno de ese nombre.

En *La República*, Platón muestra la humanidad prisionera en una caverna que confunde las sombras proyectadas en una roca con la realidad; considera al filósofo como la persona que penetra en el universo fuera de la caverna de la ignorancia y alcanza una visión de la verdadera realidad, el mundo de las ideas. El concepto de Platón del bien absoluto —que es la idea más elevada y engloba a todas las demás— ha sido una fuente principal de las doctrinas religiosas panteísta y mística en la cultura occidental.

La teoría de las ideas de Platón y su visión racionalista del conocimiento son la base de su idealismo ético y social. El mundo de las ideas eternas facilita las normas o ideales según los cuales todos los objetos y acciones han de someterse al juicio del hombre. La persona filosófica, que se abstiene de los placeres sensuales y busca en su lugar el conocimiento de los principios abstractos, encuentra en esos ideales los modos para regir la conducta personal y fiscalizar las instituciones sociales. La virtud personal consiste en una armónica relación entre las facultades del alma. La justicia social consiste entonces en la armonía entre las distintas clases de la sociedad.

El estado ideal de una mente sana en un cuerpo sano requiere que el intelecto controle los deseos y las pasiones, así como el estado ideal de la sociedad requiere que los individuos más sabios controlen a las masas buscadoras de placer. Según Platón, la verdad, la belleza y la justicia coinciden en la idea del bien. Por lo tanto, el arte que expresa los valores morales es el mejor. En su programa social, Platón apoyó la censura en el arte, por estimarla como un instrumento para la educación moral de la juventud.

5.11. Filosofía aristotélica

Aristóteles, que empezó a estudiar en la Academia de Platón con 17 años, en el 367 a.C., es considerado el más ilustre discípulo de Platón y se sitúa junto con su maestro entre los más profundos e influyentes pensadores del mundo. Después de asistir durante varios años a la Academia de Platón, Aristóteles se convirtió en el preceptor de Alejandro Magno. Más tarde regresó a Atenas para fundar el Liceo, una escuela que, al igual que la Academia de Platón, fue durante siglos uno de los grandes núcleos de enseñanza en Grecia. En sus conferencias, Aristóteles definió los conceptos y principios básicos de muchas de las ciencias teóricas, como la lógica, la biología, la física y la psicología. Al establecer los rudimentos de la lógica como ciencia, desarrolló la teoría de la inferencia deductiva, representada por el silogismo (proposición deductiva que utiliza dos premisas y una conclusión), y un conjunto de reglas para fundamentar lo que habría de ser el método científico.

En su teoría metafísica Aristóteles discutió la separación que hizo Platón de idea y materia, y afirmó que las ideas o esencias están contenidas dentro de los objetos mismos que las ejemplifican. Para Aristóteles, cada cosa real es una mezcla de potencia y acto; en otras palabras, cada cosa es una combinación de aquello que puede ser (pero que todavía no es) y de aquello que ya es (también distinguido como materia y forma), porque todas las cosas cambian y se convierten en otra cosa diferente de lo que son, excepto los intelectos activos humanos y divinos, que son formas puras.

Para Aristóteles la naturaleza es un sistema orgánico de cosas cuyas manifestaciones comunes hacen posible ordenarlas en clases de especies y géneros; cada especie tiene una forma, propósito y modo de desarrollo en cuyos términos se puede expresar. El fin de la ciencia teórica es definir las actitudes, propósitos y modos esenciales de desarrollo de todas las especies y disponerlos en su orden natural de acuerdo con sus complejidades según su forma, siendo los principales niveles el inanimado, el vegetativo, el animal y el racional. El alma, para Aristóteles, es la forma o realidad del cuerpo, y los humanos, cuyo espíritu racional constituye una forma más elevada que la de las demás especies terrenales, la más elevada dentro de las perecederas. Los cuerpos celestes, compuestos de una sustancia imperecedera o éter, y movidos en un perfecto movimiento circular por Dios, son todavía más altos en el orden de la naturaleza. Esta clasificación jerárquica de la naturaleza se adoptó por muchos teólogos cristianos, judíos y musulmanes en la edad media como una visión de la naturaleza.

La filosofía política y ética de Aristóteles surgió también de un examen crítico de los enunciados platónicos. Las normas de conducta personal y social, según Aristóteles, pertenecen al estudio científico de las tendencias naturales de los individuos y las sociedades en vez de contemplarse en la esfera celeste de las ideas puras. Menos insistente que Platón en una conformidad rigurosa respecto a los principios absolutos, Aristóteles consideró las reglas éticas como guías prácticas para alcanzar una vida feliz y plena. El énfasis que puso en la felicidad, como el cumplimiento de las capacidades naturales, expresó la actitud hacia la vida que mantuvieron los griegos cultos de su tiempo. En teoría política adoptó una posición más realista que Platón. Se mostró conforme con el modelo de una monarquía gobernada por un rey sabio que llegaría a representar la estructura política ideal, pero reconocía asimismo que las sociedades difieren en sus necesidades y tradiciones, y creía que una democracia limitada conforma y ordena el mejor compromiso concebible. En su teoría del conocimiento, Aristóteles rechazó la doctrina platónica por la que el saber es innato e insistió en que sólo puede adquirirse mediante la generalización desde la experiencia. Interpretó el arte como una vía al servicio del placer y de la ilustración intelectual en lugar de ser un instrumento de educación moral. Su análisis de la tragedia griega ha servido como modelo fundacional de la crítica literaria.

5.12. Filosofía helenística y romana

Desde el siglo IV a.C. hasta el desarrollo de la filosofía cristiana en el siglo IV, el epicureísmo, el estoicismo, el escepticismo y el neoplatonismo fueron las principales escuelas filosóficas en el mundo occidental. El interés por la ciencia natural declinó en ese periodo y estas escuelas se preocuparon sobre todo por la ética y la religión.

5.12.1. Epicureísmo

En el año 306 a.C., **Epicuro** fundó una escuela filosófica en Atenas. Como sus seguidores se reunían en el jardín de su casa fueron conocidos como los 'filósofos del jardín'. Epicuro adoptó la física atomista de Demócrito pero aportó algunas novedades importantes. En lugar de un movimiento aleatorio de los átomos en todas las direcciones, afirmó —para simplificar la explicación— que un movimiento uniforme acontecía en dirección descendente. También admitió la posibilidad de un factor de casualidad que intervenía en el mundo físico al manifestar que los átomos, a veces, se desvían en un sentido impredecible (*clinamen*), facilitando así una base física para la creencia en el libre albedrío. Sostenía que la ciencia natural es importante sólo si se puede aplicar en la adopción de decisiones prácticas y para aplacar el temor hacia los dioses y la muerte. Afirmaba que el destino de la existencia es obtener la máxima cantidad de placer, que identificaba con un movimiento de simpatía y con la ausencia de dolor. Las enseñanzas de Epicuro se conservan sobre todo en el poema filosófico *De rerum natura* (*De la naturaleza de las cosas*) del poeta romano Lucrecio, que contribuyó mucho a divulgar el epicureísmo en Roma.

5.13. Estoicismo

La escuela estoica, fundada en Atenas hacia el 310 a.C. por **Zenón de Citio**, evolucionó a partir del movimiento anterior de los cínicos, que rechazaba las instituciones que estructuraban la sociedad y los valores materiales vigentes. El estoicismo representó la escuela más importante en el mundo grecorromano y en ella coincidieron escritores y personalidades tan importantes como el esclavo griego y más tarde filósofo romano Epicteto, y el emperador romano Marco Aurelio, conocido tanto por su sabiduría como por su nobleza de carácter.

Uno de los más relevantes filósofos estoicos del Imperio romano fue el hispanorromano cordobés Séneca, preceptor del emperador Nerón, que mantuvo las tesis fundamentales del estoicismo antiguo con un importante tono moral y una concepción de la sabiduría como benevolencia. Los estoicos proclamaron que se puede alcanzar la libertad y la tranquilidad tan sólo siendo ajeno a las comodidades materiales y la fortuna externa, y dedicándose a una vida guiada por los principios de la razón y la virtud (tal es la idea de la imperturbabilidad o ataraxia). Asumiendo una concepción materialista de la naturaleza, siguieron a Heráclito en la creencia de que la sustancia primera se halla en el fuego y en la veneración del logos, que identificaban con la energía, la ley, la razón y la providencia encontradas en la naturaleza. La razón de los hombres se consideraba también parte integrante del logos divino e inmortal. La doctrina estoica que consideraba esencial cada persona como parte de Dios y miembro de una familia universal ayudó a romper barreras regionales, sociales y raciales, y preparar el camino para la propagación de una religión universal. La doctrina estoica de la ley natural, que convierte la naturaleza humana en norma para evaluar las leyes e instituciones sociales, tuvo mucha influencia en Roma y en las legislaciones posteriores de Occidente.

6. OTRAS

6.1. Escepticismo

El escepticismo, que profundizó en la crítica sofista del conocimiento objetivo, dominó la academia platónica en el siglo III a.C. Los escépticos descubrieron (al igual que Zenón de Elea) que la lógica es un mecanismo filosófico poderoso capaz de destruir cualquier idea positiva, y la usaron con arte. Su suposición principal era que la humanidad no puede alcanzar el conocimiento o la ciencia que conciernen a la realidad y que el camino hacia la felicidad, por lo tanto, se asienta en una absoluta suspensión de juicio. Como ejemplo extremo de esta actitud, se dice que **Pirrón** —uno de los escépticos más notables— se negó a cambiar de rumbo al acercarse a un acantilado y tuvo que ser corregido por sus alumnos. Carneades mantenía que las creencias adquiridas de la experiencia por vía inductiva pueden ser probables, pero nunca ciertas.

6.2. Neoplatonismo

El filósofo judeo-helenista Filón de Alejandría sumó la filosofía griega, en especial las ideas platónicas y pitagóricas, a la religión judaica en un amplio sistema que anticipó el neoplatonismo y el misticismo judío, cristiano y musulmán. Filón insistía en la naturaleza trascendente de Dios que supera el entendimiento y por lo tanto resulta indescriptible para los mortales; describió el mundo natural como una serie de etapas

127

de declive desde Dios y terminando en la materia como origen del mal. Abogó por un régimen teocrático, y fue uno de los primeros en interpretar el Antiguo Testamento para los no judíos. Murió en torno al año 50 d.C.

El neoplatonismo, sustrato de una de las escuelas filosóficas y religiosas más influyentes e importante rival del cristianismo, fue fundado en el siglo III d.C. por **Ammonio Saccas** y su discípulo más conocido, Plotino. Éste basó sus ideas en los escritos místicos y poéticos de Platón, los pensadores pitagóricos y Filón. Para Plotino, la principal razón de ser de la filosofía es educar a los individuos para la experiencia del éxtasis, en la que se hacen uno con Dios. Dios (o lo Uno) está más allá del entendimiento racional y es la fuente originaria de toda realidad. El universo emana de lo Uno por un proceso misterioso de comunicación de energía divina en planos sucesivos. Los niveles más altos forman lo Uno: el logos, que contiene las ideas platónicas, y el Alma cósmica, que da lugar a las almas humanas y a las fuerzas de la naturaleza. Las demás cosas que emanan de lo Uno, según Plotino, cuanto más imperfectas y malas son, más cerca están del límite de la materia en su estado original. El fin más elevado de la vida es depurarse uno mismo de la dependencia de la conformidad física y, a través de la meditación filosófica, disponerse para una reunión extática con lo Uno. El neoplatonismo ejerció una fuerte influencia en el pensamiento medieval.

7. FILOSOFÍA MODERNA

Desde el siglo XV la filosofía moderna ha estado marcada por una interacción continua entre sistemas de pensamiento basados en una interpretación mecanicista y materialista del Universo y aquellos otros basados en la creencia en el pensamiento humano como la única realidad última. Esta interacción ha reflejado el creciente efecto del descubrimiento científico y el cambio político en la especulación filosófica.

7.1. Filosofía analítica

La escuela del empirismo o positivismo lógico, fundada en Viena, se convirtió en un movimiento importante del pensamiento estadounidense. El empirismo lógico (que combina el positivismo de Hume y Comte con el interés por el rigor y la precisión lógicos de Descartes y Kant) rechaza la metafísica como un juego terminológico sin sentido, insiste en la definición de todos los conceptos en términos de hechos observables, y asigna a la filosofía la tarea de clarificar los conceptos y la sintaxis lógica de la ciencia.

Una vía de filosofía analítica, también llamada análisis lingüístico, que se inspiró en el trabajo de Moore, y fue desarrollada en concreto por Ludwig Wittgenstein en su *Tractatus logicus-philosophicus* (*Tratado lógico-filosófico,* 1921), se ha convertido en la visión dominante de la filosofía británica de hoy.

Esta escuela de pensamiento también rechaza la metafísica especulativa y centra la filosofía en la tarea de ordenar el rompecabezas intelectual causado por la ambigüedad del lenguaje merced al análisis de las palabras propias del discurso ordinario. Identifica el significado de una palabra con el sentido con que de forma corriente esa palabra es utilizada.

7.2. Filosofía existencial

La filosofía existencial, que surgió de la revuelta romántica del siglo XIX contra la razón y la ciencia en favor de la implicación apasionada en la vida, fue muy importante en el pensamiento a través del trabajo de Martin Heidegger y en menor escala de Karl Jaspers. Heidegger combinó el planteamiento fenomenológico de Husserl con la acentuación de Kierkegaard de la intensa experiencia emocional y la concepción de Hegel de la negación como una fuerza real. La filosofía de Heidegger sustituye la nada por Dios como la fuente de los valores humanos; Jaspers encontró a Dios (al que llamó Transcendencia) en la intensa experiencia emocional de los seres humanos. El español Miguel de Unamuno desarrolló un original pensamiento que destacaba el valor de la existencia individual, el sentimiento trágico de la inmortalidad humana y el valor de la literatura como fuente de expresión filosófica. José Ortega y Gasset, principal representante de la filosofía en España, defendió la intuición frente a la lógica y criticó la cultura de masas y la sociedad mecanizada de los tiempos modernos. El erudito y autor sionista de origen austriaco Martin Buber, compaginando el misticismo judío con las tendencias del pensamiento existencial, interpretó la experiencia humana como un diálogo entre el individuo y Dios.

Varias síntesis de la teología tradicional con la idea existencial de que el conocimiento es más emocional que científico han sido realizadas en Suiza por Karl Barth y en Estados Unidos por Reinhold Niebuhr y Paul Tillich. En Francia, Jean-Paul Sartre fue uno de los que más contribuyó a la popularización del existencialismo. Sus escritos, novelas y obras de teatro fusionaron las ideas de Descartes, Marx, Kierkegaard, Husserl y Heidegger en una concepción de los seres humanos que se proyectan a sí mismos fuera de la nada mediante la afirmación de sus propios valores y, por tanto, asumiendo la responsabilidad ética de sus actos.

Durante la década de 1960 los escritos del pastor protestante estadounidense Martin Luther King señalaron que la filosofía había estado demasiado alejada de las grandes revueltas sociales y políticas que estaban produciéndose en todo el mundo. Siguiendo los principios del líder nacionalista indio Mohandas Karamchand Gandhi, King abogó por una actitud de resistencia cívica y no violenta ante la injusticia.

Idealismo y escepticismo

El filósofo, matemático y estadista alemán Gottfried Wilhelm Leibniz nació en Leipzig en 1646 y durante su vida concibió un sutil y original sistema de filosofía. Combinó los descubrimientos matemáticos y físicos de su tiempo con las concepciones orgánicas y religiosas de la naturaleza heredadas del pensamiento clásico y medieval. Leibniz consideraba el mundo como un número infinito de unidades de fuerza infinitamente pequeñas, llamadas *mónadas,* cada una de las cuales es un mundo cerrado pero que refleja a su vez a todas las demás en su propio sistema de percepciones. Todas las *mónadas* son entidades espirituales, pero aquellas con las percepciones más confusas forman los objetos inanimados y aquellas con las percepciones más claras (incluido el autoconocimiento y la razón) constituyen las almas y las mentes de la humanidad. Dios es concebido como la *Mónada* de las *mónadas,* la que crea todas las demás y predestina su desarrollo de acuerdo con una armonía preestablecida que acaba en la apariencia de interacción entre las mismas. La idea de Leibniz de que todas las cosas son orgánicas y espirituales marca el inicio de la tradición filosófica del idealismo.

Idealismo pragmático

Josiah Royce, dentro del movimiento idealista de los Estados Unidos, unió el idealismo a ciertas corrientes de pragmatismo. Royce interpretó la vida humana como el esfuerzo del yo finito por expandirse en el yo absoluto a través de la ciencia, la religión y la lealtad a comunidades más amplias. Sus numerosos trabajos fueron publicados a finales del siglo XIX y principios del XX.

El filósofo, educador y psicólogo estadounidense John Dewey desarrolló más tarde los principios pragmáticos de Peirce y James en un amplio sistema de pensamiento al que llamó naturalismo experimental o instrumentalismo. Dewey puso énfasis en las bases biológicas y sociales del conocimiento y el carácter instrumental de las ideas como planes de acción. Insistió en un acercamiento experimental a la ética —es decir, en relacionar los valores con las necesidades individuales y sociales—. La teoría pedagógica de Dewey, que insistió en la preparación del individuo para desarrollar una actividad creativa en una sociedad democrática, adquirió una profunda influencia en los métodos educacionales de Estados Unidos, hasta mucho tiempo después de su muerte.

En Francia la idea más influyente de principios del siglo XX fue el vitalismo evolucionista de Henri Bergson, que planteó el *élan vital,* la energía espontánea del proceso evolutivo. Bergson defendió los sentimientos y la intuición frente a la aproximación abstracta y analítica a la naturaleza de la ciencia y la filosofía de la ciencia y el espíritu. En Alemania Edmund Husserl, fundador de la escuela de la fenomenología, elaboró

132

una filosofía que recogió y analizó las estructuras de la conciencia que permiten a ésta situar a los objetos fuera de sí misma.

EXAMEN TEMA 3

1.   El psicoanálisis estudia...
a)   Los traumas
b)   El pasado
c)   Los procesos inconscientes

2.   ¿El inconsciente está ordenado?
a)   No
b)   Sí
c)   Es aleatorio

3.   ¿Los sueños protegen o perjudican?
a)   Protegen
b)   Perjudican
c)   Solamente son ilusiones

4. ¿Los conflictos tienen origen en la niñez?
a) Nacen con la experiencia
b) Algunos, sí
c) Nunca

5. ¿Con el superyo tratamos de controlar el complejo de Edipo?
a) Es una teoría absurda
b) No todos padecen el complejo de Edipo
c) Es un proceso normal

6. La ansiedad se origina por...
a) Miedo
b) Remordimientos
c) Culpabilidad

7. ¿El nacimiento origina traumas psicológicos?
a) Con frecuencia
b) Todo se olvida
c) Es una teoría sin vigencia

8. ¿La personalidad neurótica nace por carencia de afecto en la infancia?
a) Es una de las causas
b) La carencia de afecto afecta a cualquier edad
c) Es una alteración fisiológica de la mente

9. ¿El inconsciente comienza a grabarse en la infancia?
a) Posiblemente antes del nacimiento
b) Se requiere primero cierta madurez intelectual

c)   No hay pruebas concluyentes del comienzo

10.   El Superyo es igual a...
a)   Conciencia moral
b)   El egocentrismo
c)   El complejo de superioridad

11.   La personalidad es...
a)   La reafirmación de nuestro carácter
b)   Algo que se adquiere poco a poco
c)   Lo que nos diferencia de los demás

12.   Los rasgos más acusados de la personalidad son...
a)   La capacidad de decir no
b)   La inteligencia
c)   El temperamento

13.   ¿Los rasgos de la personalidad se mantienen estables?
a)   Sí
b)   Se modifican si el individuo quiere
c)   Se modifican gracias a la experiencia

14.   El paranoico es...
a)   Desconfiado
b)   Temeroso
c)   Audaz

15.   Percibir es…
a)   Transformar los estímulos en experiencia útil
b)   Notar
c)   Agudizar nuestros sentidos

16.   ¿El recién nacido aprende desde que nace?
a)   Necesita cierta madurez
b)   Incluso aunque no vea
c)   Solamente mediante el sentido del tacto

17.   ¿Los test evalúan bien la personalidad?
a)   Pueden evaluar el pasado, presente y hasta prever el comportamiento
b)   Son solamente un método superficial de valoración
c)   No hay un test universal totalmente fiable

18.   La filosofía es…
a)   El estudio de la mente analítica
b)   El estudio de los grandes pensadores
c)   El estudio de los principios básicos

19.   La metafísica es…
a)   El estudio de la verdad última
b)   El estudio del alma
c)   El estudio de las relaciones con Dios

20.   ¿Cuáles fueron los escritos de Platón?
a)   Fueron destruidos hace siglos
b)   Solamente apuntes dispersos
c)   No dejó ningún escrito

RESPUESTAS EXAMEN TEMA 3

1.   c
2.   b
3.   a
4.   b
5.   b
6.   a
7.   c
8.   a
9.   c
10. a
11. c
12. b y c
13. c
14. a
15. a
16. b
17. c
18. b y c
19. a
20. c

Tema 4

SOCIEDAD Y GRUPOS

ÍNDICE

1. EL CARÁCTER

Damos tanta importancia a las palabras, escritas o verbales, que nos olvidamos con demasiada frecuencia de los hechos. De esta circunstancia saben mucho los políticos, quienes muestran gran habilidad para decir en sus campañas electorales lo que los ciudadanos quieren oír, aunque luego (y con frecuencia, anteriormente) sus actos no tengan nada que ver con aquello que dicen y afirman.

La palabra permanece en la mente de las personas gracias a los libros y también grabada en los medios de comunicación y ocio denominados como audiovisuales, por lo que no es de extrañar que ocupe ya el primer puesto en cuanto a modos de expresión se refiere. Los hechos también son importantes, al menos para los historiadores, y por ellos podemos evaluar con cierta precisión todo cuanto de bueno y malo han realizado nuestros antecesores, aunque dependemos demasiado de la opinión del escritor para saber la verdad de los acontecimientos.

Y en medio de estos dos factores, la palabra y los hechos, están los gestos, la forma de expresión corporal más auténtica de todas y la única que no da lugar a errores de apreciación, siempre y cuando sepamos interpretarlos. Esencialmente todos sabemos evaluar algunos gestos reflejos, como las lágrimas, la sonrisa o los gritos, lo mismo que podemos saber lo que ocurre detrás de un grito de dolor, un rubor en la mejilla o un apretón de manos sincero. Pero todos estos gestos son, con frecuencia, manipulados por las personas y expresados por motivos muy diferentes a los que aparentemente son en realidad.

Personas hábiles que nos engañan con sus gestos hay muchas y de eso saben mucho los ladrones, los estafadores y otras gentes poco recomendables, pero también los emplean para manipularnos personas tan respetables como los políticos (nuevamente), los actores, los presentadores de televisión, los adivinos y los abogados, entre otros. Todo ser humano y frecuentemente los animales, emplean trucos con sus gestos para inducirnos a engaño, algunos tan sutilmente elaborados que solamente están al alcance de mentes privilegiadas, o maquiavélicas.

Cualquier acto jurídico es una muestra del arte del engaño (suele mentir el acusado y exagerar el acusador), lo mismo que lo es cuando un vendedor intenta que compremos lo inútil, o un político nos abraza durante un mitin por primera y última vez en su vida. También hay engaño cuando un niño nos avisa que ya se ha tomado la comida que acaba de tirar a la basura o cuando nuestra pareja llega a las tres de la madrugada alegando que ha estado con su madre. Como es obvio, nosotros también nos habituamos a mentir deliberadamente, y en ocasiones, tal y como nos explicaban en el filme "Mentiroso compulsivo", mentir es una necesidad incuestionable para poder estar en sociedad.

1.1. El carácter ¿adquirido o genético?

Indudablemente hay unas tendencias genéticas que determinan nuestro comportamiento, el cual, como veremos, no está influenciado solamente por las relaciones sociales, por las experiencias o por la vida en nuestra niñez. En nuestros genes queda grabada toda la experiencia acumulada por nuestros antepasados familiares y con ello también adquirimos sus virtudes y defectos. Estas características forman lo que se denomina "personalidad intrínseca", aquella que permanece indeleble durante toda nuestra existencia y que se manifiesta exclusivamente cuando la vida nos pone a prueba.

Hay quien dice que a las personas borrachas no hay que hacerlas caso porque dicen lo que no sienten, cuando en realidad es justamente lo contrario. Solamente cuando nuestra educación y principios adquiridos quedan anulados por drogas o shock emocionales, es cuando nos manifestamos tal y cual somos en nuestro interior. Lo demás, el comportamiento habitual, responde a nuestra "personalidad extrínseca", aquella que trata de mejorar nuestro verdadero carácter, bien sea reprimiendo defectos o mejorando virtudes.

Por eso a las personas nunca las podremos conocer verdaderamente hasta que la vida no las pone a prueba, como por ejemplo una enfermedad, un desastre económico o un divorcio, por poner algunos ejemplos. La bondad o la maldad tienen que tener sus momentos para demostrarse y eso se comprueba perfectamente en épocas de guerra o catástrofes naturales. Proporcione un bastón de mando a un necio o a una malvada, y verá pronto lo que puede hacer con él, sacando sin problemas lo que escondía en su interior. Solamente quien dispone de medios para hacer daño y elige el camino de la dulzura y el respeto, puede presumir de humanitario, puesto que todo el mundo es muy amable con quien tiene más fuerza que nosotros.

Y en este mismo sentido están esos hijos tan aparentemente cariñosos con sus padres cuando viven a sus expensas, demostrando un gran respeto por el hogar, pero que cuando sus padres se hacen mayores y tienen que devolverle los años de cariño que han recibido, lo único que devuelven es, en el mejor de los casos, una residencia para que les cuiden. En esos momentos es cuando olvidan bruscamente y con mil justificaciones la deuda de gratitud que tienen hacia sus padres,

143

desligándose de ellos porque no pueden ocuparse de su cuidado personal.

La conclusión de este razonamiento es muy simple y ya se la he mencionado. Solamente podremos conocer a las personas que tenemos a nuestro alrededor, familia y amigos incluidos, cuando la vida les pone a prueba. Hasta entonces debemos cruzar los dedos y pensar que nosotros somos uno de esos pocos afortunados que viven con personas de buen corazón que nunca nos harán daño y que estarán a nuestro lado si la vida nos machaca en algún momento. Un último consejo: no confíen en los besos ni en las palabras, confíen en los hechos.

2. COMUNICACIÓN

La comunicación verbal, herramienta de excelencia que caracteriza al ser humano, pone en manos de cada uno la posibilidad de encontrar en el consenso, solución a una gran gama de problemas. Vemos a diario adultos que han quedado aislados con torturantes preocupaciones dominando y organizando sus vidas. "¿Porqué le voy a contar mi problema a otra persona que ya tiene los suyos?", alegan.

Si bien es el propietario del problema, el único que puede ocuparse de él -pues a él lo afecta- para llegar a una decisión al respecto es deseable haber evaluado el asunto con otros. Es en el momento previo a resolver cuando se necesitan las diversas y útiles opiniones de los demás. Poder hablar de una preocupación no sólo trae alivio por haberla compartido, también abre alternativas, aportadas por quienes ven las cosas de diferente manera.

Evitar que un problema se convierta en una carga insostenible requiere de una actitud activa para encontrar nuevas formas de hacerle frente. Una conducta pasiva, derivada del temor a recibir respuestas imaginadas en el otro, impiden tratar el punto de conflicto.

Sin embargo, es justamente por intermedio de la comunicación hablada que pueden ser encontradas las alternativas para llegar a un alivio, a una solución o a un acuerdo importante.

El habla, los gestos, la conducta humana constituyen un complejo sistema de comunicación. Sin embargo el habla, sistema comunicativo sólo permitido al ser humano, como bien, como patrimonio, se encuentra hoy subestimado.

¿Qué significa poder comunicarse? Gracias al proceso de comunicación humana se pueden establecer códigos de intercambio y reglas de convivencia. En suma, vivir en sociedad, esa agrupación natural o pactada de personas que constituyen unidad distinta de cada cual sus individuos, con el fin de cumplir, mediante la mutua cooperación todos o algunos de los fines de la vida.

La comunicación permite llegar a acuerdos, a puntos geográficos, a pedir, reclamar, ofrecer, expresar ideas, afectos, componer teorías, defender o acusar, agradecer, explicar, dar una orden o rechazarla, disentir, llegar a otros, escuchar a otros y ser escuchado, etcétera. Abre infinidad de recursos. Sin embargo, el desarrollo de esta capacidad no parece estar en orden de prioridad.

Por esta razón, nadie se pregunta si la idea que está por comunicar es suficientemente clara. Ello disminuye las posibilidades de ser comprendido si uno mismo no sabe bien qué es lo que quiere decir.

Si el proceso de comunicación falla, y los mensajes no llegan a destino, el que los emite, puede quedar sin respuesta o con una respuesta que no se corresponde con el mensaje enviado. Ocurre una distorsión y la construcción de nuevos mensajes sobre un concepto equivocado. La producción de una cadena de nuevas distorsiones y malentendidos van modelando problemas de variado grado de gravedad, y cuando los afectos están en juego, un proceso distorsionado de comunicación puede llegar a ser dramático.

En "Romeo y Julieta", la tragedia de Shakespeare, un mensaje que no llega a tiempo precipita un desenlace fatal. Sin llegar a tal extremo, si el modo de funcionamiento principal de una relación incluye el hábito de silenciar los temas que gravitan sobre cada uno, la relación se verá perturbada. Construir un modelo eficaz de comunicación contribuye a evitar que dificultades cotidianas se conviertan en grandes problemas.

Ocuparse de cómo expresar las ideas y buscar el modo de ser comprendido al hablar no es un trabajo inútil o menor. Es imprescindible cuando se plantea la necesidad de llegar a otros; es decir, siempre.

Si dificultades e interferencias en la comunicación entre las personas pueden generar gran variedad de problemas, y el sistema comunicativo representa la herramienta vital que posee todo ser humano para entablar relación con los demás, abrir canales de intercambio y de expresión para desarrollarla desde diferentes aspectos, es considerada aquí como uno de los objetivos primordiales si se trata de mejorar las relaciones humanas.

3. EL COMPORTAMIENTO AGRESIVO

A través de la historia, las motivaciones últimas del delito han sido buscadas, al menos conceptualmente, en aquello que de intrínseco el autor del delito debía tener. El delincuente era considerado de naturaleza maligna, inclinado hacia el mal o hacia la injusticia, con bajos impulsos, de voluntad inmoral o defectuosa, o con una disposición injusta del espíritu.

¿Cuál argumento hubiera podido, por tanto, ser invocado para suponer que una persona con tales atributos, o a pesar de ellos, fuera capaz de arrepentirse de su acción delictiva y llegar a cambiar su comportamiento?

A la luz de los conocimientos científicos actuales, cabe plantear que, ante la fuerza de semejantes definiciones, la posibilidad de corrección de la conducta delictiva queda a priori descartada.

Porque si de definiciones se trata, observando la actitud de un televidente que recibe información de un noticiario, apenas aparece el presunto autor de un crimen en la pantalla, un dedo acusador se erige de inmediato hacia él: no hay duda que es un asesino. Y el locutor que transmite la noticia tampoco podrá sustraerse de esa definición y tendemos a considerarle, sin apenas razonamientos, que es un buen profesional, tierno con los niños. Y en un esfuerzo imaginativo seguro que sabemos que le gusta jugar al fútbol, ama a los animales, visita a su mamá casi todos los días, ayuda a los ciegos a cruzar la calle. Pero justo ayer, esa persona acaba de matar a una mujer que le servía el desayuno en la cama.

Muchas veces, al aceptar una noticia, aún sin confirmar, queda automáticamente restringida la comprensión cabal de un fenómeno complejo, y nuestra capacidad como jueces condenatorios llega a la total intransigencia.

Sin embargo, resulta necesario para poder percibir cierto orden en el curso de los acontecimientos y mantener algún dominio sobre la realidad, poner de relieve determinados datos y oscurecer otros; pero a riesgo de creer que aquellos elementos ofrecidos en primer plano, configuran una totalidad cuando en verdad, sólo representa un componente de ella; es decir, la punta del iceberg. Para nosotros, el culpable es aquel que muestra la pantalla de televisión, y cualquier alegato a su inocencia nos parecerá incomprensible.

La experiencia establece que los trastornos del comportamiento no condicionados orgánicamente, son una función de las relaciones humanas y, porque toda persona está incluida en una mayor y compleja totalidad, no se habla de individuos perturbados sino de relaciones perturbadas; con ello el punto de observación se desplaza desde el individuo hacia su interacción con otros.

3.1. El perdón

Es difícil definir con la claridad un concepto que ha sido parcialmente abandonado por la psicología, quizá, por su cercanía a la experiencia religiosa o espiritual. Monbourquette (1995) refiere lo sorprendente que resulta constatar lo infrecuentes que son los libros de psicología que aborden la eficacia y el poder terapéutico que se implica en el perdón, y más aún, afirma: *"que yo sepa, ninguna de las grandes escuelas de psicoterapia ha intentado nunca dar una explicación de la eficacia curativa del mismo; tampoco han pensado en conceder un lugar al perdón en su concepción de la personalidad".* McCullough (1994) refiere que *"perdonar recibe poca atención de muchos profesionales no religiosos y requiere gravemente ser investigado".*

Suponiendo entonces que el perdón es una cuestión enormemente relegada al contexto religioso y con poca

148

investigación dentro del contexto psicoterapéutico, será difícil definir un término que se asocia, según sea el caso y la persona, a un sinnúmero de experiencias emocionales cuantitativa y cualitativamente diferentes y que al ser pronunciado y/o practicado puede contener diversos objetivos así como connotaciones distintas.

Una apreciación completa e integral del perdón idealmente incluiría aquellos aspectos que lo definen como lo que es y lo que no debería ser. Si ya se menciona que el perdón es o debería ser muchas cosas, el no perdón lo resultan otras tantas. Ya lo dice Glass (1997): *"perdonar significa ceder: dejar que las cosas discurran".*

Monbourquette (1995), por su parte, menciona al respecto que el perdón no significa una negación de lo que ha sucedido, no es una experiencia que tenga que ver con la capacidad de memoria y olvido, *"pues aunque fuera posible olvidar el suceso desgraciado, ello nos impediría perdonar, porque no sabríamos qué perdonábamos".*

De igual manera, el perdón no puede ser una obligación, pues el perdón o es libre o no existe, y si acaso se le convirtiera en una obligación moral, sería una acción contraproducente, porque al hacerlo, el perdón perdería su carácter gratuito y espontáneo.

Así pues, el perdón no lo son tampoco las siguientes acciones: sentirse como antes de la ofensa, renunciar a nuestros derechos, o a la aplicación de la justicia, disculpar al otro, demostrar superioridad moral o traspasar la responsabilidad al otro o a Dios.

Bien, esto nos lleva casi a un callejón sin salida para definir qué es perdonar.

Barbosa, en 1997 decía que perdonar por conveniencia, condicionando, sin convicción, porque no se ve otro remedio, sin mostrar cambios positivos, con resentimiento o sin confianza, son acciones inútiles que tampoco llevan a una experiencia real de perdón y que no pueden asociarse con el mismo. Por otra parte, en cuanto a lo que sí es, el diccionario Universal Webster define al perdón (forgive) como la acción de detener sentimientos de ira en contra de alguien por agravios cometidos; una definición más que se centra en dejar sin castigo, o levantarlo.

La filosofía también intenta definir tan inconsistente palabra al decir que el *"perdón, en principio, no es una palabra llena de misterios. La usamos con tanta profusión que la consideramos familiar; un útil a mano que sirve, diariamente, no sólo a la comunicación sino para calmar o equilibrar estados de ánimo"* (Sádaba, 1997).

El mismo filósofo nos previene si intentamos encontrar el nacimiento del término pues *"si rastreamos sus orígenes chocamos con significados que oscilan entre la alabanza, la ayuda o el favor. Pero las oscilaciones son propias de cualquier término. Su significado latino (perdonare) nos ha llegado como una pieza de borrador, un medio para saldar una deuda"*. Además se asocian a él *"la misericordia, la gracia, la clemencia y un sinnúmero nada despreciable de conceptos [que] se consideran términos de la familia del perdón. Por no hablar de la amnistía o el indulto"*. En un intento de encontrar la definición adecuada insiste que *"el perdón, cuando empieza a enseñar su rostro entero, se hace cambiante, ambivalente, lejano y oscuro"*.

Otros filósofos trataron igualmente de abrir luz en esta oscuridad lingüística, como es el caso de Butler, según el cual *"el perdón es la supresión del resentimiento, [y a partir de la cual] el dilema del perdón no ha hecho sino dar dolores de cabeza a los filósofos morales. Si el perdón es merecido, entonces no hay perdón sino justicia. Y si no es merecido, entonces lo que tenemos es injusticia".*

3.2. Etapas contenidas en el proceso de perdón

Se mencionan a continuación las etapas contenidas en el proceso de perdón, según algunos autores:

Decidir no vengarse y hacer que cesen los gestos ofensivos

Reconocer la herida y la propia pobreza interior

Compartir la herida con alguien

Identificar la pérdida para hacerle el duelo

Aceptar la propia cólera y el deseo de venganza

Perdonarse a sí mismo

Empezar a comprender al ofensor

Encontrar el sentido de la ofensa en la propia vida

Saberse digno de perdón y ya perdonado

Dejar de obstinarse en perdonar

Abrirse a la gracia de perdonar

Decidir acabar con la relación o renovarla

El reconocimiento de la herida

La decisión de perdonar

La toma de conciencia de la dificultad de hacerlo

El perdón en sí mismo

El examen de los nefastos efectos de la ausencia del perdón

La intención de perdonar la ofensa

La necesidad de revivirla lo más fielmente posible

El descubrimiento del nuevo sentido que adquieren la herida actual y las heridas del pasado

La reparación de la relación rota

La reintegración de las partes desorganizadas por la herida actual y las heridas del pasado

Sentir dolor

Odiar

Sanar

Reconciliarse

El rechazo

La cólera

El regateo

La depresión

La aceptación

4. AUTOESTIMA

Debemos admitir que siempre habrá alguien que nos detestará, quizá con una buena razón, pero la única aprobación sólida que necesitamos es la nuestra. Esto es lo que se denomina como autoestima, algo que ningún psicólogo nos puede devolver u otorgar, aunque hay mucha gente empeñada en pedir ayuda porque su pareja "le ha quitado" su autoestima. ¿Cómo es posible que personas aparentemente cultivadas en el comportamiento humano, como son los psicólogos, nos hagan creer que alguien nos puede quitar algo que pertenece a nuestro intelecto? ¿Cómo es posible que engañen a las personas haciéndoles creer que con unas largas y caras terapias psicológicas podemos "recuperar" nuestra autoestima?

¿Está seguro de no detestarse a sí mismo? ¿Le parece lógica esa obsesión por gustar a los demás? Debería saber que el secreto para aquellos que quieren llegar a tener una gran autoestima es seguir su propio camino y deseos, aunque solamente sean del agrado de unos pocos, o incluso de nadie. Pero no se preocupe, pues tarde o temprano todos encontramos nuestro pequeño o gran rincón en el cual somos apreciados precisamente por nuestras peculiaridades.

La autoestima se mejora con la lectura, la cultura, la observación y el cultivo de la mente en general. Puesto que es algo individual, tal y como la palabra expresa, debe forjarse de manera individual, fortalecerse en solitario y mejorarla mediante la experiencia. No es nada, insisto, que nadie nos pueda dar o quitar. Los aplausos no otorgan autoestima, ni los premios o diplomas, pero tampoco nos la quitan cuando somos despedidos, cuando nos devuelven docenas de veces el manuscrito que tratamos de publicar, ni cuando nuestra pareja nos desprecia mientras mira con asombro al compañero de al lado.

Es su conciencia, su raciocinio, quienes le indican su verdadera valía, y aunque hay quien dice que aquellos miembros de la sociedad que no siguen las reglas deben ser, cuando menos, marginados, y en ocasiones castigados, son ellos los equivocados. Ser diferente no es bien admitido en una sociedad que insiste en que debemos ser sociales y formar parte de algún grupo o comunidad. Pero la personalidad es algo que todos tenemos, del mismo modo que cada uno tiene su propia huella dactilar que le distingue del resto. Esta peculiaridad es lo que nos permite buscar un camino diferente al habitual, mejorar algo con procedimientos diferentes, o buscar la felicidad en sitios marginales.

Lo cierto es que años atrás no era de uso corriente la palabra autoestima. Se hablaba de "amor propio". Término que popularmente aludía a tener cierto orgullo, aunque hoy es costumbre destacar más lo que falta que lo hay. Aquello no logrado, resalta más que lo efectivamente conseguido. Por razones extrañas, solemos recordar con mayor facilidad las desventuras que las venturas y la queja desplaza al aliento y lo oscuro se antepone a lo colorido.

¿Cómo puede sobrevivir así ese mínimo entusiasmo que se requiere para poner a diario en cada tarea emprendida? ¿Cómo sobrevive la "autoestima", necesaria para enfrentar mejor preparado los problemas cotidianos?

Sentirse útil. Activo. En marcha. Muy querido, muy valioso. Es importante para todo ser humano. Sin embargo, aquello destacable de cada uno parece destinado a pasar a segundo plano No se habla del tema. Esta particular y extrañamente selectiva mirada hacia las cosas crea la idea de un desequilibrio permanente entre los aspectos positivos y negativos de la vida personal.

Cuando alguien dice que otra persona le "ha quitado" su autoestima, nadie se cuestiona si también le dio algo bueno, lo que parece razonable en personas que llevan años viviendo juntas. Se destacan especialmente las aristas negativas de la realidad y se ahoga la presencia de aquello que sí está funcionando, y con igual criterio se evalúa a las personas. Es como si los logros, las posibles bondades de ese malvado que quitó la autoestima, no merecieran la pena. No son noticia, ni tienen buena prensa.

Lo curioso es que todo ser humano prefiere la aprobación a la reprobación. Por haber vivido bajo el influjo de la reprimenda continuada, a muchas personas les resulta arduo el trabajo de fijarse en todo aquello que en su vida fue un acierto, una decisión aceptable, una agradable experiencia o un hecho positivo. En cambio, tiene mayor presencia lo peor de su experiencia personal. Con qué facilidad contamos nuestras desventuras hasta en la panadería, quizá buscando una compasión rápida pero en ningún modo sincera.

Pero también es cierto que en muchos casos la autoestima ha sido socavada a través de un lento y minucioso lavado de cerebro: palabras insultantes, descalificadoras, desvalorizantes oídas a lo largo de la vida. Se trata de personas que soportan pacientemente toda clase de maltratos psíquicos. Y aquí no se libra nadie, pues muchas mujeres menosprecian hasta públicamente a sus maridos, los padres lo hacen con uno o todos sus hijos, y hasta los jefes cultivan más la crítica y la amenaza que los halagos y las subidas de sueldo.

En otros, un alto componente autodestructivo acompaña la desvalorización, lo que resulta una combinación peligrosa. Se observa en aquellos que no se ocupan de los problemas que les afectan, hasta que el deterioro es tan profundo que les resulta imposible evitar ocuparse de ellos.

La valorización propia parte de un modo de pensar y así como la vida diaria se construye sobre lo ya obtenido, los hechos y la experiencia, la autoestima es construida sobre los pequeños o grandes éxitos vividos. Lo que falta es porque nunca estuvo y solamente podemos subir por los escalones ya levantados.

Darle a los pequeños o grandes éxitos vividos un lugar privilegiado, potenciar la fortaleza personal necesaria para enfrentar los problemas cotidianos, y otorgar más ayuda que pedirla; ese es el secreto.

5. GRUPOS SOCIALES

El concepto de grupo se puede expresar en términos psicológicos o "puramente sociales". Los ejemplos provienen de los siguientes campos:

1. **Conflicto social.** La represión y disociación freudianas son términos aplicables únicamente a los individuos. Existe una considerable diferencia de significado entre el conflicto mental y el conflicto social.

2. **Revolución.** Aquí se expresa en términos grupales tal como inmovilidad de la sociedad y desmoronamiento de los "hábitos sociales". Estos términos nos son simplemente descriptivos y desvían la atención de la verdadera conducta causal de los individuos.

3. **La teoría del súper-orgánico.** El concepto de una ciencia causal a un nivel puramente social (no psicológico) es insostenible, ya que en toda ciencia la explicación es posible únicamente utilizando los conceptos de las ciencias más elementales. En la práctica nadie ha tenido éxito en la formulación de una ciencia de esta clase. La historia de la cultura no es explicación de la cultura y mucho menos es una adecuada explicación del cambio social.

La verdadera base de la Sociología es el comportamiento social del individuo socializado, es decir, la Psicología Social. El quehacer de la Sociología es describir bloques de conducta social y el cambio social resultante en término grupales y explicar estos fenómenos en términos individuales.

5.1. Masa e individuos

La teoría de que la masa posee una vida mental que resulta de la simple suma y añadido de los procesos mentales de sus miembros, parece haber perecido a manos del progreso en la ciencia social. Su espíritu, no obstante, ha sido muy difícil de extinguir. El oportuno y pintoresco modo de hablar del grupo como totalidad ha impregnado gran parte de nuestro pensamiento social. Se nos dice tantas veces que debemos ser solidarios, que hay que compartir, y que debemos "vivir en sociedad", que nos hemos olvidado de cultivar la personalidad.

Esta influencia sutil puede explicarse en parte como sigue: Cuando leemos que un determinado ejército ha capturado una ciudad, o que cierto equipo de fútbol ha derrotado a otro, este lenguaje, aunque no es preciso, se comprende. Está claro que son únicamente los soldados o jugadores a nivel individual quienes combinaron sus esfuerzos y llevaron a cabo la hazaña descrita. Nosotros, con un sentido de grupo equivocado, asumimos como nuestra esa victoria, pues ha ganado "nuestro" equipo, "nuestro" ejército. En cambio, cuando leemos de una multitud violenta, intolerante, emocional o irracional, preferimos convertirnos inmediatamente en seres individuales para no sentirnos responsables de esos actos. Ahora ya no es nada "nuestro", pues no nos consideramos parte de ese grupo, aunque pertenezca a nuestra familia.

La explicación es que solemos correr el riesgo de engañarnos pensando que es la mente del grupo y no la de los individuos, la responsable de estos fenómenos. Utilizamos el lenguaje a nuestra conveniencia, el lugar de emplearlo como puramente metafórico y descriptivo.

Este error es el intento de explicar los fenómenos sociales en términos del grupo como un todo, mientras que la verdadera explicación se encuentra únicamente en las partes que lo componen, los individuos. Una explicación como esta es falsa en sí misma. No necesitamos una hipótesis sofisticada para poder explicar la acción de la masa, si nos tomáramos la molestia de estudiar al individuo dentro de la masa y observar cómo responde a los estímulos que provienen del comportamiento de sus compañeros. El problema a estudiar no es el comportamiento de las masas, sino la de un individuo determinado dentro de una masa.

5.2. Voluntad de grupo

Las personas pacíficas lo son igualmente en grupo que en solitario, en momentos de tensión que en la paz. No hay excusas para decir que "le empujaron", que "le lavaron el cerebro" o que "perdió los nervios y realmente es una bella persona". La teoría de la mente de grupo no es solamente falsa, sino que obstaculiza de manera considerable el descubrimiento de la verdad. Hacer hincapié en el todo en vez de en las partes, desvía la atención de estas últimas y conduce el pensamiento por una vía equivocada.

El Profesor Bonsaquet, por ejemplo, aboga por la existencia de una "voluntad general" que define las voluntades individuales. Nos encontramos de nuevo con esta falacia en teorías de gobierno y en teorías morales donde suelen tomar la forma de espíritu nacional y del absolutismo en concepciones sobre el Estado, la ley y el derecho. La mente social en abstracto nos retrotrae a las concepciones del individuo como un "colectivo" o como "hombre-abeja". Indudablemente es más cómodo dominar a un colectivo, que hacerlo de uno en uno, aunque la mayoría de los políticos (expertos en manejar masas), suelen dedicar también parte de su tiempo a convencer a personas concretas. No obstante, ello suele deberse a que consideran a esa persona influyente en un determinado colectivo social y casi nunca a que desean "escuchar la voz del pueblo".

El Profesor McDougall ha hecho recientemente un erudito intento de situar la hipótesis de la mente social sobre unas bases sostenibles. En su obra, que titula "La mente de grupo", alega que la realidad social existe no en una conciencia o conducta colectiva, sino en una organización o estructura de relaciones sociales cuya existencia puede ser concebida sólo en términos mentales. Una Universidad, por ejemplo, no está constituida por aspectos materiales, ni siquiera por aspectos personales. Es una relación sistematizada de individuos y tradiciones, intangible pero real, y mental e independiente de los individuos particulares. Nuestra respuesta a esto es, por supuesto, que aunque no es dependiente de individuos particulares, esta tradición organizada depende de algunos individuos. Existe en las actitudes y conciencia de estas personas separadas, justo como existía en la mente del Prof. McDougall cuando estaba exponiendo el ejemplo. Por lo que sabemos hasta ahora, la mente de grupo no tiene otra forma de existencia que ésta, es decir, en los individuos; no podríamos imaginarla ejerciendo algún efecto sobre el orden social a no ser por medio de estos agentes.

5.3. Incongruencia en las acciones de grupo

Supóngase que intentamos, equipados con los conceptos de intolerancia de la masa, emotividad, irracionalidad, violencia, etc., explicar los actuales fenómenos de masa de la sociedad moderna. Nos daríamos cuenta de que nuestros términos simplemente describen, no explican, pues estamos definiendo como acciones de masa aquellas cosas que hacen las masas, lo que viene a ser una repetición. No tenemos a mano medios para explicar las diferencias en la conducta de las diferentes masas, ya que todas son emocionales, irracionales y cosas por el estilo. ¿Porqué debería expresarse la excitabilidad de una multitud castigando a los granjeros que no van a la iglesia, la de otra saqueando tiendas de ultramarinos, e incluso la de otra linchando negros? ¿Cómo explicar que personas que buscan la igualdad, como son los colectivos de mujeres, luego demanden privilegios por razones de sexo? ¿Cómo justificar que un grupo que está en contra de la guerra ocasione vandalismo durante una manifestación?

Estos y otros muchos ejemplos ponen de relieve la necesidad de profundizar más en nuestras nociones de causa que en los términos que describen la multitud como un todo. Debemos buscar nuestros mecanismos de explicación en los individuos de que se compone la multitud. El líder siempre destaca, esa es su misión, y solemos conocer sin problemas sus deseos y objetivos, pero el error es cuando asumimos que todo el grupo que lidera piensa y obra de igual modo.

No progresaríamos mucho si dependiéramos de la teoría de la mente de grupo para las nociones de causa. La "mente de grupo", en el sentido utilizado por sus defensores, es una mente estática. Es un resultado, no una causa, del comportamiento individual. No ofrece ninguna explicación del cambio social, es decir, del cambio en la mente de grupo propiamente dicha. Podríamos preguntarnos, por ejemplo, cómo se ha producido en la organizada vida mental de un grupo un cambio como el reciente al pasar de una época de consumo alcohólico a un régimen de prohibición en nuestro país. Para poder contestar a

160

tales preguntas debemos volver de nuevo a las respuestas de los individuos para cambiar los ambientes sociales y materiales y a la influencia de los líderes, innovadores y reformadores. Los intentos que se han hecho para explicar los movimientos sociales en términos grupales se han hecho desde un plano puramente descriptivo.

Las perspectivas que hemos analizado hasta aquí son ejemplos de lo que he optado por denominar como el error de emplear el grupo como un todo como principio explicativo en lugar de los individuos en el grupo. La palabra "grupo" se utiliza aquí en su sentido más amplio. Los dos grandes errores son: uno, intentar explicar en términos psicológicos, asumiendo que es posible la existencia de una "psicología de grupo" distinta de la psicología de los individuos. El segundo, renunciar a la Psicología y depositar la confianza en alguna otra forma de proceso grupal para el tratamiento de causa y efecto. Ambas formas suprimen al individuo y, por tanto, podría añadirse, ambas anulan la ayuda de la Psicología como posible compañero de la Sociología.

5.4. El conflicto y el cambio social.

La represión de una parte de la sociedad por otra parte de ella presenta una analogía cercana a la represión y disociación en el individuo. En ambos casos el elemento reprimido permanece y causa problemas cuando la tensión se hace excesiva. El comportamiento puede adoptar dos formas: El primero es inconsciente: el individuo simplemente da la espalda a lo que es desagradable. Así como tendemos a no prestar atención a nuestras experiencias desagradables, así un sector del grupo (la clase superior) mantiene su conciencia tranquila ignorando la existencia de la pobreza, la enfermedad y males parecidos en el otro sector de la sociedad. Hasta aquí la metáfora es obvia. Pero si la "mente social" tiene lugar ¿tendríamos que decir, por ejemplo, que las clases superiores que realizan la represión son conscientes, mientras que las clases más bajas, en tanto que constituyen el material que es desechado de la mente social, son por tanto inconscientes?

El segundo tipo de asociación es aquel en el que el individuo deliberada y conscientemente fuerza experiencias dolorosas desde su campo de conciencia. La analogía grupal supone que la clase más afortunada y poderosa de la sociedad "reprime deliberadamente las manifestaciones externas del descontento (entre la clase inferior) que producen los errores sociales".

Un sistema, ampliamente utilizado, es uso social de la censura. La persistencia del elemento reprimido, es común al individuo neurótico y al grupo anormal. Las tensiones se crean irrumpiendo en el individuo como comportamientos histéricos y como cambios catastróficos en el organismo social. Otro tipo de escape en el individuo es el suministrado por el simbolismo de los sueños que, en algún momento, son presentados como análogos al simbolismo empleado por la facción reprimida del orden social. Así, una tribu primitiva subyugada por un pueblo más poderoso conservaba sus creencias religiosas, pero les daba una apariencia disfrazada para encubrir su verdadero significado ante los conquistadores. Colgar la efigie de una persona odiada es otro ejemplo del uso social del simbolismo para dar salida al sentimiento sin incurrir en un castigo.

El resultado es que nos enfrentamos a una colección de inhibiciones individuales, en el cual existe un conflicto mental entre las respuestas de lucha contra los opresores por una parte y la evitación del castigo por la otra; de una lucha entre la angustia y el temor.

5.5. La represión individual

Frecuentemente nos negamos a nosotros mismos la satisfacción de nuestros más inmediatos deseos porque satisfacerlos implicaría infringir las necesidades o deseos de los otros. De nos ser por esa negación, se produciría un conflicto abierto entre nosotros mismos y los demás miembros de la sociedad. Para evitar tal conflicto social, las reacciones socializadas inhiben a las no socializadas y entre ellas engendran en el individuo un conflicto social. A veces, más que los hábitos sociales, lo que representa a la fuerza social en el conflicto es el miedo al entorno social. Así, en el ejemplo de las ceremonias ocultas, la clase inferior, no atreviéndose a mantener una lucha social abierta con sus amos, desarrolla dentro de sí un conflicto mental entre el odio y el temor, conflicto que encuentra su liberación de alguna manera disfrazada. Por otra parte, cuando los miembros de la clase alta niegan la entrada en su conciencia al reconocimiento de las miserias de la clase más baja, su comportamiento se mantiene equilibrado sólo en ausencia de conflicto declarado. Cuando las masas se sublevan, la escena del conflicto se traslada de inmediato de la mente de los aristócratas al campo de combate abierto entre los grupos. En cualquier caso, el contagio social y mental están inversamente relacionados en cuanto a su manifestación. Cuanto mayor es el conflicto que subyace dentro del individuo, menor es el que se manifiesta dentro del grupo y viceversa. Así pues, en lugar de utilizar el mecanismo de la neurosis individual para explicar el conflicto en términos del grupo como un todo, hemos de concluir que tal mecanismo es el único que no puede ser utilizado en este sentido. El conflicto mental es sin duda un concepto importante para comprender la causalidad social; pero la interpretación deberá pasar siempre por una colectividad de conflictos individuales y no considerarlo como un fenómeno del grupo como tal.

5.6. Las revoluciones sociales

Las bases de las revoluciones sociales se encuentran en el incremento de la inmovilidad de las instituciones de la sociedad. Por su cortedad de miras o por intereses personales, las personas con poder en estas instituciones bloquean los procesos normales de cambio social. Los gobiernos se vuelven despóticos y ejercen una censura excesivamente rígida. La religión y la educación, de la misma forma, se vuelven ultraconservadoras. El sentimiento público, reaccionario e intolerante puede fomentar una inmovilidad del orden social por lo que, tarde o temprano, a medida que las condiciones de vida cambian, la oposición a tan rígidas instituciones se acumulan hasta que los viejos hábitos son vencidos.

La caída de los viejos hábitos puede ser repentina y la sociedad, desacostumbrada a los procesos de reajuste y quizá carente de infraestructura social para ello, es incapaz en un período más o menos largo de tiempo de reconstruir sus hábitos e instituciones. Sigue entonces un período de confusión en el que las clases en competición luchan por el liderazgo. Si la caída afecta a los hábitos e instituciones relacionadas con el sistema del control social tenemos los desórdenes que de forma esencial caracterizan a una revolución social.

Pero el orden social se vuelve rígido e inflexible antes de ser derribado por un convulsivo cambio social y las consecuencias tienen que ver meramente con el cambio necesitado, con la resistencia al cambio y con el derrumbamiento final que conduce a un caos temporal. Pero no nos confundamos, pues no es la necesidad de cambio lo que origina la revolución, sino la frustración de las respuestas del individuo lo que produce la lucha. De hecho, muchas de las revoluciones han existido por cambios en las instituciones y no por la inmovilidad. Pudiera ser -y en esta afirmación hay que ser cauto-, que la revolución no es un símbolo del carácter inflexible de los controles sociales sino más bien de su debilidad. Cuando esto ocurre, el inquieto proletariado tiene la oportunidad de hacer valer sus derechos.

5.7. Los cambios

Otro factor que genera no pocos movimientos sociales es el cambio repentino en el gobierno, pues ello destruye los hábitos de la sociedad y acarrea confusión hasta que los hábitos de respuesta para con el nuevo régimen sean debidamente aprendidos. ¿Debemos por consiguiente afirmar, en este caso, que el desorden revolucionario se debe a una falta de habituación de los individuos a la nueva forma de gobierno? Sin duda existe tal falta de habituación, pero la causa de la confusión descansa más bien en la pérdida de algún beneficio anteriormente logrado o, más significativo, a la visión de un futuro incierto. Nuevamente descubrimos la causalidad en términos del individuo.

"La motivación [causa] de las revueltas masivas es siempre la falta de adaptación".

El partido que organiza la revuelta está generalmente compuesto por aquellos individuos que han sido más afectados

165

por el cambio en las condiciones de la vida social; en otras palabras, por aquellos a quienes sus intereses, incluso sociales, se han visto más perjudicados. El problema es que posiblemente los grupos afectados hayan sido una minoría, incluso apenas un 10% de la población, pero si disponen de medios para la revolución o la violencia pueden arrastrar a sectores más amplios.

6. UNA NUEVA PSICOLOGÍA

Se hace necesario el desarrollo de un nuevo tipo de psicología que estudie las sociedades y grupos organizados, pues el estudio de los individuos nos proporciona conocimiento sólo de los individuos y nunca podrá desvelar la realidad de la sociedad organizada como tal. El problema pudiera ser puramente económico, ya que las consultas de psicología privadas proporcionan buen dinero a los profesionales, pero es probable que nadie se sienta interesado en pagar a un psicólogo para que estudie a las masas.

Una solución sería que la asignatura de Historia estuviera unida a la de Psicología, pues estas ciencias se solapan unas con otras y poseen ciertos campos en común entre los planos adyacentes superiores e inferiores. Esta relación puede establecerse de forma precisa como sigue: los fenómenos estudiados por cualquiera de ellas se pueden enfocar desde dos diferentes puntos de vista. El primero es el de la descripción del fenómeno histórico; el segundo es el de la explicación.

También podríamos unir Fisiología y Psicología, pues el psicólogo está interesado en el comportamiento humano. Observa respuestas con un alto grado de integración, como emociones, hábitos y cogniciones, su funcionamiento y la habilidad de inhibirse o reforzarse unas a otras. No está muy interesado, por ejemplo, en el reflejo como unidad fisiológica aislada, sino en qué respuesta (que implica generalmente un patrón de reflejos) se halla asociada con un estímulo particular a través de determinadas funciones sinápticas. El ámbito del fenómeno descrito por el psicólogo trasciende pues, en alcance y complejidad, al de su ciencia constitutiva inferior, la Fisiología.

Los instintos y emociones se conciben como patrones reflejos que implican coordinaciones más o menos innatas en el sistema nervioso. El aprendizaje y el pensamiento implican selección entre reflejos y fijación, mientras que la transmisión nerviosa y la resistencia alterada son conceptos que pertenecen a dos ciencias Para el fisiólogo estas palabras describen cosas que ocurren de forma universal, pero para explicarlas debe descender a los principios formulados como leyes descriptivas en la Física y en la Química. Para el psicólogo, tales concepciones neurológicas son explicativas.

Indudablemente la unión entre Sociología y Psicología es casi una simbiosis, pues encontramos que el sociólogo también describe datos muy amplios y complejos sobre el comportamiento humano. Estos datos tienen que ver con grupos de sujetos en sociedades organizadas, los productos de tales organizaciones y los cambios que experimentan. Este es, pues, un amplio campo para el análisis descriptivo. Pero para la explicación del porqué la Sociología depende de las fórmulas descriptivas de la ciencia que está justo debajo de ella, es decir, de la Psicología. Así como la Psicología tiene que buscar la causa, el comportamiento individual, la Sociología ha de encontrar sus principios explicativos en las unidades de que se compone la sociedad (los individuos).

Las formulaciones del comportamiento individual que la Psicología explica a un nivel más profundo, la Sociología las acepta y utiliza como principios explicativos.

Resumiendo: el sociólogo describe los fenómenos sociales o colectivos y los explica en términos de conducta individual; el psicólogo describe la conducta y la explica en términos de mecanismos reflejos; el fisiólogo describe el mecanismo reflejo y lo explica en términos de cambios físicos y químicos.

6.1. Antropología y Etnología

Otra materia igualmente coincidente es la Antropología, e incluso la Etnología. La primera, estudia a los seres humanos desde una perspectiva biológica, social y humanista. Esta ciencia se divide generalmente en dos grandes campos: la antropología física, que trata de la evolución biológica y la adaptación fisiológica de los seres humanos, y la antropología social o cultural, que se ocupa de las formas en que las personas viven en sociedad, es decir, las formas de evolución de su lengua, cultura y costumbres.

La **Antropología** es fundamentalmente multicultural. Los primeros estudios antropológicos analizaban pueblos y culturas no occidentales, pero su labor actual se centra, en gran medida, en las modernas culturas occidentales (las aglomeraciones urbanas y la sociedad industrial). Los antropólogos consideran primordial realizar trabajos de campo y dan especial importancia a las experiencias de primera mano, por lo que participan en las actividades, costumbres y tradiciones de la sociedad.

La **Etnología**, por su parte, es una de las cuatro subdivisiones de la antropología. En la Europa continental la etnología cubre, por un lado, la antropología física y por otro, la prehistoria y la lingüística o etnología lingüística. La etnología que practican los antropólogos se ocupa del estudio de las culturas en cuanto a sus formas tradicionales, y de su adaptación a las condiciones cambiantes en el mundo moderno. La etnografía, como rama de la etnología dedicada a la observación, describe una cultura, su idioma, las características físicas de su gente, sus productos materiales y sus costumbres sociales. Al describir un pueblo concreto los etnógrafos recogen información sobre su ubicación y entorno geográfico; además investigan todos los aspectos de la cultura del grupo, incluida la alimentación, vivienda, vestimenta, elementos de transporte y economía; sus costumbres relativas a gobierno, bienes y división del trabajo; sus esquemas de producción y comercio; sus costumbres en cuanto a nacimiento, ritos de iniciación a la edad adulta, matrimonio y muerte; sus ideas religiosas referentes a seres mágicos o sobrenaturales y al universo, y sus interpretaciones artísticas, mitológicas y ceremoniales en su entorno natural y social.

Los etnólogos estudian todos los aspectos de la cultura en el mundo contemporáneo e intentan comprender el conjunto de las culturas desde una perspectiva comparativa. Prestan especial atención a la observación y recogida de datos y, mediante la comparación de la organización social de las diversas sociedades, los etnólogos ponen de relieve la interrelación entre los individuos y la familia, el clan, el pueblo o cualquier otro grupo (social, político o religioso) que pudiera existir dentro de cada sociedad. Al establecer las comparaciones, los etnólogos deben diferenciar entre aquellas respuestas que son específicas de la sociedad y las que son propias de toda la humanidad. Esta diferenciación clarifica el papel de la conducta aprendida en el desarrollo de las diferentes culturas. Algunos estudios analizan

169

las relaciones entre los fenómenos sociales y las adaptaciones ecológicas.

6.2. Creatividad y cultura

En relación con el origen y el proceso de la cultura, la creación, un término demasiado ligeramente utilizado por los etnólogos, debe ser explicado en términos psicológicos en vez de culturales. La necesidad o el fuerte impulso de la conducta creativa existe solamente en los individuos. En su manera de proceder, la creación no es sino una variación del aprendizaje por ensayo y error simplificado por mecanismos implícitos que ocasionalmente tiene lugar en el pensamiento. La base cultural merma la conducta creativa del individuo, pero es absurdo decir que puede sustituir a dicha conducta. Encontramos aprendizaje de este tipo a lo largo de amplios períodos de tiempo, desde la más remota cultura eolítica hasta las modernas fábricas.

Como otro ejemplo podemos ciar el modelo de cultura universal descrito por el Dr. Wissler. El origen de este diseño universal es oscuro mientras no seamos capaces de concibe sus diversas partes como medios para la adaptación de las necesidades prepotentes o instintivas del individuo. Así, las respuestas innatas de lucha y defensa han dado lugar al desarrollo de productos culturales como el gobierno y la guerra. El impulso del hambre da lugar a la propiedad, al conocimiento científico y a la cultura material en instrumentos, aunque estos sirven por supuesto a otras necesidades. La familia y los sistemas sociales están implicados en la satisfacción de intereses sexuales. El sistema lingüístico, por medio del control ejercido sobre otros impulsos, sirve a todas las necesidades preponderantes.

A cada momento estamos retrocediendo hacia la conducta del individuo como una especie de explicación de los hechos sociales. ¿Prueba esto que lo social como tal no deba ser considerado? De ninguna de las maneras. El hecho de que declinemos el uso del grupo, sus productos, o sus cambios como principio de explicación, no disminuye nuestro interés por estos fenómenos. Son, después de todo, el objetivo primordial del sociólogo.

La Fisiología neuromuscular es más apropiada para describir los fenómenos psicológicos que la Fisiología de la circulación y digestión. De la misma manera, la Sociología puede elegir una cierta fase de la Psicología para su quehacer explicativo. Esta fase es esa parte de la conducta del individuo que estimula a otros o es una respuesta a la estimulación proveniente de los otros; en otras palabras, la conducta social del individuo.

7. SISTEMA, GRUPO Y PODER

7.1. El grupo Humano

El significado de grupo
La vida cotidiana presenta una gran diversidad de formas de cómo se relacionan las personas a las que aplicamos el mismo término de grupo. Grupo es una familia y el conjunto de nuestros amigos, grupo son los alumnos de una escuela, los bañistas en una playa, los soldados de un batallón y los miembros de una determinada clase social. Todas estas entidades humanas tienen en común el que involucran a varias personas; pero, fuera de la pluralidad de individuos, es difícil

encontrar algún elemento común a todas ellas. Grupo es, por tanto, un término muy abstracto que remite a realidades diferentes. Más aún, el hecho de que se aplique el mismo término de grupo a situaciones humanas aparentemente semejantes, pero en el fondo muy distintas, nos alerta sobre el peligro de caer en creer que el hecho de aplicar un término o nombre ya convierte en real lo nombrado. Es como esos médicos que creen que por dar un nombre concreto a nuestra enfermedad ya han resuelto el problema.

De ahí la necesidad de lograr una precisión conceptual mayor si pretendemos que el término "grupo" sea más que un simple nombre y exprese un carácter propio de los fenómenos psicosociales. Veamos algunos ejemplos:

Padre, madre y dos hijos adolescentes cenan en silencio, sin hablarse más palabras que las estrictamente necesarias para pasarse la comida. Ciertamente, forman un grupo familiar en el acto de cenar juntos. Comparémoslo con otras cuatro personas, en todo equivalentes, que coinciden en la mesa de una cafetería en la que sirven comidas rápidas; las cuatro comen sin dirigirse más palabras que las necesarias para pasarse la sal, la salsa de tomate o las servilletas. ¿Se trata también en este caso de un grupo?

Los alumnos de un curso de bachillerato ven en su aula de clase una película sobre la que tienen que hacer un trabajo escolar. Una manzana de casas más abajo un centenar de espectadores ve la misma película en un cine público. ¿Puede hablarse de grupo en el mismo sentido en ambos casos? ¿Forman los espectadores del cine público un verdadero grupo?

Por la calle pasa temprano en la mañana un batallón de soldados desfilando y cantando. Horas más tarde, por la misma calle circula una gran cantidad de transeúntes.

No parece haber mucha duda sobre que los soldados formen un grupo. Pero, ¿se trata también de un grupo en el caso de los transeúntes?

Se habla de los grupos profesionales de una ciudad o país, como los médicos o los ingenieros, a pesar de que lo más seguro es que muchos de ellos ni se conozcan ni se relacionen entre sí. Se alude también al grupo de quienes constituyen una determinada clase social, por ejemplo, el proletariado, aunque es posible que ni siquiera los propios interesados sepan que forman parte de esa clase, es decir, que no tengan conciencia de ello.

Los ejemplos podrían multiplicarse. Pero el hecho es que, desde los grupos más pequeños hasta los grupos más amplios, la realidad del grupo como tal es menos evidente de lo que suele asumir el sentido común. No tenemos inconveniente en calificar a la familia, los alumnos de la clase o el batallón de soldados como grupos reales; pero sentimos más dudas a la hora de atribuir el mismo carácter a los clientes de la cafetería, los espectadores del cine o los transeúntes urbanos. De aquí que la utilización indiscriminada del término grupo para realidades tan distintas pueda servir de filtro ideológico que asimile unilateral o distorsionadamente la diversidad de naturaleza y sentido de los grupos que existen en cada circunstancia histórica y que tienen un significado social real. Algo así ocurre, por ejemplo, cuando en El Salvador las grandes corporaciones empresariales incluyen entre las "empresas privadas" tanto a las grandes industrias y comercios, con más de 300 trabajadores, como al taller de costura donde trabajan tres o cuatro mujeres, como si se tratara de un solo grupo con los mismos caracteres e intereses sociales.

El diccionario de la Real Academia define el término grupo como aquella "pluralidad de seres o cosas que forman un conjunto, material o mentalmente considerado". Grupo es, por tanto, un conjunto de varios seres, la unidad de la pluralidad. Al

173

parecer, el término se origina en el italiano groppo o gruppo, que era un vocablo técnico para designar la presencia de varios individuos en una obra de pintura o escultura formando un solo sujeto temático. El término se introduce en castellano hacia 1734 para designar la reunión de varias personas.

Que un grupo debe estar constituido por una pluralidad de individuos es una condición esencial que nadie cuestiona, aunque haya algunas discrepancias respecto a los límites numéricos tanto por abajo como por arriba. Así, por ejemplo, no se suele pensar en un grupo cuando se trata de dos personas: si se habla de un "grupo familiar", se piensa en padres e hijos y quizá en otros parientes; en cambio, si se trata únicamente de los cónyuges, se suele hablar de "un matrimonio" más que de un "grupo familiar". Ahora bien, en principio y tal como lo indica la definición del diccionario, se podría considerar como grupo casi cualquier pluralidad de individuos, desde una pareja o grupo de dos hasta la totalidad de la humanidad, "el grupo humano"; todo depende de la perspectiva adoptada, es decir, del criterio unificador empleado.

De acuerdo con la definición ofrecida, ese criterio puede ser tanto una consideración material como mental, algo que esté en la misma realidad, como algo que esté sólo en nuestra cabeza. En otras palabras, tan calificables como grupo serían aquellos que se encuentran unidos en el espacio y en el tiempo (varios sujetos que se encuentran en una misma habitación, por ejemplo), como aquellos que simplemente son unidos por una consideración mental (por ejemplo, los que creen en la reencarnación).

Este planteamiento puede ser válido desde un punto de vista lingüístico, pero no lo es desde un punto de vista psicosocial. Entre "un grupo familiar", "el grupo de creyentes en la reencarnación" y "el grupo humano" hay diferencias tan abismales, que reducirlas al mismo denominador de grupo sólo puede inducir a confusión.

Un grupo podría estar constituido por "un número de personas que interactúan entre sí de acuerdo con esquemas establecidos". Así, pues, además de la pluralidad de individuos, se establecen dos condiciones necesarias para que se dé la unidad que determina que esos individuos formen un grupo:

1. Que interactúen entre sí
2. Que lo hagan de acuerdo con unos esquemas establecidos o normas.

Estas dos características permiten diferenciar a los grupos de las colectividades y de las categorías sociales. Constituyen una colectividad aquellas personas que comparten valores y actúan de acuerdo a unas normas establecidas, pero que no interactúan entre sí. Por ello, todos los grupos son colectividades, pero no todas las colectividades forman grupos. Todos los miembros de un ejército, por ejemplo, pueden formar una colectividad, ya que puede suponerse que comparten los mismos valores y actúan de acuerdo a unos esquemas determinados; sin embargo, como no todos ellos actúan entre sí, no pueden ser considerados como un grupo de hecho.

Finalmente, las categorías sociales son aquellos agregados de status sociales, cuyos ocupantes no están en interacción; aunque tienen características sociales semejantes -por ejemplo, la edad, el sexo, el estado civil-, y que no están necesariamente orientados por unas normas comunes y peculiares.

Esta distinción establece que no cualquier unidad de una pluralidad debe ser considerada como un grupo, sino sólo aquel tipo de unidad que se da cuando los individuos interactúan entre sí y comparten unos esquemas o normas de interacción. Lo valioso de este planteamiento estriba precisamente en su formalidad, es decir, en el hecho de buscar una especificidad a la unidad grupal y, por tanto, en precisar que no cualquier tipo de unidad entre varias personas puede ser considerado como un grupo humano desde la perspectiva psicosocial.

7.2. Interacción

Un problema adicional es explicar qué entendemos por interacción. ¿Supone la interacción un contacto físico o puede hablarse de interacción siempre que se produzca una relación o un influjo directo entre las acciones de varios individuos, estén o no en contacto físico? ¿Hay interacción, por ejemplo, entre el director de una empresa y aquellos trabajadores con los que él no despacha directamente, pero cuya actividad decide con sus planes y órdenes? No se trata de debatir aquí si la interacción es o no una condición necesaria para la existencia psicosocial de un grupo: lo que se afirma es que la interacción misma necesita ser definida si se quiere precisar qué tipo de relaciones entre las personas generan la realidad de un grupo humano.

El problema fundamental sobre la naturaleza de los grupos reside, pues, en los criterios de unidad, es decir, en definir aquel carácter integrador de una pluralidad de individuos que los analistas tradicionales denominaban mente grupal. Son muchos los criterios propuestos para establecer la naturaleza del grupo humano. A fin de dilucidar cuál de esos criterios es más adecuado habrá que ponderar no sólo su capacidad para dar cuenta de la multiplicidad de grupos que históricamente aparecen en cada sociedad, sino su valor para distinguir entre

176

ellos y para discernir aquellos que de hecho son más importantes y significativos.

Puesto que todos estamos involucrados en una diversidad de grupos donde radican y desembocan nuestros intereses, el análisis sobre la naturaleza de los grupos humanos necesita una particular transparencia ideológica, que no se cifra tanto en pretender abstraernos de nuestra ubicación histórica, cuanto en asumirla conscientemente y dar razón de ella. La imagen del grupo despierta en las personas tanto la esperanza de satisfacer sus deseos como la angustia que surge de la confrontación con los otros. Por ello, el grupo es la construcción ideológica por excelencia, a través de la cual se pueden poner de manifiesto los diferentes mecanismos en juego de una ideología. El término "organizarse" en grupo ha llegado a significar la incorporación de las personas a las organizaciones populares o revolucionarias: "estar organizado", ser "un organizado", se refiere a formar parte de algún grupo insurgente.

7.3. Iglesia y Ejército

En la iglesia -y habrá de sernos muy ventajoso tomar como muestra la Iglesia Católica- y en el Ejército reina, cualesquiera que sean sus diferencias en otros aspectos, una misma ilusión: la ilusión de la presencia visible o invisible de un jefe (Cristo, en la Iglesia católica, y el general en jefe, en el Ejército), que ama con igual amor a todos los miembros de la colectividad. De esta ilusión depende todo, y su desvanecimiento traerá consigo la disgregación de la Iglesia o del Ejército, en la medida en que la coerción exterior lo permitiese. El igual amor de Cristo por sus fieles todos aparece claramente expresado en las palabras: "De cierto os digo que cuanto le hicisteis a uno de estos mis hermanos pequeñitos, a Mí

177

lo hicisteis". Para cada uno de los individuos que componen la multitud creyente es Cristo un bondadoso hermano mayor, una sustitución del padre. De este amor de Cristo se derivan todas las exigencias de que se hace objeto al individuo creyente, y el aliento democrático que anima a la Iglesia depende de la igualdad de todos los fieles ante Cristo y de su idéntica participación en el amor divino. No sin una profunda razón se compara la comunidad cristiana a una familia y se consideran los fieles como hermanos en Cristo; esto es, como hermanos por el amor que Cristo les profesa. En el lazo que une a cada individuo con Cristo hemos de ver indiscutiblemente la causa del que une a los individuos entre sí. Análogamente sucede en el Ejército. El jefe es el padre que ama por igual a todos los soldados, razón por la cual éstos son camaradas unos de otros.

¿Se han dado cuenta de que los grupos marxistas emplean el término "camarada" para significar que todos son iguales, y que los sindicatos lo cambian por el de "compañero"? Los políticos, sin embargo, prefieren referirse a "ciudadanos" o "trabajadores", mientras que la iglesia habla ya de "fieles", y los extranjeros en visita a su embajada de "súbdito". ¿Es posible mayor diversidad de definiciones para explicar lo mismo?

Desde el punto de vista de la estructura, el Ejército se distingue de la Iglesia en el hecho de hallarse compuesto por una jerarquía de masas de este orden: cada capitán es el general en jefe y el padre de su compañía, y cada suboficial, de su sección. La Iglesia presenta asimismo una jerarquía; pero que no desempeña ya en ella el mismo papel económico, pues ha de suponerse que Cristo conoce mejor a sus fieles que el general a sus soldados y se ocupa más de ellos.

7.4. Seis criterios para definir un grupo

Las principales caracterizaciones de los grupos en psicología social pueden sintetizarse en seis enfoques. Cada uno de los modelos enfatiza un criterio para la existencia de un grupo, aunque con frecuencia se añaden otras condiciones necesarias. Los seis criterios privilegiados por estos modelos son:

(a)   La percepción de los miembros
(b)   Una motivación compatible
(c)   Metas comunes
(d)   Una organización
(e)   La interdependencia
(f)   La interacción.

Para algunos psicólogos, la realidad de un grupo requiere que los individuos tengan alguna conciencia sobre los vínculos que les unen entre sí. Sólo cuando los individuos se perciben a sí mismos como relacionados con otros pueden actuar en función de esa relación, es decir, como miembros de un grupo y no como simples individuos. Cuando las personas son conscientes de la relación (y actúan en consecuencia) el grupo empieza a tener realidad psicosocial.

Un grupo social es una unidad consistente en un cierto número de organismos separados (agentes) que tienen una percepción colectiva de su unidad y que poseen capacidad para actuar y/o actúan efectivamente de un modo unitario frente a su medio ambiente. Como puede verse, son necesarias dos condiciones necesarias para la existencia de un grupo: la percepción de la unidad y la acción unitaria.

Un grupo humano existe, afirman otros científicos sociales, en la medida en que responde a las necesidades de los individuos que lo conforman. La condición esencial para la

179

existencia de un grupo radica en las necesidades y motivaciones de las personas que les llevan a buscar su satisfacción a través de la relación con otras personas. Podemos resumir este apartado afirmando que un grupo es aquel "conjunto de individuos cuya existencia como conjunto es gratificadora para los individuos".

EXAMEN TEMA 4

1. ¿Por qué debemos tener en consideración los gestos?
a) Son intuitivos
b) Son instintivos
c) Son adquiridos

2. ¿Se puede engañar con gestos?
a) Con suma frecuencia
b) Es difícil
c) Depende de la palabra

3. ¿Un juicio es un lugar donde se miente?
a) Es imposible
b) Se trata de decir la verdad, no de mentir
c) Con suma frecuencia, sí

4. Personalidad intrínseca es...
a) Aquella con la que nacemos
b) Aquello que no da la experiencia
c) Aquella que moldeamos nosotros mismos

5. La bondad...
a) Hay que aprenderla
b) Hay que ejercitarla
c) Hay que transmitirla

6. Un problema se resuelve...
a) Razonando
b) Con ayuda
c) Activamente

7. El delincuente...
a) Nace
b) Se hace
c) Lo hacen

8. Ante un crimen deberíamos...
a) Meditar sobre las causas
b) Tratar de comprender al asesino
c) Ponernos en lugar de la víctima

9. ¿Nos pueden quitar nuestra autoestima?
a) Es algo que depende de nosotros mismos
b) Con frecuencia, sí
c) Sí, pero luego la podemos recuperar con ayuda

10. Pierde su autoestima quien...
a) Es menospreciado
b) Es agredido
c) Nunca la tuvo

11. ¿Es posible ser individualista en sociedad?
a) Es imprescindible
b) Así no podemos ser solidarios
c) No es una buena opción

12. La agresividad se manifiesta...
a) Cuando nos ponen en una situación límite
b) Frecuentemente por placer
c) Cuando la mente está desequilibrada

13. ¿Existe una conciencia colectiva?

a) Solamente en cuestiones políticas
b) Solamente en cuestiones morales
c) Solamente en cuestión de supervivencia

14. El vandalismo es...

a) Una manifestación de poder
b) Una forma de venganza
c) Una ofuscación de la mente

15. ¿Existe un pensamiento de grupo?

a) El pensamiento es siempre individual
b) El grupo mantiene solamente algunas ideas unidas
c) Con suma frecuencia

16. ¿Nos reprimimos o nos reprimen?

a) Normalmente nos reprimen
b) Depende del ambiente
c) Habitualmente nos reprimimos

17. Las revoluciones suelen declararse cuando...

a) El pueblo no se adapta
b) Hay aburrimiento
c) No hay cambios notorios

18. La psicología debe ir unida a...

a) La sociología
b) La antropología
c) La fisiología

19. La etnología estudia...

a) Los pueblos
b) Las costumbres
c) El comportamiento social

20. Un grupo es...
a) Varias personas unidas
b) Varias personas asociadas
c) Varias personas que comparten un mismo fin o idea

RESPUESTAS EXAMEN TEMA 4

1. b
2. a
3. c
4. a
5. b
6. c
7. Los tres
8. c
9. a
10. c
11. a
12. a y b
13. c
14. c
15. a
16. c
17. a y c
18. Las tres
19. a
20. a

Tema 5

CONDUCTA DE GRUPO INFLUENCIA DE OTRAS PERSONAS

ÍNDICE

1. UNIFICACIÓN

Para ciertos analistas, el elemento que unifica a una pluralidad de individuos en un grupo es tener un objetivo común. No se trata de que todos los individuos se unan por las mismas motivaciones, sino de que las motivaciones propias de cada individuo sean satisfechas por el grupo, aunque sean distintas. Padre, madre e hijos pueden tener distintas motivaciones para mantener el grupo familiar, pero los tres permanecerán como grupo en tanto esas motivaciones sean satisfechas. Por el contrario, lo que el presente enfoque asume es que la realidad grupal surge de la búsqueda de un objetivo común, de una misma meta, por parte de varios individuos. Por ejemplo, definir a los grupos pequeños como *"unidades compuestas por dos o más personas que entran en contacto para lograr un objetivo y que consideran que dicho contacto es significativo"*.

Varios trabajadores se unen a fin de confrontar a los propietarios de la empresa en que trabajan y así lograr una serie de reivindicaciones laborales. Lo que les une en un sindicato es el objetivo común de conseguir un aumento salarial o mejores prestaciones, meta que requiere precisamente la fuerza de la unidad grupal.

El elemento unitario no estaría por consiguiente en alguna característica común a todos los individuos, sino en un ordenamiento peculiar y más o menos estable de los vínculos entre ellos. Una nueva definición, por tanto, sería como *"una unidad social que consta de una cierta cantidad de individuos que tienen unos con otros relaciones de rol y de status, que se han estabilizado en cierto grado en ese momento, y que poseen un conjunto propio de valores o normas que regulan su comportamiento, al menos en asuntos que tienen consecuencias para el grupo".* La naturaleza del grupo no estaría en las partes (los individuos) sino en el todo (el grupo como tal). El grupo familiar existirá en la medida en que alguien sea esposo, alguien madre y alguien hijo, o cualquier otra combinación que denote la existencia de unos roles definidos y mutuamente referidos y unas normas que regulen las relaciones entre los miembros de la familia.

Para que exista un grupo no tiene que darse alguna característica común a todos los miembros, sino en la vinculación de los individuos entre sí que les hace dependientes unos de otros. Los miembros de un equipo pueden tener distintas motivaciones para jugar e incluso perseguir distintos objetivos; pero es claro que dependen unos de otros, ya que si falta alguno el equipo queda incompleto y lo que hace cada uno de ellos afecta a todos los demás. Finalmente, muchos autores consideran que el carácter esencial para la constitución de un grupo es la interacción de varios individuos: hay grupo cuando las acciones de las personas están mutuamente referidas, de tal manera que la acción de uno esté esencialmente vinculada a la acción de los otros y viceversa. Pero la interacción es una forma de interdependencia y, por lo tanto, asumirla como criterio para la existencia de un grupo supone una visión más restringida de lo que se puede considerar como grupo.

11.1. Teoría de Freud: solidaridad mecánica

La teoría de Freud sobre el grupo, relativamente poco usada por los psicólogos sociales, está expuesta en dos obras: *"Tótem y tabú"* (1913/1967) y *"Psicología de las masas"* (1921/1972).

Según Freud, la existencia de los grupos tiene que examinarse a la luz de dos preguntas:

(a)   ¿Qué es lo que vincula a los diversos miembros con el jefe o cabeza del grupo?

(b)   ¿Qué es lo que vincula a los miembros de un grupo entre si?

La respuesta de Freud es la misma para ambas preguntas: se trata de vínculos amorosos, vínculos en verdad libidinosos, aunque los que ligan a los individuos con el jefe son primarios mientras que los que ligan a los miembros entre sí son derivados o secundarios. Por eso, la principal distinción que realiza Freud es entre grupos con jefes y grupos sin ellos; estos últimos constituirían una cierta aberración.

El jefe es a los miembros de un grupo lo que el padre es a los hijos de una familia. El deseo infantil por lograr para sí a la madre tropieza con la ley del padre, que impone su derecho exclusivo sobre la madre e impide así la satisfacción directa de las pulsiones libidinosas del niño. Confrontado con este conflicto edípico, el niño se identifica con el padre y proyecta su imagen como parte de su propio yo: el padre se convierte en el modelo interno, el "ideal del yo" que el niño trata de imitar para lograr el objeto anhelado. Esta identificación con el padre establece un fuerte vínculo afectivo entre ambos, vínculo no exento de ambivalencia, es decir, de una mezcla de amor y odio.

Lo que ocurre entre los miembros de un grupo y el jefe constituye una repetición psicosocial del conflicto. Todo jefe representa una figura paterna, con la cual se identifican todos y cada uno de los miembros de un grupo, creando así entre ellos un vínculo libidinoso. Esto ocurre, por ejemplo, en la iglesia católica y en el ejército, dos grupos "artificiales" que Freud toma como ejemplos, donde se produce la misma ilusión colectiva: "la ilusión de la presencia visible o invisible de un jefe (Cristo, en la iglesia católica, y el general en jefe, en el ejército), que ama con igual amor a todos los miembros de la colectividad". Por tanto, el elemento principal para la existencia de un grupo es la identificación de sus miembros con un jefe o líder, al cual introyectan como ideal de su yo aceptando de este modo sus exigencias como si surgieran de ellos mismos.

La identificación primaria con el jefe del grupo sirve de base para la identificación de los miembros del grupo entre sí. La comunidad de lazos con el jefe genera una comunidad afectiva. De este modo, la rivalidad y los celos que deberían existir entre los miembros de un grupo al aspirar todos al mismo objeto se transforman, mediante una característica formación reactiva, en amor y vínculos fraternos. De ahí brotaría, según Freud, la exigencia de justicia e igualdad: "ya que uno mismo no puede ser el preferido, por lo menos que nadie lo sea". Pero así como la identificación con el jefe es de orden primario, la identificación con los otros miembros es de orden secundario, dependiente de la existencia de un "ideal del yo" común. Un grupo es, por consiguiente, "una reunión de individuos que han reemplazado su ideal del 'yo' por un mismo objeto, a consecuencia de lo cual se ha establecido entre ellos una general y recíproca identificación del 'yo'".

En resumen, la teoría psicoanalítica mantiene que un grupo surge por la identificación de unos individuos con otro individuo, el jefe, al que introyectan como ideal de su yo. En base a esta identificación primaria, común, los miembros de un grupo pueden identificarse entre sí: frente a una misma imagen paterna, todos ellos son iguales, hermanos.

1.1.2. Solidaridad orgánica

La teoría de Kurt Lewin sobre el grupo es también, como la de Freud, una extensión de su concepción acerca de la conducta individual y, de hecho, ha sido más bien desarrollada por sus seguidores, entre ellos Kurt Lewin. El concepto más fundamental de su topología fue el de "espacio vital", con el que se refiere a todos aquellos factores psicológicos o circunstanciales que, en cada situación concreta, pueden determinar la conducta de un individuo. El espacio vital constituye el campo de fuerzas en el que se mueve en cada momento un determinado individuo. El comportamiento de una persona será en cada caso función de la particular situación de las fuerzas en su campo o espacio vital.

En cualquier momento, el espacio vital de un individuo se compone de dos tipos de factores: la persona y su ambiente psicológico. A este conjunto de factores Lewin los denomina "regiones" del espacio vital, y cada región ejerce un atractivo o repulsión sobre la persona, lo que se representa mediante "valencias" positivas o negativas. El comportamiento de una persona siempre será una función de la interacción entre la persona y su medio.

El espacio vital se encuentra en un proceso de cambio constante debido a la relación entre la persona y su ambiente. La persona tiende a cambiar su ubicación en el espacio vital (locomoción), es decir, a moverse de una región a otra como consecuencia del equilibrio o desequilibrio en el sistema de fuerzas. Son los sistemas de tensión los que generan la conducta dirigida hacia un fin y los que la mantienen hasta que se logra el objetivo buscado y desaparece la tensión. Tensión no significa stress emocional, sino disposición para actuar.

De esta concepción se sigue una interesante hipótesis y es que la tensión permanece mientras no se logre la meta pretendida, y así las personas tenderán a recordar más y mejor las tareas sin completar que aquellas ya completadas. Este fenómeno ha recibido el nombre de efecto Zeigarnik, y su conocimiento y medición ("el cociente Zeigarnik", que es la relación entre tareas sin completar recordadas y tareas completas recordadas) ha permitido estudiar la fuerza de las motivaciones personales.

1.2. Individualismo

El centro de interés sigue siendo el individuo, sobre todo en el caso del psicoanálisis. Es cierto que la teoría del campo considera al grupo como una totalidad y que su análisis se fija en los miembros del grupo en cuanto tales, es decir, en cuanto relacionados y dependientes entre sí, no en cuanto individuos. Con todo, las relaciones y dependencias de hecho examinadas siguen siendo las más de las veces interindividuales o interpersonales con un énfasis particular en los elementos subjetivos de las relaciones, hecho quizás inevitable cuando lo que se está analizando son grupos por lo general muy pequeños.

Un individualista no defiende forzosamente la doctrina del egoísmo, que considera que el interés personal es la única motivación humana lógica. Por el contrario, el individualista puede tener un pensamiento político y económico cuyas motivaciones se basen en el altruismo y defender que el objetivo de la organización social, política y económica es aumentar el bienestar al máximo para el mayor número de personas. Lo

2. CLASIFICACIÓN DE LOS GRUPOS HUMANOS

TIPO DE GRUPO: Multitud

Estructuración (grado de organización interna y diferenciación de roles): Muy débil
Duración: Desde algunos minutos hasta algunos días
Número de individuos: Grande
Relaciones entre los individuos: Contagio emocional
Efecto sobre las creencias y las normas: Irrupción de creencias latentes
Conciencia de los fines: Débil
Acciones comunes: Apatía o acciones paroxísticas

TIPO DE GRUPO: Banda

Estructuración: Débil
Duración: Desde algunas horas hasta algunos meses
Número de individuos: Pequeño
Relaciones entre los individuos: Búsqueda del semejante
Efecto sobre las creencias y las normas: Refuerzo
Conciencia de los fines: Mediana
Acciones comunes: Espontáneas, pero poco importantes para el grupo

TIPO DE GRUPO: Agrupación

Estructuración: Mediana
Duración: Desde varias semanas hasta varios meses
Número de individuos: pequeño mediano o grande
Relaciones entre los individuos: Relaciones humanas superficiales

Efecto sobre las creencias y las normas: Mantenimiento
Conciencia de los fines: De débil a mediana
Acciones comunes: Resistencia pasiva o acciones limitadas

TIPO DE GRUPO: Grupo primario restringido

Estructuración: Grande
Duración: Desde tres días hasta diez años
Número de individuos: Pequeño
Relaciones entre los individuos: Relaciones humanas ricas
Efecto sobre las creencias y las normas: Cambio
Conciencia de los fines: Grande
Acciones comunes: Importantes, espontáneas, innovadoras

TIPO DE GRUPO: grupo secundario u organización

Estructuración: Muy grande
Duración: Desde varios meses hasta varios decenios
Número de individuos: Mediano o grande
Relaciones entre los individuos: Relaciones funcionales
Efecto sobre las creencias y las normas: Inducción de presiones
Conciencia de los fines: De débil a grande
Acciones comunes: Importantes, habituales y planificadas

A partir de los análisis y reflexiones anteriores surgen tres condiciones que debe reunir una teoría psicosocial sobre los grupos humanos:

194

a) Debe dar cuenta de la realidad social del grupo en cuanto tal, pero debe ser capaz también de integrar los aspectos personales, es decir, las peculiaridades de cada grupo que surgen de los rasgos y particularidades propias de sus miembros.

b) Debe ser lo suficientemente comprehensiva como para incluir tanto a los grupos pequeños como a los grupos grandes. Esto requiere definir aquellos parámetros esenciales sobre la realidad del grupo que permitan establecer tipologías que diferencien bien entre unos y otros, pero que no dejen de lado a ninguno de los grupos más significativos de la vida humana.

c) Debe incluir como uno de sus aspectos básicos el carácter histórico de los grupos humanos. Ello exige remitir cada grupo a su circunstancia concreta y al proceso social que lo ha configurado, sin asumir por tanto que grupos formalmente semejantes tengan el mismo sentido o constituyan una realidad idéntica ni descartar que grupos diferentes puedan representar fenómenos equivalentes en contextos y situaciones históricas distintas.

Una familia es más que un hombre, una mujer y un niño; un batallón es más que un centenar de hombres armados; ese más viene dado en ambos casos por los conjuntos que forman, las totalidades que constituyen. Esta totalidad del grupo supone unos vínculos entre los individuos, una relación de interdependencia que es la que establece el carácter de estructura y hace de las personas miembros. Hay grupo familiar en la medida en que la realidad del padre surge por la necesaria relación a la madre y al hijo; hay batallón en la medida en que un soldado está necesariamente referido a unos compañeros y a unos oficiales, a unas reglas y a una disciplina.

El grupo familiar en la Roma imperial no era el mismo que en las ciudades o burgos medievales o que el grupo familiar en el contemporáneo estado del Japón. Pero se afirma también que el grupo es el conducto a través del cual se canalizan necesidades e intereses humanos sea en Roma, en las ciudades medievales o en el Japón de hoy. En otros términos, el grupo es una estructura que responde a las necesidades y exigencias de los seres humanos; hay grupos porque, independientemente de sus formas concretas, el agruparse es condición esencial para satisfacer las necesidades del hombre. Cada grupo constituye así la realización, es decir, la configuración histórica de algún aspecto de las exigencias o potencialidades humanas. De ahí la inmensa variedad de grupos, desde aquellos directamente orientados a la satisfacción de las necesidades biológicas más fundamentales, hasta aquellos que resultan como producto de las opciones más peculiares y exóticas o de coincidencias circunstanciales.

Finalmente, la definición señala que el grupo canaliza tanto las necesidades personales como los intereses colectivos. Este punto es crucial desde la perspectiva psicosocial. Algunos grupos son primordialmente el resultado de las necesidades peculiares de los individuos que los componen; pero hay también grupos que son la expresión y la materialización de los intereses colectivos, ya sean los intereses conflictivos de unos pueblos contra otros o de unas clases sociales frente a otras.

La formación de una familia nueva puede ser la decisión particular de dos individuos; pero su realización canaliza unos intereses, unas formas y unas opciones sociales que impregnan al grupo familiar y lo trascienden. De manera semejante, la constitución de un sindicato obrero tiende a articular los intereses de los grupos de trabajadores, pero puede canalizar en ciertos casos intereses personales de algunos de sus dirigentes y aun servir como instrumento asimilador o de "co-optación" a los

196

intereses patronales. La misma formación de una clase social no depende en principio de la voluntad subjetiva de sus miembros, pero alimenta y configura esa voluntad.

El hecho de que todo grupo canalice unas necesidades o intereses no quiere decir que cada grupo responda a las necesidades o intereses de aquellas personas que lo componen. Como ya se apunta al mencionar el caso de los sindicatos, uno de los elementos críticos para comprender la complejidad de los procesos grupales lo constituye la posibilidad de la alienación, es decir, que el grupo corresponda a intereses ajenos a los de sus miembros (por ejemplo, a los intereses de la patronal, contrarios a los trabajadores) e, incluso, a intereses que deshumanizan a los miembros.

3. LA ORGANIZACIÓN INTERNA

Todo grupo tiene algún grado de estructuración interna, es decir, de institucionalización o regularización tipificada de las acciones de sus miembros en cuanto tales. La formalización organizativa de un grupo se concreta, ante todo, en la determinación de las condiciones para pertenecer a él.

Las normas de pertenencia podrán ser formales o informales, rígidas o flexibles, estables o pasajeras, pero siempre habrá unos criterios que determinen en cada momento quién es o puede ser parte del grupo y quién no. Por lo general, conocemos bien las condiciones para que alguien sea considerado como miembro de una familia. Sin embargo, el asunto no es sencillo, ya que las normas de pertenencia familiar pueden variar de cultura en cultura y aún de situación en situación.

- ¿Qué línea de parentesco, qué grado de proximidad sanguínea, qué tipo de relación es requerida para que alguien sea tomado como miembro del grupo familiar?
- ¿Es parte de la familia el padrino de bautismo?
- ¿Lo es el tío paterno, el primo de la madre o el hijo del primo de la madre?
- ¿Pertenecen al grupo familiar sólo aquellos que constituyen el núcleo inducido, o pertenecen también todos aquellos que, por un lado u otro, tienen vínculos de parentesco?

No se trata aquí de dar respuesta a esta interrogante, que por cierto constituye material de gran interés para el estudio antropológico de las diferentes formaciones culturales. El punto está en señalar la importancia de determinar en cada caso la identidad de un grupo, que se traduce en unas normas de pertenencia y de exclusión al interior de cada sociedad.

En segundo lugar, la formalización organizativa de un grupo requiere una definición de sus partes, y una regulación de las relaciones entre ellas; en qué medida un grupo tiene divididas las funciones, sistematizadas las tareas, distribuidas las cargas y atribuciones. La formalización organizativa puede darse implícitamente, es decir, sin necesidad de haberla volcado en unos estatutos o reglamentos. Y, por supuesto, la formalización teórica que aparece en las regulaciones escritas no es con frecuencia la que mejor refleja la organización real del grupo.

3.1. Identidad

La identidad de un grupo condiciona y trasciende la identidad de cada uno de sus miembros. El nombre que se otorgue a un grupo no es algo socialmente insignificante;

constituye más bien el sello que testimonia la realidad grupal, la "tarjeta de visita" que acredita al grupo como tal ante la conciencia colectiva. Pero es evidente que de nada sirve un nombre sonoro o atractivo si no expresa una realidad social, una entidad que le diferencie y contraponga a otras entidades grupales. Esa realidad grupal se da en la medida en que se establece una estructura de vínculos y acciones interpersonales que concreta al interior de un determinado sector social unas exigencias o intereses objetivos.

Todo grupo, desde la familia o el núcleo de amigos más íntimos hasta el partido político o la asociación gremial canaliza unos intereses sociales específicos a los que da mediación concreta en una determinada situación y circunstancia históricas. Esos intereses sociales pueden ser de carácter más personal o individualizado o de naturaleza más colectiva, aunque por lo general unos y otros no se oponen sino que se encuentran articulados; de ahí que la identidad de un determinado grupo será tanto más clara y su enraizamiento histórico tanto más profundo, cuanto más vinculado se encuentre a los intereses de una clase social. Cabría preguntarse, por ejemplo, en qué medida los cambios y crisis que experimenta el grupo familiar en nuestra sociedad se deben a que su identidad "tradicional" ya no canaliza tan eficazmente como en otros tiempos los intereses de las clases dominantes.

3.2. Las relaciones con otros grupos

Son las relaciones con otros grupos los procesos históricos concretos a través de los cuales se configura, primero, y se mantiene después la identidad de cada grupo humano. Como afirma el viejo dicho castellano aplicándoselo a las personas, "dime con quién andas y te diré quién eres". Algo semejante cabría decir de los grupos: su realidad se define frente a los grupos con los que se relaciona, tanto si los vínculos que establece son positivos como si son negativos, tanto si colabora como si compite con ellos, tanto si las relaciones son formales como si son informales, tanto si pretende dominarlos como si se resiste o acepta someterse a ellos.

Por ello, una familia adquirirá identidad frente a las familias ya definidas de donde surge (padres, parientes, amigos), así como frente a los grupos comunales, laborales y religiosos en cuyo ámbito se mueve. Un sindicato, por su parte, configurará su identidad frente a la patronal concreta con la que tenga que enfrentarse así como en la interacción con otros sindicatos y grupos sociopolíticos.

En última instancia, el aspecto más definitorio de un grupo proviene de su conexión, explícita o implícita, con las exigencias, necesidades e intereses de una clase social. Todo grupo desde la familia o el núcleo de amigos más íntimos hasta el partido político, el sindicato y la asociación gremial, canaliza unos intereses sociales específicos a los que da mediación concreta en una determinada situación y circunstancia históricas. Esos intereses sociales pueden ser de carácter más personal o individualizado o de naturaleza más colectiva, aunque por lo general unos y otros no se oponen, sino que se encuentran articulados; de ahí que la identidad de un determinado grupo será tanto más clara y su enraizamiento histórico tanto más profundo cuanto más vinculado se encuentre a los intereses de una determinada clase social.

Puesto que la identidad objetiva de los grupos surge de su conexión con unos intereses sociales (personales y/o colectivos), es posible que existan grupos con una identidad contradictoria, es decir, grupos formados por miembros de una clase social que canalizan en contra de sí mismos los intereses de las clases opuestas.

Pertenecer a un país, a una raza, a una familia, a una clase social, no es algo que, en principio, quede al arbitrio de la conciencia, al conocimiento e incluso a la volición de cada individuo; es algo determinado objetivamente, aunque de ello no se tenga ni se quiera tener conocimiento.

La pertenencia subjetiva de una persona a un grupo supone que el individuo tome a ese grupo como una referencia para su propia identidad o vida. Por supuesto, esta referencia puede ser de muchos tipos y de diversa significación. En unos casos, el individuo se sirve en forma instrumental del grupo para lograr la identidad socialmente conveniente o para conseguir determinados fines. Puede ser socialmente prestigioso, por ejemplo, pertenecer a un determinado club de tenis o de hípica, o conveniente acudir a las fiestas promovidas por los propietarios de la empresa en que se trabaja, aunque a uno no le guste el tenis, montar a caballo o las fiestas convencionales. Así, el individuo que entra a formar parte de una comunidad cristiana de base intenta configurar su vida de acuerdo a las opciones y valores acordados y promovidos comunitariamente.

4. EL PODER DE UN GRUPO

Como ya se indicó, el poder no se concibe como un objeto, una cosa que se posee en determinada cantidad; el poder es más bien un carácter de las relaciones sociales que emerge por las diferencias entre los diversos recursos de que disponen los actores, ya sean individuos, grupos o poblaciones enteras. Por eso el poder no es un dato abstracto sino que aparece en cada relación concreta. Esto significa que el poder de un grupo hay que examinarlo a la luz de su particular situación en una determinada sociedad; qué diferenciales de recursos logra en sus relaciones con otros grupos frente a los aspectos más significativos de la existencia o de cara a los objetos que como grupo persigue. Así, un grupo será poderoso siempre que consiga tales diferenciales ventajosos en las relaciones con otros grupos que le permitan alcanzar sus objetivos e incluso imponer su voluntad a otros grupos sociales.

Puesto que la superioridad en las relaciones sociales se basa en los recursos disponibles, la diversidad e importancia de los recursos que tenga cada grupo irán emparejados con su poder real. Un grupo puede ser poderoso por la capacidad técnica, científica o profesional de sus miembros; otro grupo puede serlo por la ingente cantidad de recursos materiales a su disposición; otro puede serlo por la riqueza moral y humana de sus miembros; y otro puede serlo, finalmente, por la naturaleza misma de los recursos de que dispone. Por supuesto, los grupos más poderosos serán aquellos que dispongan de todo tipo de recursos: materiales, culturales y personales. Pero es evidente que, en la dialéctica social, el tipo de recursos puede establecer diferenciales a favor de grupos minoritarios.

El poder de un grupo no es un rasgo que dependa de su identidad ya constituida, sino que es, más bien, uno de los elementos constitutivos de esa identidad. Que sea un grupo, su carácter y naturaleza, depende en buena medida del poder de que dispone en sus relaciones con otros grupos sociales. La organización o estructura de un grupo persigue aprovecharse del poder que le posibilitan sus recursos en orden a lograr unos objetivos, y ello tanto si se trata de un grupo familiar como de un ejército. Un grupo que carezca de recursos como para imponer sus objetivos en el ámbito de la sociedad, tenderá a cerrarse en sí mismo y a concentrarse en una dinámica casi puramente intragrupal. Pero esa misma concentración en lo interno es consecuencia del diferencial negativo de recursos, de su carencia de poder social frente a otros grupos. Por ello, los tipos de poder a disposición de los diversos grupos así como las fuentes de ese poder determinan en buena parte lo que son y lo que pueden hacer. El cambio, aumento o disminución de recursos en que se basa el diferencial social que constituye el poder puede alterar en gran parte la naturaleza de un determinado grupo.

Un aspecto importante lo constituye la autonomía o dependencia de un grupo respecto a los recursos de que dispone para lograr poder en la vida social. Es claro que cuanto menos autónomo sea el poder de un grupo, más limitado será su valor y lo que con él pueda lograr. Sólo cuando un sindicato es capaz de movilizar recursos que afectan seriamente los intereses de la empresa y que no dependen de ella (por ejemplo, fondos financieros para el mantenimiento de una huelga, la disponibilidad de abogados, la movilización de la opinión pública, etc.), puede ese sindicato enfrentar con éxito los despidos masivos, la utilización de esquiroles, los cierres temporales y otras tácticas patronales que ni siquiera se detienen ante la eliminación física de los líderes sindicales.

4.1. Tamaño del grupo

El grupo primario es, por lo general, un grupo pequeño, cuyos miembros mantienen relaciones personales, basadas en un conocimiento mutuo cercano y una fuerte dosis de afectividad. El grupo secundario, en cambio, es un grupo grande, y las relaciones de los miembros siguen patrones impersonales, más o menos institucionalizados como roles.

Qué sea un grupo grande o pequeño es algo en lo que no hay coincidencia, ya que resulta difícil, si no imposible, fijar en abstracto cuándo un grupo deja de ser pequeño para ser grande. La veintena de pacientes que, en la sala de espera de un dentista, constituiría una verdadera multitud, en un campo de fútbol sería prácticamente "nadie", y el centenar de jóvenes que en una manifestación política podría considerarse un grupo pequeño, en un aula escolar constituye un grupo muy grande de clase. Con todo, a la hora de establecer determinaciones operativas, en psicología social se suele considerar como "pequeño" un grupo de diez personas o menos, mientras que un grupo con veinte personas o más por lo general se ha estimado como "grande".

La distinción entre grupos primarios y grupos secundarios resulta insuficiente e incluso engañosa si se toma como eje principal de una tipología grupal. El carácter e importancia social de un grupo determinado no depende tanto de su tamaño o del carácter más o menos institucionalizado de las relaciones entre sus miembros cuanto del impacto configurado de su actividad sobre las personas y las estructuras sociales. Dicho de otra manera, lo que más importa socialmente de un grupo es lo que produce, no su formalidad en cuanto tal. Por supuesto, el tamaño de un grupo o el carácter de las relaciones entre sus miembros pueden ser factores muy importantes para la determinación de lo que un grupo hace o puede realizar, pero no son los elementos definitorios ni decisivos.

El número de miembros de un grupo puede constituir la base de su poder social (ése es, por ejemplo, el caso de muchos sindicatos) y, ciertamente, afecta al tipo de relaciones entre los miembros, ya que no es posible mantener relaciones personalizadas entre muchas personas. Sin embargo, un grupo pequeño puede disponer en una circunstancia histórica de un poder incomparablemente mayor que un grupo masivo, y ello tanto para configurar el carácter de sus miembros como para definir un ordenamiento social.

Hay cinco categorías fundamentales de grupos: la multitud, la banda, la agrupación, el grupo primario o restringido y el grupo secundario u organización, algo que ha quedado descrito anteriormente.

• **Una multitud** se da cuando un buen número de individuos (varios cientos o miles) se reúne en un mismo sitio sin haberlo buscado explícitamente. Cada cual busca su satisfacción individual, pero está sometido a la posibilidad de repentinos contagios emocionales. Los fenómenos afectan a un número todavía mayor de personas que ni se hallan reunidas ni se las puede reunir fácilmente.

• **Una banda** consiste en aquel agrupamiento de individuos que "se reúnen voluntariamente por el placer de estar juntos" cada cual a la búsqueda de quienes son semejantes a él o ella misma. La satisfacción que produce la banda se debe a que elimina la necesidad de adaptarse a las reglas sociales establecidas (por ejemplo, del "mundo de los adultos"), al mismo tiempo que proporciona seguridad y apoyo afectivos. La banda no tiene por tanto más objetivo que el de estar juntos en base a la semejanza de los miembros. Cuando los miembros de una banda empiezan a afirmar valores comunes, a diferenciar los papeles y a fijarse metas, se transforman paulatinamente en una banda organizada, es decir, en un grupo primario, ya sea de amigos o de socios.

- **La agrupación** constituye la reunión de individuos, en número que oscila entre pequeño y grande y con una frecuencia también variable, con unos objetivos relativamente estables que corresponden a un interés común de los miembros. Fuera de la búsqueda de esos objetivos comunes, no hay ningún vínculo o contacto entre los individuos. Hay agrupaciones intelectuales, artísticas, religiosas, políticas, sociales y otras.

- **El grupo primario** es aquel compuesto de pocos miembros, que buscan en común los mismos fines y mantienen entre sí relaciones afectivas con una gran dependencia mutua. En cambio, el grupo secundario u organización "es un sistema social que funciona según instituciones (jurídicas, económicas, políticas, etc.), en un sector particular de la realidad social (mercado, administración, deporte, investigación científica, etc.)".

5. LA CONDUCTA FRENTE A LOS DEMÁS

5.1. Influencia positiva

A principios de siglo, se pusieron de moda los tests de fuerza muscular, de ejercicio y de fatiga. La investigación se realizaba por lo común con unos curiosos aparatos denominados ergógrafos. Hay varios tipos de ergógrafos, según los músculos sometidos a examen. Un ergógrafo digital, por ejemplo, es un aparato que consiste en una plancha en la que se sujeta el brazo del individuo, un peso suspendido del dedo del sujeto, un metrónomo y una hoja de registro. Cuando suena el metrónomo, el sujeto debe impulsar el peso con toda la fuerza que le sea posible y se anota cuidadosamente la distancia recorrida por el peso.

Un investigador alemán, Meumann, entregado a estos estudios a principio de siglo, dedicaba largas horas de la tarde a hacer prácticas con el ergógrafo entre sus alumnos. Una tarde entró Meumann inesperadamente en su laboratorio y vio a uno de sus alumnos absorbido por entero en su ejercicio. Los resultados obtenidos por dicho alumno en los días precedentes eran siempre idénticos. En todas las pruebas realizadas el peso habla sido lanzado a una distancia muy similar. No obstante, apenas penetró Meumann en el laboratorio, sufrió un incremento, tan rápido como imprevisto, la capacidad del individuo. Al comprobar Meumann esa variación, estudió inmediatamente el hecho y observó que la capacidad había aumentado sin que existiera cambio alguno visible en la práctica del alumno. Este incremento de la capacidad muscular encerraba un singular interés, ya que en un trabajo ergográfico se supone siempre que el individuo pone de su parte hasta el máximo de su capacidad.

Estas observaciones, totalmente fortuitas, de Meumann le animaron a proseguir sus experiencias, comprobando constantemente que la presencia de otros individuos favorecía las prácticas de un modo esencial.

Es posible que algunos consideren como una trivialidad el hecho de que el esfuerzo del alumno experimente un incremento ante la atenta mirada del profesor. Pero antes de relegar la observación de Meumann al campo de lo lógico, examinemos otros hechos experimentales en relación con el descrito.

En 1925 Travis llevo a cabo la experiencia siguiente: Entregó a 22 alumnos de ingreso de escuelas técnicas un disco giratorio en cuyo centro había un pequeño escudo circular. Se les dio también unos punteros flexibles con los que habían de seguir el escudo giratorio mientras les fuera posible. El aparato, que recibió el nombre de "rotor continuo", funcionaba de tal modo que cuando el puntero se colocaba sobre el escudo indicando una revolución completa, el sujeto conseguía una marca de 10. Las marcas se iban acumulando en unos registros especiales, y a cada alumno se le concedían veinte pruebas diarias de adiestramiento a lo largo de varios días sucesivos.

Cada una de las pruebas constaba de veinte revoluciones y, como el disco giraba a 60 revoluciones por minuto, cada prueba duraba 20 segundos. Las marcas logradas en los primeros días se mantenían todas ellas alrededor de 150 por cada prueba, pero más tarde tendían a ascender —al principio de una manera rápida, después a un ritmo más lento y, finalmente, estabilizándose por completo—. Cuando se ha llegado a esta ultima etapa, se supone que el alumno domina ya la tarea y, por ello, se juzga finalizado el periodo de adiestramiento. Al día siguiente, se invitaba al alumno a presentarse de nuevo en el laboratorio y se le ofrecían otras cinco pruebas. Una vez realizadas, se le indicaba que cierto número de individuos deseaban verle en sus movimientos. Este grupo de espectadores, integrado por una representación de profesores y alumnos ya graduados en numero no inferior a cuatro ni superior a ocho, había recibido la instrucción debida para observar al sujeto reposada y atentamente. Los sujetos debían realizar diez pruebas en presencia de estos espectadores

Al efectuar el análisis de los resultados, Travis comparó los resultados obtenidos por los sujetos aislados y en presencia del grupo de dos maneras. En primer lugar, se cotejó el promedio de las diez pruebas ante el grupo con el nivel más elevado de las diez marcas conseguidas por el sujeto durante el período de adiestramiento. El promedio de estas diez ultimas fue de 172'26, mientras que el promedio de todas las que se efectuaron ante el grupo fue de 177'42. En segundo lugar, la marca absoluta lograda durante el periodo de adiestramiento fue de 184'68, mientras que la conseguida ante el grupo fue de 188'86: Las dos comparaciones nos demuestran que las marcas logradas en presencia de otros fue superior a las conseguidas estando solos. Pero las diferencias entre ellas no fueron muy grandes.

En otro estudio más reciente, Bergum y Lehr consiguieron un incremento similar en los resultados logrados en una tarea muy distinta, aunque siguiendo las mismas directrices. Se recluyó al sujeto en una habitación aislada, en la que había un tablero con un círculo de veinte lámparas rojas. Las lámparas se encendían sucesivamente a una velocidad de 12 revoluciones por minuto. En un momento dado, una de las luces no se encendía en el momento correspondiente. El dispositivo era tal que en el espacio de una hora de actividad se producían 24 deficiencias de esta clase. La tarea a realizar por el sujeto no era otra que oprimir un botón cuando una lámpara no funcionaba normalmente. Se concedía primeramente a los sujetos un periodo de 20 minutos de adiestramiento y, tras diez minutos de descanso, se les invitaba a vigilar el tablero durante dos horas y quince minutos.

Veinte individuos —todos ellos reclutas del ejército— eran instados a "que se instalasen cómodamente en las habitaciones" y a realizar la labor aisladamente. Se indicaba asimismo a otros veinte sujetos —reclutas también— que "de vez en cuando recibirían la visita de un Teniente Coronel o de un Sargento para comprobar su labor".

Se giraban las visitas unas cuatro veces a lo largo de la prueba. Bergum y Lehr dividieron los 135 minutos de la prueba en cinco intervalos de 27 minutos, y calculaban el tanto por ciento medio de las respuestas correctas de cada intervalo en las dos secciones de que constaba el experimento.

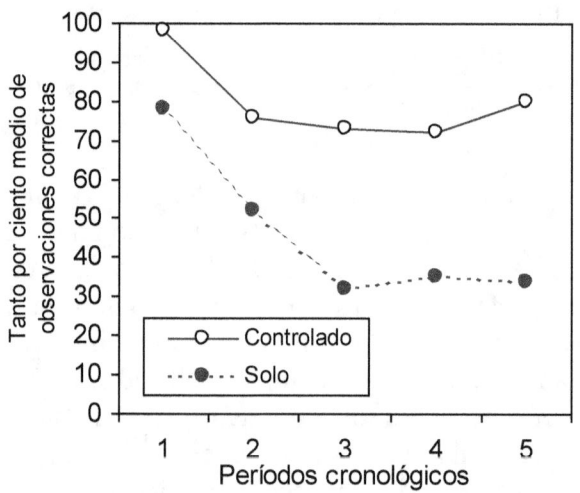

Los resultados, tal como puede verse en la figura, ponen de manifiesto que las visitas de los superiores provocaban un grado mayor de rendimiento.

Mientras que en ambos grupos iba disminuyendo éste en el transcurso del tiempo, debido a la fatiga, el rendimiento de los sujetos visitados se mantenía alrededor del 34 % más elevado que el marcado por los reclutas aislados y durante el último intervalo era el doble que el de los sujetos que trabajaban solos.

5.2. Influencia Negativa

Se ha comprobado también que la presencia de unos espectadores pasivos incrementa la velocidad en la realización de trabajos como una simple multiplicación o una asociación seriada de palabras. La influencia de los espectadores tal como la hemos descrito parece ser siempre beneficiosa, pero veamos ahora otro estudio realizado desde otro punto de vista. En 1933 Pessin entregó a sesenta individuos tres listas de siete sílabas sin sentido para su aprendizaje. El sujeto aprendía una de las listas estando solo, otra bajo la supervisión de varios espectadores. (Prescindimos de la tercera para limitarnos a la comparación de las dos circunstancias indicadas.) Con la presencia de individuos extraños, los sujetos necesitaron por término medio 11'27 repeticiones para aprender una lista de siete sílabas sin sentido. Estando solos, les bastaron únicamente 9'85 repeticiones. El promedio de errores cometidos estando solos fue de 36'58, y estando acompañados, 41'10. De un modo análogo, Husband (1931) pudo comprobar que la presencia de espectadores perturbaba e interfería el aprendizaje de un juego de manos.

5.3. Conclusiones

¿Por qué, pues, la presencia de espectadores una veces constituye un estímulo y otras un obstáculo? Para responder a esta pregunta, debemos examinar los resultados indicados. Pessin no se limitó a seleccionar datos del aprendizaje de unas sílabas sin sentido, sino que también reunió datos análogos después de que se aprendieron totalmente las listas. Unos días después del aprendizaje del trabajo señalado, se invitó a los sujetos a recordar las listas con un re-aprendizaje, tanto aislado como acompañados. Pessin aplicó el denominado "nivel de

211

ahorro" al tratar de valorar sus resultados y al poner de relieve las primeras diferencias en el aprendizaje. Se calcularon las marcas obtenidas aplicando la siguiente formula:

100[1-(Tentativas de re-aprendizaje/Tentativas de aprendizaje)]

Los resultados obtenidos por Pessin eran evidentes. Los niveles de ahorro eran ahora superiores cuando se encontraban acompañados a los alcanzados estando solos. Cuando los sujetos re-aprendían la lista en presencia de espectadores, el nivel medio de ahorro era de 49%. Pero si el repaso se realizaba aisladamente eran tan sólo de 38%.

¿Hemos de achacar estas diferencias a la índole del trabajo? ¿Cabría afirmar, por ejemplo, que unos trabajos se ven impulsados y otros obstaculizados por la presencia de espectadores? Una afirmación de esta especie no tiene justificación posible, ya que en el experimento de Pessin se obtuvieron los dos resultados en una misma tarea.

Hagamos un breve resumen de los efectos provocados por la presencia de espectadores.

1) Travis utilizó en su experiencia un rotor continuo y comprobó que los resultados mejoraban con la asistencia de espectadores.

2) Según la experiencia de Bergum y Lehr, los resultados de una tarea de gran concentración mejoraban también bajo una supervisión extraña.

3) Dashiell llegó a la conclusión de que los sujetos efectúan tareas sencillas con mayor rapidez ante la mirada de otras personas.

4) Pessin comprobó que la presencia de espectadores constituye un obstáculo para el aprendizaje de sílabas sin sentido y que, por el contrario, favorece su repaso.

De todo ello parece que puede deducirse que la presencia de espectadores sirve de obstáculo para la adquisición de nuevos conocimientos, mientras que favorece la expresión de los ya adquiridos. La adquisición de nuevos conocimientos se denomina "aprendizaje", y la expresión de los adquiridos previamente se denomina "dominio". Con estas observaciones llegamos a la siguiente consecuencia: La presencia de espectadores obstaculiza el aprendizaje y favorece el dominio. No obstante, hemos de tener en cuenta que esta afirmación es tan sólo hipotética, ya que, si ella nos parece evidente en la actualidad, es todavía muy endeble, y pueden presentarse materias y condiciones nuevas para las que sea totalmente falsa. Pero sigamos con nuestra investigación y veamos sus resultados.

Seria quizá muy conveniente formular nuestra generalización en términos algo distintos que tuvieran presentes ciertos matices del problema que no hemos estudiado todavía. Como hemos visto, los individuos observados por Pessin cometían un número mucho mayor de errores ante la presencia de testigos que estando solos. Un "error", en el aprendizaje oral es simplemente una respuesta fallida. El sujeto, por ejemplo, en lugar de decir DAC, ha dicho JIX.

En las primeras fases del proceso del aprendizaje, el sujeto da con mucha frecuencia un número mayor de respuestas erróneas que correctas; las primeras son más numerosas y más arraigadas. Más, una vez que el individuo ha llegado a un dominio más o menos cabal de la tarea, las respuestas correctas son las predominantes.

De ello se deduce esta otra conclusión: La presencia de espectadores favorece la expresión de las respuestas predominantes. Si el predominio corresponde a las correctas, la presencia de testigos facilitará sin duda la emisión de respuestas correctas; si son las erróneas las preponderantes, entonces la presencia de testigos favorecerá su emisión.

6. MOTIVACIÓN

Si diéramos con un proceso psicológico que impulsara la expresión de las respuestas predominantes y que se viera favorecido por la presencia de un grupo de espectadores, habríamos encontrado la solución de estos resultados experimentales contradictorios ante la presencia de testigos. Dicho proceso psicológico existe: es la motivación.

Todo incremento en la motivación provoca un incremento en el nivel general del organismo; sirve para activarlo y vigorizarlo. Las respuestas emitidas por un organismo en condiciones normales en una circunstancia dada —respuestas predominantes—, bajo el estimulo de la motivación son, al parecer, mas profundas, mas intensas, mas rápidas.

Nos queda por determinar si la presencia de testigos influye en un incremento general de las facultades del individuo. De todos es conocido el pánico que experimentan los actores y el nerviosismo de los atletas y de cuantos han de presentarse ante el público. Es fácil observar en todos ellos unos síntomas bien patentes de un estímulo de su actividad: tensión, solicitud y sentido de la responsabilidad. En ciertos estudios recientes se ha demostrado que la presencia de otros se halla íntimamente asociada con un incremento en la actividad adrenocortical. Esta actividad —medida por medio de la secreción de la hidrocortisona, por ejemplo— constituye un índice de gran garantía para la valoración del nivel emotivo.

Hemos estudiado que la simple presencia de otros puede influir decisivamente en la conducta. Pero hemos visto también que estos efectos están lejos de ser tan simplistas como pudiera parecer, pues la presencia de testigos obstaculiza el aprendizaje, aunque favorece el dominio.

Hemos puesto asimismo de manifiesto la íntima dependencia de la psicología social con respecto a la psicología general. Las tareas aplicadas por los investigadores en su estudio de los efectos sociales estaban constituidas por técnicas psicológicas estándar: el rotor continuo, el aprendizaje de sílabas sin sentido y la detección de anomalías mediante símbolos.

Para poder valorar la influencia de los testigos, decíamos que era necesario distinguir dos conceptos psicológicos estándar, el aprendizaje y dominio. Hemos visto también que era necesario efectuar el análisis del proceso psicológico provocado en el individuo por la presencia de espectadores, proceso que facilita la expresión de las respuestas predominantes. El proceso que desempeña este papel es la motivación, otro concepto psicológico estándar. En los apartados siguientes el alumno podrá ver que existen otros efectos sociales para los que es indispensable una sistemática aplicación de los conceptos psicológicos y de las técnicas psicológicas experimentales.

6.1. La coactividad

Anteriormente hemos examinado las experiencias más sencillas dentro del campo de la investigación psicológico-social: el influjo de la simple presencia de otros sobre el aprendizaje y la realización. Intentaremos ahora el

215

estudio de otros procesos algo más complejos. Centraremos de nuevo nuestra atención sobre la conducta individual y sobre lo que le acaece ante la presencia de testigos. Pero nuestro análisis radicará ahora sobre los efectos ejercidos por la coactividad en la conducta de los sujetos, es decir, considerados todos ellos como integrados en la misma actividad.

Todo individuo del grupo ha de realizar un trabajo que le es peculiar; todos lo llevan a cabo simultáneamente y ante la vista de los demás. No obstante, la investigación continúa centrada sobre las reacciones de los miembros del grupo individualmente. Este proceso experimental, el más antiguo de la investigación psicológico-social, no es otro que el que aplicaba Triplett en 1897 en el cálculo de la velocidad con que actuaban los sujetos de su experimento, ya solos o ya en grupos.

Examinaremos ahora dos tipos de efectos coactivos. En primer lugar, haremos un estudio del aprendizaje y del dominio dentro de un clima de coactividad. Después, describiremos la coactividad dentro de un clima de dificultades; estudiaremos entonces el influjo de la presencia de los demás, también en circunstancias difíciles, sobre la tolerancia de las dificultades.

6.2. Efectos de la coactividad sobre el aprendizaje y el dominio

Los efectos de la coactividad son, por regla general, benéficos, esto es, que la actividad de un individuo se ve impulsada por la presencia de otros que realizan la misma tarea.

Iniciaremos el análisis de los efectos de la coactividad examinando las reacciones de las especies infrahumanas, y ello por diversas razones:

1. En primer lugar, porque es relativamente fácil aislar y observar dichos efectos en los animales.

2. En segundo lugar, porque los resultados que pudieran obtenerse en el estudio de los seres humanos pudieran inducirnos al análisis de nuestra propia experiencia al tratar de dar una explicación de la conducta.

3. En tercer lugar, porque los resultados logrados en la investigación de los seres irracionales habrá de servirnos para recordar el carácter general de las experiencias de la coactividad.

Uno de los efectos más asombrosos de la facilitación social ha sido el que realizó Chen, de la Universidad Nacional Tsing Hua, de Pekín (1937). Sin embargo, los estudios de Chen no se realizaron sobre seres humanos, sino sobre hormigas. Observó cómo reaccionaban treinta y seis hormigas al excavar su hormiguero ya individualmente, en grupo de dos y en grupo de tres. El primer día, se colocó a cada hormiga aislada en un bote de leche lleno hasta la mitad de tierra arenosa bien seca y tamizada. Las hormigas permanecían en el bote durante seis horas, tomando nota del momento en que comenzaban a construir su nido. Una vez hecho esto, se pesaba cuidadosamente la tierra excavada por cada hormiga, para determinar el trabajo realizado por cada una de ellas. Algunos días después se colocaba a las mismas hormigas en botes rellenados de nuevo, pero ahora por parejas. Permanecían otra vez en ellos durante un espacio de seis horas y se volvían a hacer los mismos cálculos. Tres días después se volvía a observarlas en idénticas condiciones formando grupos de tres. Una vez realizadas todas estas pruebas, los insectos eran devueltos de nuevo a los botes con otra tierra para reanudar su trabajo aisladas.

La tabla expone los resultados de Chen. La labor de estos insectos se ve radicalmente favorecida en una atmósfera de coactividad. El ritmo con que iniciaron la construcción se incrementa unas seis veces, y la cantidad de trabajo realizado, unas tres veces. Y, al parecer, no existen efectos retroactivos, como puede comprobarse comparando la primera y ultima columnas de la tabla. Otra consecuencia que se deduce de ella es que el número del grupo no influye en mejorar el resultado: la presencia de dos hormigas más no provoca un resultado superior al obtenido cuando se trata de la incorporación de una sola.

¿Existe alguna razón por la que no nos sería lícito considerar este hecho como una expresión más de la norma general indicada anteriormente, cuando afirmábamos que la presencia de testigos favorece las respuestas predominantes? No por tratarse de reacciones animales vamos a afirmar que han de aplicarse precisamente otros principios. Por el contrario, siempre que exista una correspondencia entre las reacciones humanas y las animales y si no tenemos a priori motivos para creer lo contrario, lo más razonable será operar con la aplicación de principios generales a todas las especies. Si existiesen excepciones, se modificarían estos principios incidentalmente. Pero no es prudente tratar de hacer más complejo nuestro análisis imaginando ya desde un principio la existencia de tales excepciones.

Si quisiéramos determinar la corrección de las investigaciones de Chen con respecto a nuestras generalizaciones, tendríamos que fijar con toda claridad dos conceptos. Primero, suponiendo cumplidas las condiciones de la experiencia de Chen, ¿constituye la construcción del hormiguero una respuesta predominante característica de la hormiga? Segundo, ¿influye la presencia de otra compañera de trabajo en la elevación del rendimiento general? Creemos superfluo el tratar de responder a la primera pregunta. La construcción del hormiguero es un acto instintivo para el que no es necesario aprendizaje. Si colocamos una hormiga junto a un montón de tierra, inmediatamente comenzará a construir su hormiguero, si es que no hay uno en las proximidades. La segunda cuestión entra de lleno en el terreno de la hipótesis. Vimos anteriormente que existen poderosas razones para creer que la presencia de testigos provoca un incremento general en el rendimiento del organismo. Estudios realizados recientemente hacen extensiva esta evidencia a las especies animales.

Se ha comprobado, asimismo, que ciertos pájaros son mucho menos eficientes por parejas que aislados. Klopfer asegura que los verderoles llegaron a distinguir el sabor agradable o insípido de los alimentos con mayor rapidez operando solos que en parejas del sexo contrario. Pero lo que no nos dice Klopfer es si esta merma en la eficiencia del aprendizaje en las parejas de sexo contrario fue ocasionada por una intensificación del nivel de exigencia o por una reducción del interés por aprender provocada por la pareja mejor dotada. Allee y Masure observaron también que se reducía la rapidez del aprendizaje y que aumentaba el numero de errores cuando estaban emparejadas. Sin embargo, tanto si las parejas estaban formadas por hembras, por machos o por aves del sexo opuesto, siempre se observó un rápido descenso en el aprendizaje, comprobándose que el hecho de que fueran de sexos distintos no influía para nada en el rendimiento.

Hasta ahora, pues, los resultados coinciden con nuestras premisas. En consecuencia de ello, podemos ahora generalizar todavía más nuestro principio en estos términos: Lo mismo que la presencia de testigos, la coactividad favorece el dominio y obstaculiza el aprendizaje.

Los resultados estudiados hasta este momento se refieren exclusivamente a animales. ¿Podría aplicarse esta generalización a sujetos humanos? Uno de los estudios experimentales mas notables sobre le coactividad humana fue llevado a cabo por F. H. Allport en 1920. Allport distribuyó en dos distintas ocasiones diversos tipos de tests entre un gran número de individuos. En una de ellas, los sujetos trabajaron por separado en habitaciones aisladas, y en otra lo hicieron colectivamente sentados en torno de una mesa común. Quienes realizaban el trabajo en habitaciones separadas lo hacían simultáneamente y con idénticas instrucciones. Para tener la completa seguridad de que se operaba únicamente bajo los efectos de la coactividad, Allport procuró suprimir cuanto significara una atmósfera de competición. Aconsejó a los sujetos que se abstuvieran de toda clase de comparación entre sus tests, manifestándoles al propio tiempo que el equipo de investigación no realizaría tampoco comparación alguna.

Allport se servía de seis tipos de trabajo:

1) Ejercicio de asociación en cadena, en el cual se proponía al sujeto una palabra en la parte superior de la hoja, con la advertencia de que debía escribir debajo de ella la primera palabra que se le ocurriera. Se tomaba esta primera respuesta como un nuevo vocablo que debía constituir la base de una nueva asociación —y así sucesivamente, hasta llegar al límite de un plazo de tiempo determinado.

2) En el ejercicio de supresión de vocales, se invitaba al sujeto a tachar todas las vocales de una serie de artículos periodísticos.

3) En el tercer ejercicio, se invitaba al sujeto a la realización de multiplicaciones.

4) En la solución de problemas, se proponía al sujeto la refutación de falsos silogismos. 5) El ejercicio de apreciación consistía en calibrar una serie de aromas más o menos agradables y de magnitudes de diversos pesos.

¿Por que la solución de problemas se resentía en un clima de coactividad? A diferencia de una asociación en cadena, de la multiplicación o de la supresión de vocales, el análisis de un falso silogismo exige soluciones inéditas y, con mucha frecuencia, bastante abstrusas. De igual modo que en el ejercicio de Pessin sobre las sílabas sin sentido, están muy arraigadas las tendencias hacia la respuesta incorrecta. El sujeto tenderá a presentar una conclusión errónea cuando son varias las erróneas y una sola la correcta. Por otra parte, si la motivación estimula la probabilidad de las respuestas predominantes y si son preponderantes las tendencias hacia la respuesta incorrecta, toda intensificación de la motivación sólo servirá para hacer más hondo el error.

No poseemos datos sobre si los sujetos en actividad colectiva realizaron con mayor o menor perfección el test de apreciación. Sabemos, sin embargo, que sus apreciaciones fueron mucho menos radicales. Se calificaron los aromas desagradables como menos desagradables, y los gratos como menos gratos. Los cuerpos pesados fueron calificados un poco mas livianos, y los livianos, algún tanto más pesados. Generalmente, pues, dichas apreciaciones tienden a hacerse más moderadas y más uniformes en una atmósfera de coactividad.

221

Como estas consecuencias constituyen un problema psicológico-social totalmente distinto, dejamos por ahora los estudios de Allport sobre la apreciación.

En 1939 Gurnee llevó a cabo unos estudios sobre individuos que trabajaban individualmente y en grupos formados por nueve a catorce individuos. Se les propuso dos clases de ejercicios:

1)   La práctica de lo que el autor denomina juego de la punta de flecha
2)   La práctica de un juego numérico. El primero consiste en una línea de veinte pares de flechas, provisto cada uno de ellos de una punta metálica que puede encajarse en cualquiera de las dos flechas. El dispositivo posee un índice luminoso, y las flechas se encuentran dispuestas de tal modo que sólo se enciende la luz cuando la punta se halla sobre la flecha correcta. En algunos pares es correcta la flecha de la izquierda, mientras que en otros lo es la de la derecha. La labor del sujeto se limita a arreglárselas para dar con la luz que tiene cada uno de los pares de flechas. El juego numérico es similar, ya que al sujeto se le dan veinte pares de números de dos cifras y ha de adivinar cual es el correcto en cada par.

Los resultados obtenidos por Gurnee en sus experimentos fueron muy claros. En el juego de las puntas de flecha, los individuos que operaban colectivamente lograron un promedio de sólo 5'21 errores, mientras que los que lo hacían aislados alcanzaron 6'05. También en el juego numérico se lograron mejores marcas colectivamente que por separado, ya que los promedios de errores fueron, respectivamente, 3'19 y 5'02.

Lo mismo que en las experiencias de Welty, la presencia de otros colaboradores constituye en los estudios de Gurnee no tan solo un principio de una intensificación de las motivaciones, sino también una fuente de información. En las seis primeras experiencias, los sujetos realizaban la elección en voz alta, además de anotarlas por escrito. En los grupos de coactividad podían oírse mutuamente con toda claridad. Una vez efectuadas estas seis pruebas, se les invitaba a realizar su trabajo en silencio, en idénticas condiciones que si estuvieran solos. El promedio de errores calculado por Gurnee corresponde exclusivamente a la séptima prueba.

He aquí la explicación que da el propio Gurnee a la superioridad de la actividad colectiva:

Más probablemente tienen todavía mayor importancia los índices para rectificar las respuestas que nos ofrece la actividad colectiva. Cuando opera en grupo, el sujeto, además de las normas corrientes para descifrar lo verdadero o lo falso, tiene a su alcance la posibilidad de observar las respuestas de sus compañeros, las cuales pueden a veces influir de un modo decisivo en un sentido o en otro... Otro factor de gran trascendencia es la tendencia, de quienes están convencidos de la corrección de sus respuestas, a reaccionar con mayor rapidez que los indecisos; puede imaginarse, pues, que estos últimos, al verse influenciados por la mas rápida captación de sus compañeros, les será siempre más fácil dar con la respuesta auténtica.

Por lo tanto, si la mayoría sigue la pista de los compañeros más ágiles, es natural que su ritmo de aprendizaje mejore visiblemente. De este modo se justifica plenamente la aparente contradicción entre los principios que hemos obtenido nosotros y estos últimos resultados. Si la presencia de testigos puede poner en manos del examinando cierto grado de precisión en sus respuestas, en tal caso pueden aminorarse y hasta compensarse los maléficos efectos provocados por el incremento del nivel de estimulo.

EXAMEN TEMA 5

1. ¿Qué es lo que más unifica a un grupo?
a)   Compartir el mismo pensamiento
b)   Tener edades similares
c)   Tener un objetivo común

2. Un grupo puede seguir unido si...
a) Piensan que dicha unión tendrá beneficios
b) Si hay compañerismo
c) Si se ejerce una labor humanitaria

3. En un grupo hay que...
a) Definir el papel de cada miembro
b) Establecer rápidamente un líder
c) Generar rápidamente beneficios

4. Las acciones de un grupo deben estar...
a) Definidas
b) Coordinadas entre los miembros
c) Establecidas de antemano

5. Freud habló de los grupos en...
a) Tótem y tabú
b) Psicología de las masas
c) Teoría del psicoanálisis

6. Se supone que la figura paterna...
a) Ejerce correctamente la autoridad
b) Trata a todos los miembros por igual
c) No debe permitir cuestionar su autoridad

7. Los miembros de un grupo deben...
a) Identificarse con el líder
b) Acatar las órdenes
c) Dar su propia opinión

8. El espacio vital es...
a) El lugar privado de cada uno
b) El espacio que necesitamos para vivir
c) El espacio en el cual se mueve cada persona

9. Una persona individualista es...
a) Un egoísta
b) Alguien que no desea que interfieran en su vida
c) Alguien que no quiere compartir

10. Formar una familia es una decisión...
a) De la pareja
b) De la familia en su conjunto
c) De todos

11. ¿Hasta que línea de parentesco compone una familia?
a) Hasta los primos

b) Hasta los tíos

c) No es fácil definirlo

12. Identidad es igual a...

a) Personalidad

b) Diferenciación

c) Tarjeta de visita

13. Un grupo que puede ser contradictorio es...

a) Una familia

b) Un sindicato

c) Un país

14. Un grupo pervivirá mientras...

a) Tenga poder

b) Tenga recursos

c) Esté unido

15. Una multitud se puede reunir...

a) Inesperadamente

b) Si existe un líder

c) Coordinadamente

16. Mucha gente se motiva más...

a) En solitario

b) Con otras personas

c) Cuando hay un premio final

17. La presencia de espectadores puede...

a) Aumenta el rendimiento

b) Crear un buen ambiente

c) Disminuir la eficacia del trabajo

18. La presencia de espectadores mejora...
a) La comunicación
b) La expresión de los conocimientos adquiridos
c) La sociabilidad

19. La motivación...
a) Aumenta la memoria
b) Facilita el aprendizaje
c) Activa y vigoriza el organismo

20. Una ventaja de operar en grupo es...
a) Que puede comparar su progreso
b) Que recibirá ayuda
c) Que se sentirá estimulado

RESPUESTAS EXAMEN TEMA 5

1.   c
2.   a
3.   a
4.   b
5.   a y b
6.   b
7.   a
8.   c
9.   b
10.   a
11.   c
12.   c
13.   a y c
14.   a y b
15.   a
16.   a y b
17.   c
18.   b
19.   c
20.   a

Tema 6

DEFINICIÓN DEL COMPORTAMIENTO

ÍNDICE

1. LA PERSONALIDAD

2.6. Teoría

Una teoría es un modelo de realidad que nos ayuda a comprender, explicar, predecir y controlar la realidad. En el contexto del estudio de la personalidad, estos modelos son usualmente verbales. De vez en cuando alguien aparece con un modelo gráfico, con ilustraciones simbólicas, o con un modelo matemático, o incluso con un modelo informático. Pero las palabras constituyen el modelo básico.

Existen diferentes acercamientos que se focalizan sobre distintos aspectos de la teoría. Los humanistas y existencialistas tienden a centrarse en la parte de la comprensión y sugieren que el predecir y controlar a las personas no es, hasta cierto punto, ético. En el otro extremo, los conductistas y freudianos prefieren detenerse en la discusión de la predicción y el control. Si una idea es considerada útil, si funciona, van a por ella. Para ellos, la comprensión es secundaria.

Otra definición sostiene que la teoría es una guía para llegar a la práctica: suponemos que el futuro será más o menos como el pasado. Creemos que ciertas secuencias y patrones eventuales acontecidos de manera frecuente en el pasado se repetirán con mucha probabilidad en el futuro. Así, si tomamos en cuenta esos primeros eventos de una secuencia o las partes más intensas de un patrón, los podremos considerar como señales y huellas. Una teoría es como un mapa: no es exactamente igual al terreno que describe y desde luego no ofrece todos los detalles del mismo, incluso puede no ser totalmente preciso, pero nos provee de una guía hacia la práctica

233

(y nos brinda algo para corregir los fallos cuando los cometemos).

2.7. Personalidad

Frecuentemente, cuando hablamos sobre la personalidad de alguien, nos referimos a lo que diferencia esa persona con respecto a los demás, incluso lo que le hace única. A este aspecto de la personalidad se conoce como diferencias individuales y para algunas teorías, esta es la cuestión central. Éstas prestan una atención considerable a tipos y rasgos de las personas, entre otras características, con los cuales categorizar o comparar. Algunas personas son neuróticas, otras no; algunas son más introvertidas, otras más extravertidas, y así sucesivamente. Lo importante, parece ser, es definir cuanto antes a las personas para encuadrarlas en algún grupo.

Sin embargo, los teóricos de la personalidad están también interesados en lo común de las personas. Por ejemplo, ¿qué tienen en común un neurótico y una persona sana? O, ¿cuál es la estructura común en personas que se expresan de forma introvertida y en aquellas otras que se expresan de manera extravertida?

Si uno coloca a las personas en una cierta dimensión (como sano, neurótico o introversión-extraversión) estamos diciendo que las dimensiones son algo sobre lo que podemos situar a los sujetos. Ya sean neuróticos o no, todas las personas tienen la capacidad para dirigirse hacia la salud o hacia la enfermedad, y ya sean introvertidos o extravertidos, todos oscilan entre una vía y la otra.

Otra forma de explicar lo anterior es que los teóricos de la personalidad están interesados en la estructura del individuo y sobre todo sobre la estructura psicológica; es decir, cómo se "ensambla" una persona, cómo "funciona", cómo se "disgrega".

Algunos teóricos van un paso más allá, sosteniendo que están buscando la esencia de lo que hace a una persona. O dicen que están preocupados por lo que se entiende como ser humano individual. El campo de la psicología de la personalidad se extiende desde la búsqueda empírica simple de las diferencias entre personas, hasta una búsqueda bastante más filosófica sobre el sentido de la vida.

Posiblemente sea solo una cuestión de orgullo, pero a los psicólogos de la personalidad les gusta pensar en su campo como una sombrilla que cubre todo el resto de la psicología. Después de todo, es cierto que estamos preocupados por la genética y la fisiología, por el aprendizaje y el desarrollo, por la interacción social y la cultura, por la patología y la terapia. Todas estas cuestiones están unidas en el individuo.

2.8. Escollos

Existen algunas cosas que pueden ir mal en una teoría y debemos mantener los ojos bien abiertos a ellas. Esto se aplica evidentemente incluso a aquellas teorías creadas por las grandes mentes que veremos. Incluso Sigmund Freud metió la pata en algún momento. Por otro lado, incluso es más importante que desarrollemos nuestras propias teorías sobre las personas y sus personalidades. A continuación veremos algunas de estas cuestiones.

2.9. Etnocentrismo

Todo el mundo crece en una cultura que ha estado ahí antes de que él naciera. La cultura nos influye tan profundamente y tan sutilmente que crecemos creyendo que "las cosas son así", más que "las cosas son así en esta sociedad en concreto". Erich Fromm llama a este pensamiento el inconsciente social y, de hecho, es bastante poderoso.

Así, por ejemplo, Sigmund Freud nació en Viena, no en Nueva York o Tokio. Nació en 1856, no en 1756 ó 1956. Hubo cuestiones en su lugar de nacimiento que necesariamente influyeron tanto a su persona como a su teoría, evidentemente distintas de la nuestra.

Las peculiaridades de una cultura pueden percibirse más fácilmente cuando nos preguntamos "¿de qué están hablando todas estas personas?" y "¿de qué no habla nadie?". En Europa, durante la segunda mitad del 1800, especialmente entre las clases sociales medias y altas, las personas no hablaban mucho sobre el sexo. Era más o menos un tema tabú.

No se suponía que las mujeres enseñaran sus tobillos y mucho menos sus muslos, e incluso las piernas de una mujer sentada en un piano eran llamadas "extremidades", pues así parecía que no se provocaba a nadie. No era infrecuente que un médico fuese llamado para visitar a una pareja de recién casados para que éste le instruyese a la mujer sobre los "deberes conyugales" de la noche de bodas que ella había fallado, sólo porque sencillamente los desconocía. Un poco distinto a nuestra época, ¿no creen?

236

Por cierto, debemos considerar a Freud por su habilidad para erigirse sobre su cultura en este punto. Se extrañó de ver cómo podía pretenderse que las personas (especialmente la mujer) no fueran criaturas sexuales. Mucho de la apertura actual sobre el sexo (para mal y para bien) deriva de las originales reflexiones de Freud.

En la actualidad, la mayoría de las personas no se mortifican por sus naturalezas sexuales. De hecho, presentamos una tendencia a hablar sobre nuestra sexualidad todo el tiempo, a cualquiera que escuche. Un ejemplo lo tenemos en los gays y lesbianas, cuyas inclinaciones sexuales insisten en mostrar inexcusablemente a la sociedad. Eso nos parece una aclaración innecesaria, del mismo modo que nos parecería que otras personas necesitasen decir que les gusta el coito anal, la postura del 69, o la masturbación manual, por ejemplo.

El sexo está presente en nuestras carteleras, se ve con frecuencia en la televisión, es una parte importante de las letras de nuestras canciones favoritas, en nuestras películas, nuestras revistas, nuestros libros y, por supuesto, en Internet. Este fenómeno es algo peculiar de nuestra cultura, y estamos tan acostumbrados a ello, que prácticamente no nos damos cuenta ya.

Por otra parte, Freud fue malinterpretado por su cultura al pensar que las neurosis siempre tenían una raíz sexual. En nuestra sociedad estamos más preocupados con sentirnos inútiles y por ello tememos al envejecimiento y a la muerte. La sociedad freudiana consideraba la muerte como un hecho y al envejecimiento como un signo de madurez, ambas condiciones de vida accesibles al pensamiento de cualquiera en esa época.

¿Quién considera ahora que ser viejo es una bendición? Pero ¿acaso no lo es cumplir años? De no ser así, ¿por qué celebramos la fiesta de cumpleaños?

1.5. Egocentrismo

Otro escollo potencial en la teorización lo constituyen las peculiaridades del teórico como individuo. Cada uno de nosotros, más allá de la cultura, presenta detalles específicos en su vida (genética, estructura y dinámica familiar, experiencias especiales, educación, etc.), que afecta cómo pensamos y sentimos y en definitiva, la forma en que interpretamos la personalidad.

Freud, por ejemplo, fue el primero de siete niños (aunque había tenido dos medio hermanos que habían tenido niños propios antes de que Sigmund naciera). Su madre tenía una personalidad fuerte y era 20 años más joven que su padre. Fue particularmente apegada a su hijo "Siggie". Freud fue un genio (no todos podemos sostener esta afirmación). Era judío, aunque nunca, tanto su padre como él, practicaron su religión.

Es muy probable que tanto la estructura familiar patriarcal, así como las relaciones tan estrechas que sostuvo con su madre, dirigieran su atención a este tipo de cuestiones cuando llegó el momento de elaborar su teoría. Su naturaleza pesimista y sus creencias ateas, le condujeron a considerar la vida humana como encaminada a sobrevivir y a la búsqueda de un fuerte control social. Usted, también, tiene sus peculiaridades y éstas influirán sobre cómo matizará sus intereses y su comprensión, incluso en ocasiones sin darse cuenta.

1.6. Dogmatismo

Un tercer escollo importante es el dogmatismo. Como seres humanos parece que tenemos una tendencia natural al conservadurismo y nos aferramos a aquello que ha funcionado en el pasado. Y si dedicamos nuestra vida al desarrollo de una teoría de la personalidad, si hemos puesto todas nuestras fuerzas y nuestro corazón en ello, podemos estar seguros de que seremos bastante defensivos (parafraseando a Freud) con nuestra postura.

Las personas dogmáticas no permiten cuestionamientos, dudas, nuevas informaciones y demás. Podemos saber cuándo estamos frente a este tipo de personas al ver cómo reaccionan a las críticas: ellos tienden a usar lo que se conoce como argumento circular.

Este argumento es aquel en el que "justificas" tu opinión asumiendo que las cosas solo serán ciertas si ya lo has considerado como tales en primer lugar. Existen toneladas de ejemplos de argumentos circulares ya que todo el mundo los usa. Un ejemplo simple sería: "Yo sé todo"; "¿y por qué tendría que creerte?"; "Porque sé todo".

Otro ejemplo: "Tienes que creer en Dios porque la Biblia lo dice, y la Biblia es la palabra de Dios". Ahora, podemos ver que no es intrínsecamente erróneo decir que Dios existe y tampoco en creer que la Biblia es la palabra de Dios. Donde esta persona se equivoca es cuando utiliza el argumento de que la Biblia es la palabra de Dios para apoyar la tesis de que "tienes que creer en Dios", ya que el no creyente poco se va a impresionar con el primero si no cree en el segundo.

239

En definitiva, este tipo de asuntos ocurre todo el tiempo en psicología y en particular en las teorías sobre personalidad. Pero siguiendo con Freud, no es inusual escuchar a freudianos argumentar que los que no creen en el pensamiento freudiano están reprimiendo la evidencia que necesitan para creer en él (cuando precisamente es la idea de represión freudiana por donde debemos empezar). Lo que usted necesita, dicen, es pasarse unos años en psicoanálisis para darse cuenta de que Freud tenía razón (cuando, para empezar, va a gastar un tiempo- y dinero- en algo en lo que no cree).

3. MALAS INTERPRETACIONES

Otro problema, u otro conjunto de problemas, es la implicación imprevista. Parece que cada vez que decimos algo, dejamos caer palabras susceptibles de tener 100 interpretaciones distintas. Por decirlo de manera simple: las personas usualmente te malinterpretan.

Hay varias situaciones o actos que predisponen aún más a la mala interpretación.

2.1. Traducción

Freud, Jung, Binswanger y muchos otros escribieron en alemán. Cuando fueron traducidos, algunos de sus conceptos se tergiversaron un poco (algo bastante natural, tomando en cuenta que cada lenguaje posee su propia idiosincrasia). El Ello, el Yo y el Superyo de Freud, seguro que ya son vocablos familiares, pues son palabras usadas por sus traductores. Los términos originales fueron Es, Ich y überich en alemán [It, I y Over-I en inglés], esto es, términos simples, pero en el proceso de traducción estas palabras fueron trasladadas al griego, sonando poco científicas. Así que los traductores, creyendo que los lectores norteamericanos aceptarían mejor a Freud si las palabras sonaban un poco más científicas, decidieron mantener la terminología inglesa, en vez de adoptar la alemana que suena también más poética.

Esto quiere decir que cuando escuchamos a Freud, es como si estuviésemos oyendo afirmaciones científicas, estableciendo el psiquismo en compartimentos bien definidos, cuando verdaderamente hablaba mucho más metafóricamente, sugiriendo que éstos se difuminaban entre ellos.

2.2. Neologismos

Los neologismos significan nuevas palabras. Cuando desarrollamos una teoría, podemos tener conceptos que no habían sido nombrados antes, así que hallamos o creamos palabras para nombrarles. Algunas veces usamos el griego o el latín, otras usamos combinaciones de viejas palabras (como en el alemán), otras utilizamos frases (como en el francés), y en otras ocasiones simplemente usamos alguna palabra antigua y la utilizamos en otro nuevo contexto: anticatexis, gemeinschaftgefuhl, être-en-soi, y self (sí mismo), por ejemplo.

Creo que no necesita mucha explicación el hecho de que palabras como self o ansiedad tengan cientos de significados distintos dependiendo del autor.

2.3. Metáforas

Las metáforas (o símiles, más correctamente) son palabras o frases que, aunque no son literalmente ciertas, de alguna forma captan ciertos aspectos de la verdad. Cada autor, de una manera o de otra, utiliza modelos sobre la personalidad humana, pero sería un error confundir el modelo (la metáfora) con su verdadero sentido.

Un buen ejemplo de nuestros días sería el relativo al funcionamiento de los ordenadores y el procesamiento de la información. ¿Funcionamos de forma parecida a ordenadores? Claro; de hecho, varios aspectos de nuestro funcionamiento trabaja como ellos. ¿Somos ordenadores? No, claro que no. A la larga, la metáfora falla. Pero resulta útil, y así es como tenemos que considerarla. Es como un mapa; te ayuda a encontrar la vía, pero no podemos considerarlo como el territorio en sí mismo.

2.4. Evidencia

La evidencia, o mejor dicho, la falta de ella, es por supuesto otro problema. ¿Qué clase de apoyo tiene su teoría?; ¿o simplemente fue algo que se le ocurrió mientras estaba bajo los efectos de algún alucinógeno? Hay varios tipos de evidencia; anecdotaria, clínica, fenomenológica, correlativa y experimental.

Evidencia anecdotaria: es un tipo de evidencia casual que se ofrece usualmente cuando narramos una historia: "Recuerdo cuando…" y "He oído que", son ejemplos. Es, por supuesto, notoriamente imprecisa. Es mejor utilizar este tipo de evidencia solo para promover las investigaciones futuras.

Evidencia clínica: es aquella evidencia que obtenemos a través de la experiencia clínica de las sesiones psicoterapéuticas. Su obtención es bastante más precisa cuando es recogida por terapeutas expertos. Su mayor debilidad reside en que tiende a ser muy individual e incluso inusual, ya que describe a un paciente que es, casi por definición, un sujeto inusualmente individual. La evidencia clínica no provee las bases de la mayoría de las teorías que conocemos, aunque induce a realizar más investigaciones.

Evidencia fenomenológica: constituye el resultado de una observación precisa en varias circunstancias, así como la introspección relativa a los propios procesos psicológicos. Muchos de los teóricos que revisaremos han desarrollado una investigación fenomenológica, ya sea formal o informalmente. Requiere de una gran formación, así como una cierta habilidad natural. Su debilidad estriba en que necesitamos de mucho tiempo para poder decir que el autor ha hecho un buen trabajo.

La investigación **correlativa** en la personalidad usualmente comprende la creación y aplicación de tests de personalidad. Los resultados de éstos se comparan con otros aspectos "medibles" de nuestra vida y con otros tests. Así, por ejemplo, podemos crear un test para la timidez (introversión) y podemos compararlo con las puntuaciones sobre tests de inteligencia o evaluaciones sobre la satisfacción laboral. Desafortunadamente, estas medidas no nos dicen cómo trabajan o incluso si son reales, y muchos aspectos de la personalidad se resisten a medirse conjuntamente.

La investigación **experimental** es la forma más precisa y controlada de investigación y si los temas que estamos investigando están sujetos a experimentación, constituye el método de elección. Como sabrán, la experimentación comprende una selección aleatoria de sujetos, un control cuidadoso de las condiciones, una gran preocupación sobre los aspectos que pueden influir negativamente sobre la muestra, así como medidas y estadísticas. Su debilidad se basa en el gran trabajo que supone obtener las múltiples variables que usan los teóricos de la personalidad. Además, ¿cómo podemos controlar o medir cuestiones como el amor, rabia o consciencia?

4. SUPUESTOS FILOSÓFICOS

El que las personas, incluso los genios, cometan errores no debe ser una sorpresa para nosotros. Tampoco debería sorprendernos que las personas sean limitadas. Existen muchas preguntas, como aquellas que necesitamos para construir nuestras teorías, que carecen de respuesta. Incluso hay algunas que nunca la tendrán. Pero de todas maneras las contestamos, ya que necesitamos seguir viviendo. A estas preguntas y respuestas les llamamos supuestos filosóficos.

4.1. Libre albedrío vs. Determinismo

El determinismo es una doctrina metafísica que afirma que todo fenómeno está determinado de una manera necesaria por las circunstancias o condiciones en que se produce, y, por consiguiente, ninguno de los actos de nuestra voluntad es libre, sino necesariamente condicionado.

¿El mundo y nosotros estamos completamente determinados? Cuando discernimos, ¿estamos viviendo una ilusión? O podemos verlo de la otra manera; es decir, que el espíritu tiene el poder de levantarse sobre todos los límites; lo que en determinismo es una ilusión.

La mayoría de los teóricos proponen supuestos más moderados. Una posición determinista moderada sería la de considerar que estamos determinados, pero podemos participar en ese determinismo. Una posición moderada de libre albedrío sería considerar que la libertad es intrínseca de nuestra naturaleza, pero debemos vivir esa libertad en un mundo establecido por leyes deterministas.

4.2. Originalidad vs. Universalidad

¿La persona es única o lograremos descubrir eventualmente que hay leyes universales que explicarán todo el comportamiento humano? Nuevamente, existen posiciones más moderadas: quizá existen amplias reglas limitadas con espacios suficientes para considerar a los individuos; o quizá nuestra individualidad excede lo común que tenemos.

Estoy seguro de que pueden darse cuenta de que estos supuestos se relacionan con los anteriores. El determinismo sugiere la posibilidad de leyes universales, mientras que el libre albedrío es una fuente posible de originalidad (individualidad). Pero esta relación no es perfecta, e incluso, en posiciones más moderadas, es bastante compleja.

4.3. Motivaciones fisiológicas vs. de propósito

¿Estamos sujetos a nuestras necesidades fisiológicas básicas, como la necesidad de alimento, agua o actividad sexual o nos llevamos de nuestros propósitos, metas, valores, principios, etc.? Algunas posturas más moderadas incluyen la idea de que el comportamiento de propósito es muy poderoso, pero se sustenta en necesidades fisiológicas, o simplemente que ambos tipos de motivación son importantes, aunque en distintos tiempos y lugares.

Una versión más filosófica de lo anterior la encontramos en la díada causalidad y teología. La primera establece que nuestro estado mental actual está determinado por eventos anteriores. La segunda dice que está establecido por nuestra orientación hacia el futuro. La posición causal es con mucho, la más aceptada en psicología en general, pero la teológica tiene bastante aceptación dentro de la psicología de la personalidad.

4.4. Motivaciones conscientes vs. Inconscientes

¿La mayoría, o incluso todas nuestras expresiones y experiencias están determinadas por fuerzas inconscientes; fuerzas de las que no nos damos cuenta?, o sólo por algunas pocas fuerzas inconscientes? Por decirlo de otra manera: ¿cuán conscientes somos de lo que determina nuestro comportamiento?

Esta pregunta se podría contestar, pero los conceptos de consciencia e inconsciencia son resbaladizos. Por ejemplo, si fuésemos conscientes de algo hace un momento y nos ha cambiado de alguna manera, pero en este momento no somos capaces de darnos cuenta de ello, ¿hemos sido motivados consciente o inconscientemente?

4.5. Naturaleza vs. Nurtura

[*El término "nurture" en inglés se acepta en psicología castellana como "nurtura", aunque el vocablo se sustituye usualmente como "crianza" o "educación".]

Esta es otra pregunta que podríamos contestar algún día. ¿Hasta qué grado lo que hacemos está condicionado genéticamente (Naturaleza) o por nuestra formación y experiencia (nurtura)? La cuestión se hace muy difícil de contestar, ya que naturaleza y nurtura no pueden existir independientemente. Probablemente, tanto el cuerpo como la experiencia son esenciales para ser una persona y es muy difícil separar sus efectos.

Tal y como pueden observar, esta cuestión se presenta de distintas maneras, entre las que se incluyen la posibilidad de la existencia de instintos en seres humanos y el desarrollo del temperamento, generando personalidades genéticamente. Actualmente una discusión importante se refiere a si incluso lo que llamamos "naturaleza" (como naturaleza humana) se refiere a la genética o no.

2.6. Teorías de estadios de desarrollo vs. Teorías que no contemplan estadios

Un aspecto de la díada naturaleza-nurtura importante para la psicología de la personalidad, es si todos pasamos por estadios predeterminados de desarrollo o no. Evidentemente, todos pasamos por ciertos estadios de desarrollo fisiológico (fetal, infancia, pubertad, adultez y senectud) poderosamente controlados por la genética. ¿Deberíamos por ello considerar lo mismo para el desarrollo psicológico?

Podremos ver un amplio rango de posturas sobre el particular, desde teorías de estadios verdaderos como los de Freud, quien consideraba los estadios como universales y limitados claramente, hasta las teorías conductuales y humanistas que consideran que aquello que parecen estadios no son más que ciertos patrones de formación y cultura.

2.7. Determinismo cultural vs. Trascendencia cultural

¿Hasta qué punto nos moldea la cultura? ¿Totalmente, o somos capaces de "elevarnos" (trascender) sobre estas influencias? Y si es así, ¿cuán fácil o difícil es hacerlo? Obsérvese que esto no es exactamente lo mismo que determinismo-libre albedrío: si no estamos determinados por nuestra cultura, nuestra trascendencia será nada más que otra forma de determinismo, ya sea por ejemplo por necesidades fisiológicas o genéticas.

Otra manera de ver el problema es: si nos preguntamos ¿cuán difícil es llegar a conocer a alguien de otra cultura? Si es difícil para nosotros salir de nuestra cultura y comunicarnos como seres humanos, entonces quizá la cultura es un poderoso determinante de lo que somos. Si es relativamente fácil hacerlo, entonces nuestra cultura no es tan fuerte como determinante.

2.8. Formación temprana vs. Tardía de nuestra personalidad

¿Nuestras características de personalidad están establecidas en la infancia temprana, manteniéndose relativamente fijas a través de nuestra adultez, o más bien ligeramente flexibles? ¿O es que a pesar de que los cambios de la vida siempre sean una posibilidad, mientras más viejos nos hacemos menos flexibles pueden ser nuestras características de personalidad?

Como ustedes podrían suponer, estas preguntas están intrínsecamente relacionadas con los temas de genética, estadios y determinación cultural. Sin embargo, el primer frente que nos encontramos antes de hallar una solución, es especificar lo que entendemos por características de personalidad. Si lo que entendemos es que son cosas que no cambian desde que nacemos, por ejemplo, el temperamento, entonces la personalidad se forma tempranamente. Si a lo que nos estamos refiriendo son nuestras creencias, opiniones, hábitos, y demás, éstos pueden cambiar dramáticamente hasta el momento de la muerte. Como la mayoría de los teóricos se refieren a "algo en el medio" de estos extremos, la respuesta será también "media".

2.9. Comprensión continua vs. Discontinua de la enfermedad mental

¿Es la enfermedad mental una cuestión de grados? ¿Son sólo personas que han llevado algo hasta el extremo? ¿Son quizá excéntricos que nos perturban o se agreden a sí mismos, o existe una diferencia cualitativa en la forma en que perciben la realidad? De la misma manera que con la cultura, ¿es fácil para nosotros entender al enfermo mental o vivimos en mundos separados?

Podríamos resolver esta cuestión, pero resulta difícil en tanto que la enfermedad mental es considerada como una entidad única. Hay tantas formas de presentación…Algunos dirían que existen tantas como enfermos mentales. Podríamos incluso detenernos a debatir lo que es enfermedad mental y lo que no lo es. Por tanto, lo más probable es que la salud mental no sea una cosa única.

2.10. Optimismo vs. Pesimismo

Finalmente, nos volvemos a un tema que no está en absoluto resuelto: ¿somos los seres humanos básicamente buenos o malos; debemos ser esperanzadores o desanimados con respecto a nuestros proyectos? ¿Necesitamos un gran monto de ayuda o lo haríamos mejor si nos dejan solos?

Esta es, desde luego, una cuestión más filosófica, religiosa o personal. Posiblemente, sea la más influyente de todas. Lo que percibimos en la Humanidad está determinado por la actitud; pero también lo que vemos, determina la actitud, y esto está relacionado con otras cuestiones: Si, por ejemplo, la enfermedad mental no estuviera tan alejada de la salud; si la personalidad puede cambiar tardíamente en la vida; si la cultura y la genética no fuesen tan poderosas y si, en definitiva, nuestras motivaciones al menos pudiesen hacerse conscientes, tendríamos más base para el optimismo.

3. ORGANIZACIÓN

Con todo y sus escollos, supuestos y métodos, se podría pensar que habría poco que hacer en términos de la organización de "las teorías de la personalidad". Afortunadamente, las personas de mente privilegiada tienden a superponerse unas a otras. Existen tres orientaciones teóricas que se mantienen sobre las otras:

3.1. Psicoanalítica o la llamada "1ª Corriente". Aunque lo psicoanalítico se refiere literalmente a los freudianos, utilizaremos el vocablo para designar a aquellos que han estado muy influenciados por la obra de Freud, así como a aquellos que comparten su actitud, a pesar de que éstos puedan estar en desacuerdo con el resto de sus postulados. Estos autores tienden a creer que las respuestas se esconden en algún lugar bajo la superficie, escondidas en el inconsciente.

Esta lección revisará tres versiones de esta corriente. La primera es la concerniente al punto de vista freudiano propiamente dicho, la cual incluye a Sigmund y a Anna Freud y a la psicología del Yo, cuya mejor representante lo constituye Erik Erikson.

La segunda versión podría llamarse la perspectiva transpersonal, la cual tiene una influencia bastante más espiritual y será representada aquí por Carl Jung.

La tercera es el punto de vista psicosocial e incluye a Alfred Adler, Karen Horney y Erich Fromm.

3.2. Conductista o "2ª Corriente". En esta perspectiva, las respuestas parecen recaer sobre una observación cuidadosa del comportamiento y del ambiente, así como sus relaciones. Los conductistas, así como su descendiente moderno, el cognocivismo prefiere métodos cuantitativos y experimentales.

El enfoque conductista estará representado en nuestra revisión por Hans Eysenck, B.F. Skinner y Albert Bandura.

3.3. Humanista o "3ª Corriente". El enfoque humanista, que incluye según consideran algunos a la psicología existencialista, es la más reciente de las tres. Se piensa que es una respuesta a las teorías psicoanalítica y conductista y su base racional es que las respuestas se deben buscar en la consciencia o experiencia. La mayoría de los humanistas prefieren los métodos fenomenológicos.

Examinaremos dos tendencias de este acercamiento. La primera es la humanista propiamente dicha, representada por Abraham Maslow, Carl Rogers y George Kelly.

La segunda es la psicología existencialista, definida como un acercamiento humanista filosófico muy popular en Europa y latinoamérica. Revisaremos dos de los autores más representativos: Ludwig Binswanger y Viktor Frankl.

3.4. Sigmund Freud

1856-1939

Aunque ya hemos mencionado a este padre del Psicoanálisis en una anterior lección, en esta ocasión ampliaremos mucho más sus conclusiones.

La historia de Freud, como la mayoría de las historias de otras personas, empieza a partir de otros. En esta ocasión fueron su mentor y amigo, Dr. Joseph Breuer y la paciente de éste, Anna O., paciente de Breuer desde 1880 hasta 1882. Con 21 años de edad, Anna invirtió la mayoría de su tiempo cuidando de su padre enfermo, desarrollando una tos importante que no tenía una explicación física, así como dificultades para hablar, que finalizaron en un mutismo completo, seguido de expresiones solo en inglés, en vez de su lengua natal, el alemán. Con el tiempo los síntomas se agudizaron, y ante varios intentos de suicidio la diagnosticaron como histeria (hoy, trastorno de conversión), lo que significaba que tenía síntomas que parecían físicos, pero no lo eran.

11 años más tarde, Breuer y su asistente, Sigmund Freud, escribieron un libro sobre la histeria, donde explicaban su teoría. Toda histeria es el resultado de una experiencia traumática que no puede aceptarse en los valores y comprensión del mundo de una persona. Las emociones asociadas al trauma no se expresan de manera directa, simplemente se evaporan: se expresan a través de la conducta de forma vaga, imprecisa. Por decirlo de otra manera, estos síntomas tienen significado. Cuando el paciente puede llegar a comprender el origen de sus síntomas (a través de la hipnosis, por ejemplo), entonces se liberan las emociones reprimidas por lo que no necesitan expresarse a través de ellos. Es similar a drenar una infección local.

Fue Freud quien posteriormente retomó lo que Breuer no había reconocido abiertamente; es decir, en el fondo de todas estas neurosis histéricas yacía un deseo sexual.

3.1.1. Teoría

Freud no inventó exactamente el concepto de mente consciente versus mente inconsciente, pero desde luego lo hizo popular. **La mente consciente** es todo aquello de lo que nos damos cuenta en un momento particular: las percepciones presentes, memorias, pensamientos, fantasías y sentimientos. Cuando trabajamos muy centrados en estos apartados es lo que Freud llamó **preconsciente**, algo que hoy llamaríamos "memoria disponible": se refiere a todo aquello que somos capaces de recordar; aquellos recuerdos que no están disponibles en el momento, pero que somos capaces de traer a la cosnciencia. Actualmente, nadie tiene problemas con estas dos capas de la mente, aunque Freud sugirió que las mismas constituían sólo pequeñas partes de la misma.

La parte más grande estaba formada por el **inconsciente** e incluía todas aquellas cosas que no son accesibles a nuestra consciencia, incluyendo muchas que se habían originado allí, tales como nuestros impulsos o instintos, así como otras que no podíamos tolerar en nuestra mente consciente: las emociones asociadas a los traumas. De acuerdo con Freud, el inconsciente es la fuente de nuestras motivaciones, ya sean simples deseos de comida o sexo, compulsiones neuróticas o los motivos de un artista o científico. Además, tenemos una tendencia a negar o resistir estas motivaciones de su percepción consciente, de manera que sólo son observables de forma disfrazada.

3.1.2. Pulsiones de Vida y Pulsión de Muerte

Freud consideró que todo el comportamiento humano estaba motivado por las pulsiones, las cuales no son más que las representaciones neurológicas de las necesidades físicas. Al principio se refirió a ellas como **pulsiones de vida**. Estas pulsiones perpetúan (a) la vida del sujeto, motivándole a buscar comida y agua, y (b) la vida de la especie, motivándole a buscar sexo. La energía motivacional de estas pulsiones de vida, el "oomph" que impulsa nuestro psiquismo, les llamó **libido**, a partir del latín "yo deseo".

La experiencia clínica de Freud le llevó a considerar el sexo como una necesidad mucho más importante que otras en la dinámica de la psiquis. Somos, después de todo, criaturas sociales y el sexo es la mayor de las necesidades sociales. Pero, aunque debemos recordar que cuando Freud hablaba de sexo, hablaba de mucho más que solo el coito, la libido se ha considerado como la pulsión sexual.

Más tarde en su vida, Freud empezó a creer que las pulsiones de vida no explicaban toda la historia. La libido es una cosa viviente; el principio de placer que nos mantiene en constante movimiento. Y la finalidad de todo este movimiento es lograr la quietud, estar satisfecho, estar en paz, no tener más necesidades. Se podría decir que la meta de la vida, bajo este supuesto, es la muerte. Freud empezó a considerar que "debajo" o "a un lado" de las pulsiones de vida había una **pulsión de muerte**. Empezó a defender la idea de que cada persona tiene una necesidad inconsciente de morir.

Parece una idea extraña en principio, y desde luego fue rechazada por muchos de sus estudiantes, pero creemos que tiene cierta base en la experiencia: la vida puede ser un proceso bastante doloroso y agotador. Para la gran mayoría de las personas existe más dolor que placer, algo, por cierto, que nos cuesta trabajo admitir. La muerte promete la liberación del conflicto.

Freud se refirió a esto como el **principio de Nirvana**. Nirvana es una idea budista usualmente traducida como "Cielo", aunque su significado literal es "soplido que agota", como cuando la llama de una vela se apaga suavemente por un soplido. Se refiere a la no-existencia, a la nada, al vacío; lo que constituye la meta de toda vida en la filosofía budista.

La evidencia cotidiana de la pulsión de muerte y su principio de nirvana está en nuestro deseo de paz, de escapar a la estimulación, en nuestra atracción por el alcohol y los narcóticos, en nuestra propensión a actividades de aislamiento, como cuando nos perdemos en un libro o una película y en nuestra apetencia por el descanso y el sueño. En ocasiones esta pulsión se representa de forma más directa como el suicidio y los deseos de suicidio. Y en otros momentos, tal y como Freud decía, en la agresión, crueldad, asesinato y destructividad.

4. ALTERACIONES DE LA PERSONALIDAD

4.1. Ansiedad

Una vez, Freud dijo: "la vida no es fácil".

El Yo está justo en el centro de grandes fuerzas; la realidad, la sociedad, está representada por el Superyo; la biología está representada por el Ello. Cuando estas dos instancias establecen un conflicto sobre el pobre Yo, es comprensible que uno se sienta amenazado, abrumado y en una situación que parece que se le va a caer el cielo encima. Este sentimiento es llamado ansiedad y se considera como una señal del Yo que traduce sobrevivencia y cuando concierne a todo el cuerpo se considera como una señal de que el mismo está en peligro.

Freud habló de tres tipos de ansiedades: la primera es la **ansiedad de realidad**, la cual puede llamarse en términos coloquiales como miedo. De hecho, Freud habló específicamente de la palabra miedo, pero sus traductores consideraron la palabra como muy mundana. Podríamos entonces decir que si uno está en un pozo lleno de serpientes venenosas, uno experimentará una ansiedad de realidad.

La segunda es la **ansiedad moral** y se refiere a lo que sentimos cuando el peligro no proviene del mundo externo, sino del mundo social interiorizado del Superyo. Es otra terminología para hablar de la culpa, vergüenza y el miedo al castigo.

La última es la **ansiedad neurótica**. Esta consiste en el miedo a sentirse abrumado por los impulsos del Ello. Si en alguna ocasión usted ha sentido como si fuese a perder el control, su raciocinio o incluso su mente, está experimentando este tipo de ansiedad. "Neurótico" es la traducción literal del latín que significa nervioso, por tanto podríamos llamar a este tipo de ansiedad, ansiedad nerviosa. Es este el tipo de ansiedad que más interesó a Freud y nosotros le llamamos simple y llanamente ansiedad.

4.2. Los Mecanismos de Defensa

El Yo lidia con las exigencias de la realidad, del Ello y del Superyo de la mejor manera que puede. Pero cuando la ansiedad llega ser abrumadora, el Yo debe defenderse a sí mismo. Esto lo hace bloqueando inconscientemente los impulsos o

257

distorsionándoles, logrando que sean más aceptables y menos amenazantes. Estas técnicas se han llamado mecanismos defensivos y tanto Freud como su hija Anna, así como otros seguidores han señalado unos cuantos.

4.3. La **Negación** se refiere al bloqueo de los eventos externos a la consciencia. Si una situación es demasiado intensa para poder manejarla, simplemente nos negamos a experimentarla. Como podrían suponer, esta defensa es primitiva y peligrosa (nadie puede desatender la realidad durante mucho tiempo). Este mecanismo usualmente opera junto a otras defensas, aunque puede funcionar en exclusiva.

4.4. La **Represión**, defensa que Anna Freud llamó también "olvido motivado" es simplemente la imposibilidad de recordar una situación, persona o evento estresante. Esta defensa también es peligrosa y casi siempre va acompañada de otras más.

Anna Freud habla de casos concretos: una chica joven, acosada de fuertes deseos sexuales, tiende a olvidar el nombre de su novio, aun cuando le está presentando a sus amistades. O un alcohólico que no puede recordar su intento de suicidio, argumentando que debió "haberse bloqueado". O alguien que casi se ahoga de pequeño, pero es incapaz de recordar el evento aunque los demás intenten recordárselo…pero presenta un miedo terrible a los lagos y mares.

Nótese que para que haya un verdadero ejemplo de defensa, debe funcionar de forma inconsciente y a menudo adquirir un carácter compulsivo y actuar, al menos parcialmente, inconscientemente. Comúnmente, eso que llamamos miedos irracionales o fobias derivan de la represión de traumas.

4.5. Ascetismo es la renuncia de las necesidades. Se trata de una de las defensas que menos hemos oído hablar, pero se ha puesto nuevamente de moda con la emergencia del trastorno llamado anorexia. Los pre-adolescentes, cuando se sienten amenazados por sus emergentes deseos sexuales, pueden protegerse a sí mismos inconscientemente a través de negar no sólo sus deseos sexuales, sino también todos sus deseos. Así, se embarcan en una vida como si fueran monjes, con una tendencia ascética donde renuncian a cualquier interés.

En los chicos de hoy hay un interés marcado en la autodisciplina de las artes marciales. Afortunadamente, las artes marciales no sólo no hacen daño, sino que incluso pueden ayudarles. Por el contrario, las chicas de nuestra sociedad desarrollan con mucha frecuencia un interés importante por alcanzar estándares artificiales de belleza basados en la delgadez. Considerando la teoría freudiana, la negación de estas chicas a comer es una tapadera de su negación a su desarrollo sexual. Y desde luego que la sociedad aumenta la presión. Lo que para otras sociedades representa una mujer madura es para nosotros una mujer con 20 libras de más. Mientras una chica permanezca delgada, evidentemente anoréxica, nadie la considerará una mujer madura –mayor-, sino una adolescente.

4.6. Aislamiento (también llamado intelectualización) consiste en separar la emoción (o el afecto) de un recuerdo doloroso o de un impulso amenazante. La persona puede reconocer, de forma muy sutil, que ha sido abusada de pequeña, o puede demostrar una curiosidad intelectual sobre su orientación sexual recién descubierta. Algo que debe considerarse como importante, sencillamente se trata como si no lo fuera.

En situaciones de emergencia, hay algunas personas que se sienten completamente calmados e íntegros hasta que se haya pasado la situación difícil, y es entonces cuando se vienen abajo. Algo te dice que te mantengas entero mientras dure la emergencia. Es bastante común que nos encontremos con personas totalmente inmersas en obligaciones sociales alrededor de la muerte de un ser querido.

4.7. El **Desplazamiento** es la "redirección" de un impulso hacia otro blanco que lo sustituya. Si el impulso o el deseo es aceptado por ti, pero la persona al que va dirigido es amenazante, lo desvías hacia otra persona u objeto simbólico. Por ejemplo, alguien que odia a su madre puede reprimir ese odio, pero lo desvía hacia, digamos, las mujeres en general. Alguien que no haya tenido la oportunidad de amar a un ser humano puede desviar su amor hacia un gato o un perro. Una persona que se siente incómodo con sus deseos sexuales hacia alguien, puede derivar este deseo a un fetiche. Un hombre frustrado por sus superiores puede llegar a casa y empezar a pegar al perro o a sus hijos o establecer discusiones acaloradas.

4.8. Agresión contra el propio self (Utilizaremos aquí el propio término en inglés para referirnos al "sí mismo, ya que en la psicología en español se usa con mayor frecuencia el vocablo en inglés "self").

Es una forma muy especial de desplazamiento y se establece cuando la persona se vuelve su propio blanco sustitutivo. Usualmente se usa cuando nos referimos a la rabia, irritabilidad y la agresión, más que a impulsos más positivos. Constituye la explicación freudiana para muchos de nuestros sentimientos de inferioridad, culpa y depresión. La idea de que la depresión es muchas veces el producto de la rabia contra un objeto (persona) que no queremos reconocer, es ampliamente aceptada por freudianos y otros de diversas corrientes.

4.9. Proyección o desplazamiento hacia fuera, es casi completamente lo contrario de la agresión contra el propio self. Comprende la tendencia a ver en los demás aquellos deseos inaceptables para nosotros. En otras palabras; los deseos permanecen en nosotros, pero no son nuestros. Confieso que cuando oigo a alguien hablar sin parar sobre cómo está de agresiva nuestra sociedad o cómo está aquella persona de pervertida, no puedo dejar de preguntarme si esta persona no tiene una buena acumulación de impulsos agresivos o sexuales que no quiere ver en ella misma.

4.10. La **Rendición altruista** es una forma de proyección que parece a primera vista como lo opuesto: aquí, la persona intenta llenar sus propias necesidades de forma vicaria a través de otras gentes.

Un ejemplo extremo sería el de la persona que vive completamente su vida para y a través de los demás. (La rendición altruista también es común en los grupos ideológicos dogmáticos, incluyendo grupos de "ciencia", así como de personas que se someten a una religión por completo o a una vida dedicada únicamente a servir a los demás).

4.11. La **Formación reactiva**, o "creencia en lo opuesto", es el cambio de un impulso inaceptable por su contrario. Así, un niño,.enfadado con su madre, puede volverse un niño muy preocupado por ella y demostrarle mucho cariño. El niño que sufre abusos por parte de un progenitor, se vuelve hacia él corriendo. O alguien que no acepta un impulso homosexual, puede repudiar a los homosexuales.

Quizá el ejemplo más significativo de formación reactiva lo encontramos en niños entre 7 y 11 años. La mayoría de los chicos, sin dudarlo, hablarán mal de las chicas o incluso no querrán saber nada del tema. Las niñas harán lo mismo con respecto a ellos. Pero, si nosotros, los adultos, les vemos jugar, podemos decir con toda seguridad cuáles son sus verdaderos sentimientos.

4.12. La **Anulación Retroactiva** comprende rituales o gestos tendientes a cancelar aquellos pensamientos o sentimientos que no nos causan placer después de que han ocurrido.

En personas "normales" la anulación retroactiva es consciente, pidiendo formalmente excusas o estableciendo actos de expiación. Pero, en algunas personas, los actos de expiación no son conscientes en absoluto. Fíjese, por ejemplo, en un padre alcohólico que después de un año de sufrimientos familiares, regala los mejores juguetes a sus hijos en Navidad. Cuando pasa la época navideña y percibe que sus hijos no se han dejado engañar por los regalos, se vuelve al bar de siempre y le

262

comenta al camarero lo desagradecida que es su familia, lo que le lleva a beber.

Uno de los ejemplos clásicos de esta defensa es el lavarse después de una relación sexual. Sabemos que es perfectamente común lavarse después de esto, pero si usted tiene que ducharse durante tiempo y frotarse concienzudamente con un jabón fuerte, quizá el sexo no le va mucho.

4.13. La **Introyección**, muchas veces llamada identificación, comprende la adquisición o atribución de características de otra persona como si fueran de uno, puesto que hacerlo, resuelve algunas dificultades emocionales. Por ejemplo, si se le deja solo a un niño con mucha frecuencia, él intenta convertirse en "papá" para disminuir sus temores. En ocasiones les vemos jugando con sus muñecos diciéndoles que no deben tener miedo. También podemos observar cómo los chicos mayores y adolescentes adoran a sus ídolos musicales, pretendiendo ser como ellos para lograr establecer una identidad.

Un ejemplo más inusual es el de una mujer que vive al lado de mis abuelos. Su esposo había muerto y ella comenzó a vestir en sus ropas, aunque adaptada a su figura. Empezó a presentar varios de sus hábitos, como fumar en pipa. Aunque para los vecinos, todo esto era extraño y le llamaban el "hombre-mujer", ella no presentaba confusión alguna con respecto a su identidad sexual. De hecho, más tarde se casó, manteniendo hasta el final sus trajes de hombre y su pipa.

4.14. Identificación con el Agresor es una versión de la identificación que se centra en la adopción no de rasgos

263

generales o positivos del objeto, sino de negativos. Si uno está asustado con respecto a alguien, me convierto parcialmente en él para eliminar el miedo. Un ejemplo más dramático es aquel llamado Síndrome de Estocolmo. Después de una crisis de rehenes en Estocolmo, los psicólogos se sorprendieron al ver que las rehenes no sólo no estaban terriblemente enojadas con sus captores, sino incluso sumamente simpáticas hacia ellos. Un caso más reciente es el de una mujer joven llamada Patricia Hearst, proveniente de una familia muy influyente y rica. Fue secuestrada por un pequeño grupo revolucionarios autoproclamados conocidos como el Ejército de Liberación Simbiótico. La retuvieron armarios, la violaron y maltrataron. A pesar de esto, decidió unirse a ellos, haciendo pequeños videos de propaganda para éstos e incluso portando un arma de fuego en un atraco cometido a un banco. Posteriormente a su detención, sus abogados defendieron con fuerza su inocencia, proclamándole como víctima, no como una criminal. No obstante, fue sentenciada a 7 años de prisión por el robo al banco. Su sentencia fue conmutada al cabo de dos años por el presidente Carter.

4.15. La **Regresión** constituye una vuelta atrás en el tiempo psicológico cuando uno se enfrenta a un estrés. Cuando estamos en problemas o estamos atemorizados, nuestros comportamientos se tornan más infantiles o primitivos. Un niño, por ejemplo, puede empezar a chuparse el dedo nuevamente o a hacerse pis si necesita pasarse un tiempo en el hospital. Un adolescente puede empezar a reírse descontroladamente en una situación de encuentro social con el sexo opuesto. Un estudiante preuniversitario debe traerse consigo un muñeco de peluche de casa a un examen. Un grupo de personas civilizadas se pueden volver violentas en un momento de amenaza. O un señor mayor que después de 20 años en una empresa es despedido y a partir de ese momento se vuelve perezoso y dependiente de su esposa de una manera infantil.

¿A dónde nos retiramos cuando nos enfrentamos al estrés? De acuerdo con la teoría freudiana, a un tiempo de la vida donde nos sentimos seguros y a salvo.

4.16. El mecanismo de **Racionalización** es la distorsión cognitiva de los "hechos" para hacerlos menos amenazantes. Utilizamos esta defensa muy frecuentemente cuando de manera consciente explicamos nuestros actos con demasiadas excusas. Pero, para muchas personas con un Yo sensible, utilizan tan fácilmente las excusas, que nunca se dan cuenta de ellas. En otras palabras, muchos de nosotros estamos bastante bien preparados para creernos nuestras mentiras.

Una buena forma de entender las defensas es verlas como una combinación de negación o represión con varias clases de racionalizaciones.

Todas las defensas son, de hecho, mentiras, incluso si no somos conscientes de ellas. Es más, si no nos damos cuenta de ellas, son aún más peligrosas, si cabe. Las mentiras traen más mentiras y nos lleva cada vez más lejos de la verdad, de la realidad. Después de un tiempo, el Yo no puede preservarnos de las demandas del Ello o empieza a hacerle caso al Superyo. Empieza a surgir fuertemente la ansiedad y nos venimos abajo.

Pero aún así, Freud consideró que las defensas eran necesarias. No podemos esperar que una persona, especialmente un niño, pueda con todo el dolor y las penas que la vida le depara. Aunque algunos de sus seguidores sugirieron que todas las defensas podían utilizarse con fines positivos, Freud dijo que solo había una, la sublimación.

4.16. La **Sublimación** es la transformación de un impulso inaceptable, ya sea sexo, rabia, miedo o cualquier otro, en una forma socialmente aceptable, incluso productiva. Por esta razón, alguien con impulsos hostiles puede desarrollar actividades como cazar, ser carnicero, jugador de rugby o fútbol o convertirse en mercenario. Una persona que sufre de gran ansiedad en un mundo confuso puede volverse un organizado, o una persona de negocios o un científico. Alguien con impulsos sexuales poderosos puede llegar a ser fotógrafo, artista, un novelista y demás. Para Freud, de hecho, toda actividad creativa positiva era una sublimación, sobre todo de la pulsión sexual.

5. LOS ESTADIOS

Como mencioné antes, para Freud la pulsión sexual es la fuerza emocional más importante. Creía que esta fuerza no era solo la más prevalente para los adultos, sino también en los niños, e incluso en los infantes. Cuando Freud presentó sus ideas sobre sexualidad infantil por primera vez, el público vienés al que se dirigió no estaba preparado para hablar de sexo en los adultos, y desde luego menos aún en los niños.

Es cierto que la capacidad orgásmica está presente desde el nacimiento, pero Freud no solo hablaba de orgasmo. La sexualidad no comprende en exclusiva al coito, sino todas aquellas sensaciones placenteras de la piel. Está claro que hasta el más mojigato de nosotros, incluyendo bebés, niños y adultos, disfrutamos de as experiencias táctiles como los besos, caricias y demás.

Freud observó que en distintas etapas de nuestra vida, había diferentes partes de la piel que nos daban mayor placer. Más tarde, los teóricos llamarían a estas áreas zonas erógenas. Vio que los infantes obtenían un gran placer a través de chupar, especialmente del pecho. De hecho, los bebés presentan una gran tendencia a llevarse a la boca todo lo que tienen a su alrededor. Un poco más tarde en la vida, el niño concentra su atención al placer anal de retener y expulsar, y alrededor de los tres o cuatro años, el niño descubre el placer de tocarse sus genitales. Y solo más tarde, en nuestra madurez sexual, experimentamos un gran placer en nuestras relaciones sexuales. Basándose en estas observaciones, Freud postuló su teoría de los estadios psicosexuales, a saber:

- **La etapa oral** se establece desde el nacimiento hasta alrededor de los 18 meses. El foco del placer es, por supuesto, la boca. Las actividades favoritas del infante son chupar y morder.

- **La etapa anal** se encuentra entre los 18 meses hasta los tres o cuatro años de edad. El foco del placer es el ano. El goce surge de retener y expulsar.

- **La etapa fálica** va desde los tres o cuatro años hasta los cinco, seis o siete. El foco del placer se centra en los genitales. La masturbación a estas edades es bastante común.

- **La etapa de latencia** dura desde los cinco, seis o siete años de edad hasta la pubertad, más o menos a los 12 años. Durante este período, Freud supuso que la pulsión sexual se suprimía al servicio del aprendizaje. Debo señalar aquí, que aunque la mayoría de los niños de estas edades están bastante ocupados con sus tareas escolares, y por tanto "sexualmente calmados", cerca de un cuarto de ellos están muy metidos en la masturbación y en jugar "a los médicos". En los tiempos represivos de la sociedad de Freud, los niños eran más tranquilos en este período del desarrollo, desde luego, que los actuales.

• **La etapa genital** empieza en la pubertad y representa el resurgimiento de la pulsión sexual en la adolescencia, dirigida más específicamente hacia las relaciones sexuales. Freud establecía que tanto la masturbación, el sexo oral, la homosexualidad como muchas otras manifestaciones del comportamiento eran inmaduras, cuestiones que actualmente no lo son para nosotros.

Estas etapas constituyen una verdadera teoría de períodos que la mayoría de los freudianos siguen al pie de la letra, tanto en su contenido como en las edades que comprenden.

6. CARÁCTER

Las experiencias que uno va acumulando a lo largo de la vida contribuyen a forjar su personalidad o carácter como adulto. Freud creía que las experiencias traumáticas tenían un efecto especialmente fuerte en esta etapa. Indudablemente, cada trauma en particular podría tener su impacto específico en una persona, lo cual solo podía explorarse y comprenderse sobre una base individual. Pero, aquellos traumas asociados con los estadios de desarrollo por los que todos pasamos, tendrían mayor consistencia.

Si una persona presenta algún tipo de dificultad en cualquiera de las tareas asociadas con estas etapas (el destete, el control de esfínteres o en la búsqueda de la identidad sexual) tenderá a retener ciertos hábitos infantiles o primitivos. A esto se le llama **fijación**.

La fijación provoca que cada problema de una etapa específica se prolongue considerablemente en nuestro carácter o personalidad.

Si, teniendo 18 meses de edad, se encontraba constantemente frustrado en su necesidad de chupar, ya sea porque su madre estaba incómoda o incluso pensaba que dar el pecho le perjudicaría su estética, de mayor usted puede desarrollar un carácter **oral-pasivo**. Una personalidad de este tipo tiende a depender mucho de los demás. Usualmente buscan "gratificaciones orales" tales como comer, beber y fumar. Es como si estuviesen buscando los placeres que se perdieron en la infancia.

Cuando tenemos entre 5 y 8 meses de edad, empezamos la dentición. Una acción que nos satisface mucho en este período es morder todo lo que esté a nuestro alcance, pero si sus padres no le proporcionan objetos mordedores, o incluso si le quitan los que alguien le da, esta acción es causante de displacer y se puede desarrollar entonces una personalidad **oral-agresiva**. Esta personas retienen de por vida un deseo de morder cosas, como lápices, chicles, así como personas. Tienden a ser verbalmente agresivos, sarcásticos, irónicos y demás.

Algunos padres se someten a merced del niño en el entrenamiento del control de esfínteres. Le piden casi de rodillas que lo hagan en el váter, se alegran considerablemente cuando lo hacen bien y se rompe su corazón cuando no lo hacen correctamente. El niño, mientras, es el rey de la casa, y él lo sabe. Este niño, con esos padres, desarrollará una personalidad **anal-expulsiva** (también anal-agresiva). Estas personas tienden a ser sensibleros, desorganizados y generosos ante una falta. Pueden ser crueles, destructivos y muy dados al vandalismo y los graffiti.

Otros padres son estrictos. Pueden estar compitiendo con los demás familiares o amigos a ver cuál de los niños controla primero los esfínteres, pues muchas personas creen que si un niño lo hace muy pronto en su evolución, es un signo de gran inteligencia. Y eso mismo sirve para andar y hablar, estableciéndose una pugna aparentemente sin importancia entre los padres, más que entre los propios niños. De este modo los niños pueden llegar a sufrir humillación y castigos si no colman las expectativas de sus padres. Con el tiempo, este niño puede perfectamente sufrir de estreñimiento, tratando de controlarse constantemente y desarrollará de mayor una personalidad **anal-retentiva**. Será especialmente pulcro, perfeccionista y dictatorial.

Existen también dos personalidades **fálicas**, aunque a ninguna de ellas se le ha dado nombre. Si el niño, por ejemplo, es rechazado en demasía por su madre y además amenazado por su padre excesivamente varonil, tendrá posiblemente una sensación muy pobre de autovalía en cuanto a su sexualidad. En este caso, intentaría lidiar con esto o bien declinando cualquier actividad heterosexual; convirtiéndose en un ratón de biblioteca o llegando a ser el macho de todas las mujeres. En el caso de una niña rechazada por su padre y amenazada por una madre excesivamente femenina, también producirá una autoestima muy baja en el área de la sexualidad. Así, podría llegar a ser un jarrón de flores de adorno y una belleza exageradamente femenina.

En otra situación, si un niño no es rechazado por su madre y más bien es sobreprotegido en sus debilidades por ella mucho más que su padre pasivo, podría desarrollar una opinión de sí mismo bastante grande (lo cual le remitirá mucho sufrimiento al enfrentarse al mundo real y darse cuenta de que los demás no le quieren como su madre lo hizo) y parecer afeminado. Después de todo, no existe ninguna razón por la que tenga que identificarse con su padre. De la misma manera, si una niña es la princesita de papá y su mejor colega y mamá ha sido relegada a una posición casi de sirvienta, la chica será muy superficial y egocéntrica, o por el contrario muy masculina.

EXAMEN TEMA 6

1.   ¿Qué es una teoría?
a)   Algo que no está probado
b)   Algo que nos ayuda a comprender y predecir
c)   Una hipótesis

2.   ¿Es importante comprender una teoría?
a)   Lo importante es que funcione
b)   Es imprescindible
c)   Una teoría suele ser incomprensible

3.   La personalidad es...
a)   Lo que diferencia una persona de otra
b)   Nuestro carácter
c)   La seguridad en nosotros mismos

4.   ¿La sexualidad es tan importante como Freud dijo?
a)   Es el impulso más fuerte que tenemos
b)   Es algo esencial para ser felices
c)   Actualmente la gente no se mortifica por ello

5.   La Humanidad está preocupada esencialmente...
a)   Por sobrevivir
b)   La muerte
c)   El sexo

6.   El egocentrismo es...
a)   Pensar en uno mismo exclusivamente

b)   Despreciar al prójimo
c)   La exaltación de la propia personalidad

7.   El neologismo es…
a)   Un modo de expresión nuevo
b)   Una nueva tendencia social
c)   Una forma de hablar

8.   La evidencia es…
a)   Una situación ridícula
b)   Aportar pruebas en contra o a favor
c)   Definir una situación

9.   Un supuesto filosófico es…
a)   Una conjetura
b)   Un razonamiento
c)   Algo que no se puede demostrar

10.   Libre albedrío es…
a)   La potestad para pensar y obrar en libertad
b)   La potestad para salirse de las normas
c)   El derecho a pensar diferente

11. Determinismo es…
a) Lo que está ya escrito
b) Doctrina que indica que todo está condicionado
c) Una actitud de nuestro carácter

12. ¿Influyen más nuestras necesidades físicas o emotivas?

a)   Ambas son decisivas
b)   La mente está por encima de la materia
c)   El cuerpo es quien controla todo

13. ¿Naturaleza y experiencia van de la mano?

a)   La experiencia puede dominar a los impulsos naturales
b)   La naturaleza domina a la experiencia
c)   Ambas son complementarias

14. ¿Con la vejez nos volvemos menos flexibles?

a)   Nos volvemos más tolerantes
b)   Es casi una necesidad para sobrevivir
c)   Eso depende de nuestra personalidad

15. La enfermedad mental es...

a)   Una forma distinta de percibir la realidad
b)   Una alteración del cerebro
c)   Una locura transitoria

16. Pesimista es...

a)   Una persona que piensa que el mundo es irremediablemente malo
b)   Una persona que no tiene confianza en sí misma
c)   Una persona que no tiene confianza en el futuro

17. Conductista es...

a) Quien analiza la conducta de la sociedad
b) Quien estudia el liderazgo
c) La persona que estudia el comportamiento objetivo

18. El Humanismo es...

a) Dar un sentido racional a la vida
b) Estudiar las religiones
c) Dar pautas de buen comportamiento

19. La negación ocurre cuando...
a) No queremos ceder
b) Tenemos miedo al cambio
c) Nos negamos a experimentar una situación intensa
20. Ascetismo es...
a) Renunciar a las necesidades
b) Recluirse en soledad
c) No aceptar la necesidad de lucha

RESPUESTAS EXAMEN TEMA 6

1.   b
2.   a
3.   a
4.   c
5.   a y b
6.   c
7.   a
8.   b
9.   c
10.   a
11.   b
12.   a
13.   c
14.   c
15.   a
16.   a
17.   c
18.   a
19.   c
20.   a

Tema 7

LA MENTE, MORFOLOGÍA Y PSIQUISMO, EL LÍDER

ÍNDICE

1. UNIÓN CUERPO-MENTE

El cerebro de los vertebrados es una parte del sistema nervioso central y se encuentra situado dentro del cráneo. Suele pesar 1,3 kg en los adultos y esta masa de tejido gris-rosáceo está compuesta por unos 10 billones de neuronas, conectadas unas con otras y responsables del control de todas las funciones mentales. No hay, por tanto, ninguna máquina inventada por el hombre que sea capaz de realizar tantas y tan complejas funciones en tan poco espacio de tiempo.

Además de las células nerviosas, el cerebro contiene, entre otros, vasos sanguíneos y órganos secretores, disponiendo de una capacidad hasta ahora desconocida para regenerarse. En el cerebro se controlan los movimientos y el sueño, además de existir un mecanismo autónomo que nos controla el hambre y la sed, sistema que es deficiente en los niños y los ancianos. En estos casos y en aquellos en los cuales hay patologías del comportamiento o las costumbres, el reflejo de la supervivencia pueda estar deteriorado aún cuando existan necesidades urgentes por cubrir, como es en el caso de la anorexia nerviosa o la inmolación voluntaria. Por eso las emociones humanas como el amor, el odio, el miedo, la ira, la alegría y la tristeza, que deberían estar controladas por el cerebro al menos para que no comprometan la vida, pueden quedar bloqueadas y degenerar una enfermedad.

Existen, afortunadamente, ciertos mecanismos reflejos, totalmente autónomos, que funcionan casi siempre a la perfección, como por ejemplo:

1. Caerse al suelo desmayados cuando hay una bajada brusca de la tensión arterial que impide el adecuado suministro de oxígeno. El cerebro bloquea todo el sistema

muscular para que la persona caiga y la sangre llegue con mayor facilidad a todos los rincones. Por eso nunca es conveniente levantar a una persona desmayada por una lipotimia.

2.   Si alguien trata de golpearnos en los genitales o en la cabeza, existe igualmente un mecanismo de defensa reflejo que nos hace protegernos con las manos. Este mecanismo puede ser utilizado por las artes marciales y potenciarse de manera mucho más eficaz, pues la repetición de un movimiento cientos de veces origina una nueva memoria refleja.

3.   Tratar de agarrarnos a algo sólido cuando presentimos que nos caemos, tal y como se comprueba en los recién nacidos, es otro de los sistemas autónomos de supervivencia. En el mismo sentido funciona el reflejo prensil, tan eficaz en los niños pequeños y tan sólido.

4.   El reflejo natural de la lactancia, así como ponernos instantáneamente la mano en la zona dolorida cuando hemos sido golpeados, lo mismo que retirar bruscamente el cuerpo cuando notamos dolor por una quemadura, son otros de los muchos sistemas reflejos que nos garantizan la supervivencia.

2. ANATOMÍA

El cerebro está dividido en tres partes distintas pero conectadas: la corteza cerebral, el cerebelo y el tronco cerebral, en este último englobadas todas las estructuras contenidas entre el cerebro y la médula espinal. Una pieza tan vital debía estar protegida por un elemento sumamente sólido, misión que cumple adecuadamente el cráneo, situado en posición anterior respecto a la columna vertebral. Allí está encerrado y protegido el cerebro, cubierto por tres membranas denominadas meninges, proporcionando además un lugar de fijación a los músculos de la cara y de la boca. Pero no solamente el cráneo es quien protege al cerebro de las agresiones, pues internamente existen mecanismos que bloquean la llegada de elementos que le pudieran dañar. La mayoría de las sustancias que circulan en sangre no llegan al cerebro gracias a numerosos y pequeños filtros que impiden la excesiva permeabilidad de los tejidos de acceso. Esta barrera hematoencefálica es sumamente eficaz contra la mayoría de los medicamentos y aminoácidos, aunque es muy sensible al amoníaco, alcohol y ciertas drogas.

Su parte externa, la duramadre, es dura, fibrosa y brillante, adherida a los huesos del cráneo, con prolongaciones que mantienen en su lugar a las distintas partes del encéfalo, albergando los senos venosos.

La corteza cerebral está dividida por una fisura longitudinal que ocasiona los hemisferios cerebrales, ocupando la mayor parte del cerebro humano y que supone casi el 85% del peso cerebral. Esta gran proporción con respecto a otras especies pudiera explicar el nivel superior de inteligencia del hombre, transmitiéndose la información de un hemisferio a otro mediante el cuerpo calloso.

El líquido cefalorraquídeo circula en el interior de los ventrículos y rodea también a la médula espinal, cumpliendo la función de proteger la parte interna del cerebro de los cambios bruscos de presión y para transportar sustancias químicas.

La sustancia gris es una capa superficial de cada hemisferio denominada corteza cerebral, de unos 2 o 3 mm de espesor, que está compuesta por capas de células carentes de vaina de mielina, que cubren la sustancia blanca.

El cerebelo, que se encuentra en la parte posterior del cráneo, está igualmente compuesto de sustancia gris con células sin mielina en la parte exterior y de sustancia blanca con células de mielina en el interior. Consta de dos hemisferios conectados por fibras blancas, tres de ellas denominadas pedúnculos cerebelosos que sirven para conectar el cerebelo con otras partes del cerebro. El cerebelo, a su vez, está unido con el mesencéfalo, con el bulbo raquídeo y con la médula.

La función del cerebelo es esencial para coordinar los movimientos del cuerpo, actuando reflejamente en la coordinación y el mantenimiento del equilibrio, así como en el tono muscular voluntario, la postura y el equilibrio. Es esta la parte de nuestro cerebro que más trabajamos para mejorar nuestras capacidades motoras y musculares.

En el tálamo se reciben las señales sensoriales y las señales motoras de salida que pasan hacia y desde la corteza cerebral, salvo las olfativas. Igualmente importante es la función del hipotálamo, pues regula o influye de forma directa en el control de muchas de las actividades vitales del organismo, entre ellas la de comer, beber, regular la temperatura, dormir, el comportamiento afectivo y la actividad sexual.

La información visual y la auditiva llegan al mesencéfalo, mientras que la materia gris se localiza alrededor del canal central, lo mismo que la sustancia negra portadora de dopamina, sustancia decisiva en el control del dolor.

El bulbo raquídeo, situado entre la médula espinal y la protuberancia, es una extensión de la médula espinal y origen de importante red de células nerviosas, además de conducir los impulsos entre la médula espinal y el cerebro. Interviene en el control de las funciones cardiacas, vasoconstrictoras y respiratorias, así como en otras actividades reflejas, incluido el vómito.

Una zona cerebral que interviene decisivamente en el comportamiento es el sistema límbico, realmente formado por el tálamo, hipotálamo, hipocampo y amígdala, entre otros, todas integradas y unidas para desarrollar el comportamiento, las emociones, el control del estrés, la memoria y los recuerdos. En esta zona es donde actúa la aromaterapia, lo que explica su potente acción sobre el humor.

Su alimento es sencillo pero vital, y está basado esencialmente en el suministro continuado de glucosa y oxígeno, ambos procedentes de la sangre arterial. En situaciones de déficit general, el organismo hace una selección prioritaria y suministra las pocas reservas existentes al cerebro, privando al resto del cuerpo de estos elementos. Con ello trata de asegurar la supervivencia del organismo, del mismo modo que nos obliga a comer y a dormir cuando estas reservas bajan. El sueño es, pues, una de las defensas básicas que tiene el cerebro para regenerarse, dependiendo toda nuestra salud de que el sueño sea lo suficientemente reparador.

3. NUESTROS SENTIDOS

El área frontal de la corteza cerebral es la parte que más nos interesa cuidar, pues interviene en el conocimiento, la inteligencia y la memoria, al menos si queremos potenciar nuestras cualidades mentales. Ya sabemos que los estímulos pueden proceder de cualquiera de los cinco sentidos corporales orgánicos, además de otros que son captados por los sentidos sutiles, denominados como sexto sentido, presentimientos, perspicacia, intuición, o percepción.

Cuando la información nos llega por la vista, la imagen es captada simultáneamente por la memoria para que sea guardada, aparentemente de modo pasajero. Aunque pensemos que hay cosas o visiones que han quedado más firmemente impregnadas en nuestra retina y por tanto almacenadas de forma indeleble en nuestra memoria, lo cierto es que toda la información, por superflua que sea, queda archivada. Si la impresión ha involucrado a otros sentidos o sentimientos, la imagen será recordada en cualquier circunstancia y momento. Esta es una de las razones por las cuales algo que acabamos de ver nos recuerda algo impreciso, aunque no sepamos explicar el qué ni cuándo vimos esa imagen en el pasado.

3.1. La memoria

La memoria funciona como un proceso de almacenamiento y recuperación de la información en el cerebro, por lo que es básica en el aprendizaje y en el pensamiento, aunque no imprescindible. Sabemos que la memoria de los ancianos es muy selectiva, mostrando gran habilidad por recordar hechos diversos del pasado con gran precisión. Esto nos debería llevar a emplearlos para labores en los cuales estas habilidades fueran necesarias, como historiadores, bibliotecarios o filósofos, pues los acontecimientos actuales no bloquearán nunca en su memoria los hechos anteriores. Los niños, por el contrario, muestran una capacidad de almacenamiento muy intensa, razón por la cual pueden asimilar rápidamente cualquier materia, aunque se muestran torpes para recordar hechos superiores a un año, salvo que hayan sido muy intensos. Ello nos lleva a considerar que la capacidad de almacenamiento de datos en nuestro cerebro es ilimitada y que no se deteriora con los años, especialmente en cuanto a los conocimientos artísticos. Las materias académicas exactas, como las matemáticas o la geometría, se olvidan con mayor facilidad y existen más problemas para seguir avanzando en su aprendizaje. Sin embargo, la historia nos muestra a miles de artistas (pintores, escritores o músicos) que fueron capaces de llegar a la genialidad a edades en las cuales la mayoría de las personas están jubiladas. Por ello, cuando una persona quiera potenciar sus cualidades mentales deberá compaginar su profesión actual con una faceta artística, buscando siempre la creatividad y la innovación, verdadera fuente del poder mental.

3.2. Funciones

Los dos hemisferios de la corteza cerebral suelen funcionar en conjunto, aunque cada uno con funciones propias y reflejándose en el lado contrario. Por ejemplo, un dolor en el lado derecho se reflejará en la zona izquierda y viceversa, peculiaridad que también se observa en la iridiología. Este hecho comprende también los movimientos corporales, pues también se reflejan en el lado contrario al que se han generado, existiendo una mayor actividad en el lado izquierdo de la corteza. Por ello, cuando existe alguna lesión en esta zona las facultades motrices quedan mucho más afectadas que si se dan en la derecha, lugar con menor preponderancia en las funciones corporales.

Las células nerviosas, las neuronas, poseen un neurotransmisor diferente que las relacionan con otras células y por eso encontramos serotonina, noradrenalina y acetilcolina, manteniéndose así la temperatura corporal, el metabolismo y el sueño reparador. Posiblemente las enfermedades psíquicas tengan alguna relación con estas sustancias vitales y sobre ellas es donde actúan numerosos medicamentos para el comportamiento humano.

3.3. Inteligencia vs. memoria

Y para dejar de especular con la mayor o menor inteligencia de cada sexo o el tamaño de su cerebro como determinante, es interesante destacar que el tamaño del cerebro no determina el grado de inteligencia de una persona. Aunque los animales poseen un tamaño cerebral inferior al de los humanos en relación con su peso corporal, ello no indica que a mayor tamaño más inteligencia.

Por inteligencia se entiende, erróneamente, la capacidad de adquirir cultura o memorizar los conocimientos de otra persona mediante los libros, la palabra o el ejemplo. Por eso tendemos a considerar más inteligente a un médico que a un albañil, aún cuando ambos sean totalmente hábiles en sus respectivos trabajos. Asociamos los años de estudio y la importancia laboral de su trabajo con su inteligencia, cuando la única diferencia entre ambos, intelectualmente hablando, es el resultado final de su aprendizaje. Pero los defensores del clasismo alegan que el trabajo de un médico es mucho más complejo que el de un albañil, más delicado, olvidando que si el albañil efectúa mal su trabajo el edificio se caerá causando muchas muertes, lo mismo que si el médico se equivoca reiteradamente en sus tratamientos. Ambos, con los años perfeccionan su trabajo, bien sea mediante la práctica y nuevos aprendizajes, y se les puede considerar expertos en su profesión con el paso del tiempo.

Aunque la inteligencia se defina como la capacidad de aprender o de comprender, de entender, lo que realmente importa es que los resultados de ese aprendizaje sean óptimos, no el modo como se han adquirido. También se demuestra inteligencia cuando se resuelven rápidamente y eficazmente situaciones complicadas imprevistas que ponen a prueba los conocimientos adquiridos.

Y llegado a este punto, ahí va la pregunta: ¿Cómo se puede medir la inteligencia de un pintor o de un músico? ¿Por el aplauso del público? ¿Por su éxito y reconocimiento? Obviamente no, puesto que en las materias artísticas no existe una regla de obligado cumplimiento, ni un manual del perfecto artista. Para los psicólogos la inteligencia no es tanto la capacidad de adquirir conocimientos o de comprenderlos, como de poder usarlos en diferentes situaciones. Esta conclusión tampoco parece acertada, pues lleva a la conclusión de que solamente los resultados prácticos determinan la inteligencia de una persona. De admitir esta definición deberíamos pensar que es el éxito de las personas lo que define su grado de inteligencia, algo que todos sabemos que no es cierto.

Durante muchos años hemos visto realizar las pruebas de selección de personal o académico mediante los denominados tests psicológicos, la mayoría de ellos basados exclusivamente en cálculos matemáticos o de memoria. En ninguno de estos tests se evalúa la iniciativa, la creatividad, la personalidad y la capacidad de adaptarse a las circunstancias adversas, características estas que definen perfectamente la inteligencia. Si usted no posee una gran memoria instantánea (tipo RAM), suspenderá cualquiera de estos tests, lo mismo que si las matemáticas o la geometría le han aburrido desde niño. Por supuesto, las habilidades artísticas y la inventiva no se evalúan en estos tests, pues no existe patrón adecuado para ello.

Los niños superdotados lo suelen ser en alguna faceta académica y en ocasiones artística, lo que indica que poseen unas habilidades naturales que les facultan para ese trabajo. Sin embargo, el propio término empleado "cociente intelectual", con unas escalas que sabe Dios quién las hizo en su momento, es un fraude que involucra al propio niño pero que hace muy felices a padres y educadores. Afirmar que un niño "superdotado" es más inteligente que el resto de sus compañeros, es tan erróneo como el ejemplo que pusimos antes entre el médico y el albañil. Es importante insistir que la habilidad en una materia no determina la inteligencia de una persona, cualidad que solamente podemos evaluar cuando analizamos la creatividad.

4. MORFOLOGÍA Y PSIQUISMO

A través del estudio de las características morfológicas pretende establecer relaciones entre tipos de temperamento y constitución somática. Se trata de asociar las características de una estructura física determinada, con características temperamentales específicas.

4.1. Cerebral activo:

Toda su energía proviene del cerebro. Todo cuanto ve, oye y hace debe analizarlo y entenderlo. No efectúa ninguna acción o movimiento hasta que no lo ha entendido correctamente. Cada opción o decisión la desmenuza en varias etapas y no pasa a la siguiente sin haber comprendido la primera. Si no encuentra una lógica en lo que hace prefiere preguntar antes que atreverse a hacer algo a lo que no encuentra sentido. El problema es que sus razonamientos están ya fijados de antemano y es difícil lograr que los cambie; está excesivamente influido por ellos, por sus experiencias y condicionantes. Cualquier cosa que vaya en contra de sus primitivas ideas será rechazada.

Pone excesivo énfasis en el aspecto material de las cosas (aunque él prefiere llamarlo "aspecto práctico") y no logra integrarse en el plano espiritual, aunque lo acepta. Su mayor interés se centra en memorizar nombres, datos y cuantas referencias existen sobre hechos similares al suyo, para sentirse arropado en su decisión. Si otros lo han hecho, alega, es porque da buen resultado. Por eso, si se equivoca en realidad no es por su culpa.

Da mucha importancia a los rangos, los títulos, los trofeos y las ceremonias. Es más un teórico que un práctico y prefiere entender las cosas mentalmente en lugar de probarlas él mismo. No está interesado en absoluto en nada que implique un intenso esfuerzo físico y cuando tiene que poner en práctica algo que entrañe peligro o dificultad física prefiere evadirse y se siente mas a gusto analizándolo como espectador.

Tanta importancia da a sus conclusiones, que la mayoría de las veces prefiere no actuar si esto conlleva el riesgo del error. El verdadero problema que se le planteará es que a fuerza de no probar muchas de sus teorías nunca sabrá la verdadera dimensión de ellas y tampoco experimentará las emociones, tanto negativas como positivas, que se derivan de su práctica. Cuando alquilen le plantea lo erróneo de su postura, negará con fuertes razonamientos todo lo que le dicen, si con ello consigue evitar tener que actuar.

Está tan perfectamente emparejado con su pensamiento que cualquier otra postura ni siquiera la tiene en cuenta. Es más, nunca ha pasado por su mente el que exista algo diferente a su opinión; sus orejeras de caballo le impiden ver el resto del mundo.

4.2. Cerebral pasivo:

A diferencia del anterior, el cual necesitaba encontrar reacciones mentales a todo lo que hacía, en el pasivo serán las reacciones físicas las que le marquen. Está pendiente de todo cuanto su cuerpo siente en cada movimiento y rechazará o admitirá lo que vea en función de su respuesta corporal.

Pero por el mismo motivo, cualquier alteración física desagradable, ya sea por su trabajo o por enfermedad, ocurrida durante sus labores o cuando está sentado descansando, la achacará al trabajo en si. Y suponiendo que el malestar sea importante o continuado, se convertirá en un enemigo del jefe, trabajo o profesor. Son esas personas a quienes les duele la cabeza a causa de, o por culpa de; que no tienen ganas de trabajar por causa de, o que si están enfermos la culpa la tiene alguien en concreto.

Con frecuencia se deja influenciar en demasía por rumores u opiniones indemostrables, aunque sepa con certeza que no son ciertas y la opinión de los demás les condiciona con frecuencia. Serán candidatos a asociaciones y grupos diversos en los cuales se habla mucho y se hace nada, en contra de todos y a favor de entidades a quienes ni siquiera tratan directamente. Son los que siempre dicen que hay que hacer algo y que ese "algo" lo tiene que hacer el gobierno, el alcalde o las instituciones.

Al no atreverse a contradecir a los demás, salvo que se encuentren arropados por sus amigos, y al tener que tragarse sus propias ideas sin ser capaces de defenderlas en solitario, su cuerpo acusa esas represiones y comienzan los dolores frecuentes y las contracturas musculares. Pero si en alguna ocasión tiene la valentía de hablar ante sus opositores, lo hace con las ideas de otro, esperando de esta manera no ser contradecido. Suelen empezar sus alegaciones con frases como, "decía Felipe II...", o "según las teorías más modernas...", para conseguir así que alguien le escuche sus comentarios, puesto que está seguro que si empieza diciendo "según mi opinión...", se quedará solo, sin nadie que le escuche.

Este tipo de persona pondrá entusiasmo solamente en aquellas facetas de la vida o del trabajo que le salgan correctamente y mucho más en aquellas por las que hayan sido objeto de halago en alguna ocasión, aunque provenga de su madre. No obstante, no todo es negativo en este tipo de persona, puesto que si logran un buen puesto en la sociedad, se convertirán en ciudadanos entusiastas.

4.3. Pulmonar activo:

Son personas de gran vitalidad y necesitarán siempre grandes estímulos para sentirse a gusto. Después de una explicación teórica estarán impacientes por ponerla en práctica, ya que su exceso de energía les impide permanecer tranquilos a menos que se pongan en movimiento.

Sus razonamientos sobre el ejercicio o el trabajo se efectúan sobre la marcha, mientras lo ejecutan. De esta manera se corrige a sí mismo según los resultados prácticos, desechando todo aquello que no tiene una utilidad real, comprobada por él mismo.

Su cuerpo se asemeja a un triángulo invertido, con el vértice hacia abajo, y en sus anchos hombros radica su energía. De porte atlético, desenvuelto y emprendedor, estará dispuesto a realizar cualquier acción si ésta es práctica para él, aun a costa de hacer daño a alguien. Son los trepas, los ejecutivos implacables y quienes suelen ir por la vida alegando que gane el mejor.

Como trabajador suele ser valiente y decidido, no conociendo a nadie a la hora de una confrontación en pos de un empleo o una venta, ya que encuentra normal anular y desacreditar a su adversario; a fin de cuentas para eso están intentando ambos lo mismo. Ni siente piedad por su contrincante vencido, ni se enorgullece de ganarle. Sencillamente, ha hecho lo que le han pedido, ganar a su adversario. Son personas idóneas para ejercer de guardaespaldas, de verdugos y hasta de terroristas, ya que su energía necesita ser consumida en acciones temerarias.

Hacen alarde de dominar perfectamente sus emociones y no sentir lástima o piedad por su oponente, pero esta situación les obliga a ser generosos de vez en cuando, con el fin de justificar así su indiferencia ante los problemas ajenos. Por tanto, el bien que hagan será siempre de tipo material y pondrán especial cuidado en que los demás lo sepan.

Personas así abundan más que la mala hierba y las podemos encontrar en padres que gustan de manifestar su cariño mediante regalos costosos que luego tienen que enseñar a los demás, en quienes no dudan en colarse sin piedad en una larga cola o en quienes hablan mal de un compañero de trabajo para buscar su despido. En tiempos de guerra son los policías ideales para reprimir a la oposición.

Suelen ser mentirosos si con ello consiguen defender sus intereses y si son mujeres valorarán a su marido en función de su fortaleza y de la habilidad para ganar dinero.

Como trabajador, se podrá sacar un buen partido de él, tanto en cuanto a rendimiento como en efectividad, siempre y cuando reciba beneficios de su trabajo; en caso contrario, dejará pronto de rendir y se convertirá en un mal empleado.

4.4. Pulmonar pasivo:

Son personas a las cuales les resulta muy difícil exteriorizar sus emociones y se conforman con decir grandes palabras, dar fáciles soluciones para todo o tener maravillosos sueños, pero que nunca se materializan en actos concretos. Buscan convertirse en héroes, ídolos o simplemente atraer la atención pero de una manera fácil, diciendo a los demás lo que tienen que hacer y lo maravilloso que sería el mundo si las cosas se hicieran según sus indicaciones.

En el trabajo y la familia dan consejos, instrucciones y soluciones para cualquier asunto, aunque ellos mismos permanecen al margen de la acción directa. Cuando por fin se deciden a actuar lo hacen de una manera irreflexiva, inconsciente y sus actos suelen ser entonces negativos y dañinos. Son aquellas personas que sufren por la suerte de los demás, por los marginados o por los habitantes del tercer mundo, y que sueñan con ir allí a luchar por la libertad y contra la pobreza. Nunca irán a ningún sitio, por supuesto, pero se han puesto ya a sí mismos una aureola de santidad y cuando por fin hacen algo suele ser dañino para otras personas. Pueden llegar a quemar coches en una manifestación, destruir una plantación entera de eucaliptos o tirar huevos podridos a alguien popular. Ese día para ellos ha sido el más feliz de todos, puesto que, por fin, ha tenido el valor de hacer algo "positivo".

La histeria es su rasgo más característico en esos momentos en los cuales deciden pasar a la acción después de pasarse largos días deseando cambiar las cosas. Por desgracia, en vez de polarizar sus deseos en un sentido práctico y positivo, tal como lo habían soñado, hacen daño a las personas, pero se lo hacen en público y acompañado, nunca en solitario. Necesitan que los demás sepan la lucha interior que sufren, aunque sea a costa de destrozos o atentados. Cuando logran que la gente se entere de su problema interno, se empiezan a relajar y pueden aparentar grandes sufrimientos, solamente por el hecho de atraer la atención.

En el trabajo son personas atrayentes, con fama de idealistas y se consideran así mismos con cualidades para líderes, pero si no logran sus fines traerán problemas a su empresa, ya que serán capaces de encararse con sus compañeros y provocar serios altercados para llamar la atención y calmar así su angustia.

Son trabajadores decididos y aunque no excesivamente valientes, su orgullo les dará el coraje suficiente como para intentar mejorar en el trabajo. Si no lo consiguen, no aceptarán de buen grado la derrota e incluso pueden llegar a criticar a sus jefes por sus decisiones erróneas.

4.5. Digestivo activo:

Este es un tipo de persona que se da con mucha frecuencia y en el cual su cuerpo parece estar dividido en dos partes perfectamente opuestas, mente y cuerpo. Una acusará siempre la mayor cantidad de dolores y malestares, mientras la otra, al mismo tiempo que se ve libre de problemas, será la parte más diestra de su organismo. Es como si tuviera un lado más torpe y pesado que el otro. Cualquier esfuerzo o insistencia que haga para equilibrar ambas partes será inútil y la única solución está en dejar el lado más hábil para las funciones más importantes y decisivas, y el otro solamente para acompañarle en la vida.

Disfruta de los placeres de lo que él entiende por buena mesa y a causa de su gran apetito suele tener enfados frecuentes y se excita con facilidad. De aspecto jovial, extrovertido, puede ser un buen compañero siempre y cuando no se le provoque en demasía; llegado a este punto su respuesta será violenta, dañina en extremo y quizás se regocije con el daño infringido a su adversario.

De apariencia obesa y grandes caderas, será un mal ejecutor de labores manuales en las cuales se requiera sensibilidad, así como en trabajos muy rápidos.

Afectivamente no suele dar problemas y se gana la simpatía de sus compañeros con rapidez, centrando sus preferencias en aquellas personas que le caen bien, aunque la lógica le demuestre que no son dignas de crédito.

Si tiene que reflexionar sobre algo, meditarlo y tomar una decisión, se verá sumido en un proceso tormentoso, ya que no le gusta analizar las cosas sino solamente dejarse guiar por sus apetencias. Cuando improvisa una acción lo hace desafortunadamente, ya que prefiere el juego al cálculo.

4.6. Digestivo pasivo:

De características físicas similares al anterior, se diferencia básicamente en su comportamiento pasivo, tranquilo y taciturno. De apariencia bonachona, es muy sensible a los sentimientos y problemas ajenos aunque le cuesta mucho dar la cara para ayudar a sus semejantes. Si llega a hacerlo, será después de un largo período de luchas interiores, ya que aunque sufre por el desvalido no se atreve a arrancar decididamente en ayuda del débil.

Dócil en el trabajo, se podría sacar mas partido de él si se consiguiera hacerlo explosionar de vez en cuando. En las confrontaciones se deja apabullar con demasiada frecuencia, aunque pueda vencer con facilidad a su oponente, incluso físicamente. No lo hace porque tenga miedo a su adversario, sino porque prefiere que se desahogue el otro antes que tener que agredirle. Su problema es que no logra encontrar un término justo a su agresividad y si llega a explosionar lo hará después de mucho aguantar y quizás desmedidamente, aunque su ataque será violento pero nunca despiadado. Constituirá más una llamada de atención a su adversario que un deseo de vencerle.

Su comportamiento y presencia en el trabajo y la vecindad suele pasar desapercibido y solamente manifestará sus opiniones y sentimientos en circunstancias extremas. Incluso, cuando se le pregunte su opinión dará evasivas, a pesar de que en su interior oculte conceptos verdaderamente interesantes. Si le forzamos a hablar nos dirá cualquier cosa opuesta a sus verdaderos sentimientos, si con ello consigue que le dejemos en paz.

5. TEMPERAMENTO Y CARÁCTER

El carácter es una tendencia hacia un tipo de comportamiento que manifiesta el individuo. Todos los elementos que integran el carácter se organizan en una unidad que se conoce como estabilidad y proporciona al carácter coherencia y cierto grado de uniformidad en sus manifestaciones, con los cambios lógicos que ocurren a lo largo de la vida.

Elemento psíquico del carácter:
En él intervienen principalmente las funciones psíquicas, así como la acción del ambiente. A partir de esos elementos se desarrollan los factores individuales, que conforman el

particular modo de reaccionar y enfrentar la vida que presenta una persona.

Elemento orgánico del carácter:
Existe una relación indispensable entre cuerpo y mente; el carácter posee también una base biológica que depende de elementos orgánicos como la constitución física y el temperamento.

El temperamento:
El temperamento es la base biológica del carácter y está determinado por los proceso fisiológicos y factores genéticos que inciden en las manifestaciones conductuales.

5.1. Temperamento sanguíneo:
Corresponde al predominio de la sangre: físicamente son individuos de estatura inferior a la media, buena musculatura, figura proporcionada. En sus manifestaciones de carácter presenta tendencia a la irreflexión, es sociable, poco tenaz y persistente.

5.2. Temperamento melancólico:
Predomina en él lo que Hipócrates llamaba la "bilis negra", se conoce también como tipo nervioso. Físicamente es delgado, de estatura normal o superior a la media, con tendencia a la palidez.

5.3. Temperamento colérico:
Predomina en su organismo la "bilis amarilla". De estatura normal o superior a la media; la piel presenta un tono amarillento.

5.4. Temperamento flemático:

Físicamente tienen tendencia a la obesidad, aunque pueden existir tipos delgados.

6. COOPERACIÓN SOCIAL

Hemos visto anteriormente que la adquisición de unas aptitudes bien logradas se ve generalmente favorecida por la presencia de otros, tanto si son meros espectadores como compañeros integrados en la misma labor. Hemos comprobado igualmente que cuando los individuos son capaces de observarse mutuamente y cuando las reacciones de los demás brindan ciertos puntos de apoyo para unas respuestas correctas, podrá acrecentarse el ritmo del aprendizaje.

Examinemos ahora otra clase de reacciones. ¿Nos sería beneficiosa la presencia de otros para sobrellevar nuestros sufrimientos? Si vemos el dolor ajeno, ¿resistiremos mejor nuestro propio dolor?

6.1. Dolor compartido

Un grupo de psicólogos al servicio del Ejército de los EE.UU. efectuaron un estudio sobre la capacidad de los individuos para tolerar una descarga eléctrica, bien individualmente o bien en presencia de otro que también la padecía. Se hizo previamente un estudio sobre la tolerancia a la descarga eléctrica en ambas circunstancias entre 133 miembros del ejército que habían recibido ya una formación básica. Cuando la experiencia se realizó individualmente, sólo asistió el investigador, pero cuando se realizó colectivamente estuvo presente otro individuo al que se colocó con toda visibilidad dentro del circuito de la descarga. Se indicó a los interesados que sus "camaradas recibirían simultáneamente una descarga de igual intensidad", aunque no la recibieran en realidad. En ambos casos, era el propio individuo el que, por medio de un botón graduado, aumentaba la intensidad de la descarga hasta el máximo que pudiera resistir. Pudo comprobarse que este máximo era superior en los individuos que operaban por parejas y por ello, los autores llegaron a la conclusión de que "la coparticipación consciente de un sufrimiento sirve en gran manera para sobrellevarlo".

No hay duda de que para un soldado que ha logrado superar felizmente el periodo de adiestramiento, encierra una gran importancia el aparecer ante los ojos de sus compañeros lleno de valor.

En otro estudio, Ader y Tatum (1963) efectuaron un análisis de las reacciones de médicos ya graduados y de estudiantes de medicina ante la siguiente situación. Al penetrar en el laboratorio, ya por parejas, ya individualmente, se invitaba a los sujetos a sentarse ante una mesa y acto seguido se les fijaban en las piernas sendos electrodos. Se les rogaba que durante la experiencia se abstuvieran de fumar, de levantarse del asiento, de charlar y de tocar los electrodos. La mesa, de aspecto enteramente normal, estaba provista de un botón rojo y una vez colocado el individuo en la posición requerida, el investigador abandonaba la habitación sin más explicaciones. El circuito se hallaba dispuesto de tal manera que cada individuo había de recibir una descarga cada medio segundo durante 10 segundos, a no ser que presionase el botón rojo. Al presionar en él, la descarga se retrasaba automáticamente durante otros 10 segundos. Un aspecto importante del experimento fue que el investigador no dio al examinando explicación alguna sobre los objetivos de la experiencia, ni sobre el valor del botón, ni sobre lo que de él se esperaba.

En ciertas ocasiones, el sujeto operaba totalmente solo; en otras, entraba en la habitación acompañado por un compañero, sentándose ambos frente a frente. Se suponía que el individuo o la pareja adquirían el dominio de la tarea si no recibían más de cinco descargas en un período de cinco minutos. Ader y Tatum comprobaron que los individuos que operaban aisladamente necesitaron, por termino medio, 11 minutos y 35 segundos para lograr dicho criterio de aprendizaje. De las doce parejas que realizaron el experimento de Ader y Tatum, tan sólo dos lograron de un modo efectivo la reacción de fuga. Estas dos parejas tardaron 46 minutos 40 segundos, y para el criterio de aprendizaje, 68 minutos 40 segundos.

De todo ello se deduce que el aprendizaje se ve obstaculizado por la presencia de testigos, tanto si se trata de adquirir reacciones de aproximación como de fuga. Mas hemos de resaltar que, una vez captado el modo de evitar la descarga, los sujetos de Ader y Tatum reaccionaban a un ritmo muy superior cuando estaban emparejados que cuando operaban aisladamente. Así, pues, una vez adquirida la práctica de una reacción de fuga, se ve favorecida por la coactividad.

En el estudio de Seidman y sus colaboradores, hemos de tener presente que la tarea exigida de ellos era únicamente dar unas respuestas que ya conocían de antemano: hacer girar el disco hacia la derecha. Como en ello estribaba la reacción predominante, la presencia de testigos tendía a favorecer su emisión. Por lo tanto, la tolerancia del sufrimiento puede constituir un elemento perturbador del fenómeno analizado por Seidman y sus colaboradores. Si es verdad que la presencia de otros influye de un modo positivo en la intensificación de la descarga eléctrica, no es menos cierto que ignoramos el modo con que reaccionaban los sujetos ante el dolor provocado por la descarga.

6.2. Aprendizaje

Hemos analizado la conducta de un individuo integrado con otros en la realización de una misma tarea y hemos visto que la presencia de otros favorece dicha realización, probablemente por medio de un incremento del nivel tensional del individuo.

No obstante, y por lo general, los efectos de la coactividad sobre el aprendizaje, lo mismo que los de la presencia de testigos, son negativos. Ello nos llevaría a una simple conclusión: las labores físicas, manuales, se efectúan con mayor efectividad en presencia de otros individuos; sin embargo, las labores intelectuales, artísticas y de memorización requieren cierto aislamiento.

Un principio básico de la psicología general —la motivación favorece la expresión de las respuestas predominantes—nos son de gran utilidad en la elaboración de una serie de resultados con respecto a la coactividad, en la misma medida que con respecto a los de la presencia de otros. Los grupos en labor colectiva como alumnos de escuelas técnicas, graduados, estudiantes de medicina y soldados, parecen obedecer a unas normas psicológicas totalmente idénticas. Pero, y tal como hemos dicho, los resultados obtenidos son desalentadores por lo que respecta a los grupos de estudio, y a cuanto represente una colaboración para el aprendizaje, mientras que, por el contrario, nos estimulan a aconsejar la practica de exámenes en grupos extensos y, mejor aun, ante una concurrencia numerosa. Esta última reflexión sólo sería valida en el caso de que el estudiante domine perfectamente la materia. Por lo demás, la presencia de testigos durante los exámenes seria realmente desastrosa.

Por otro lado, hay excepciones en las cuales el aprendizaje se ve favorecido por la presencia de otros integrados en la misma actividad, pero solamente cuando los compañeros pueden llegar a ofrecerle unos índices de orientación sobre la exactitud o falsedad de las respuestas.

7. EL LÍDER

Básicamente hay dos grados de control de la vida en grupo, llamados "democrático" y "autoritario", y cada uno tiene distintos efectos en la conducta individual y la de grupo. En esta lección, no obstante, se analizará solamente la influencia de estos comportamientos en sociedad, cuyo significado es distinto a las discusiones políticas y económicas. En el primer estudio el mismo líder trabajó con dos clubes, dirigiéndose uno de forma democrática; el otro, de forma autocrática. Ambos grupos tenían cinco miembros de diez años de edad.

En el segundo estudio se usaron cuatro grupos de muchachos de diez años, también en clubes de cinco miembros, que se reunían después de la escuela para dedicarse a sus aficiones. Más o menos se igualaron los grupos en sus patrones de relaciones interpersonales, intelectuales, físicos y por su status socioeconómico, así como por características de la personalidad. Se adiestraron cuatro líderes adultos para ser eficientes en los tres tratamientos de liderazgo, y cada seis semanas se cambiaron los líderes de club a club, y cada líder cambió su estilo de liderazgo en el momento de la transición. Así, cada club experimentaba cada uno de los estilos de liderazgo con distinto líder. Todos los clubes se reunían en el mismo lugar y se dedicaban a las mismas actividades con materiales similares. También se preguntó a los miembros y a sus padres sus sentimientos hacia el club, en el caso de los muchachos, y la naturaleza de las relaciones padres-muchacho en caso de las visitas al hogar.

7.1. Conducta del líder

Hasta cierto grado, observar lo que los líderes realmente hacían fue un proceso de descubrimiento, tanto para el observador como para los líderes en sí. Como se verá más adelante, algunas diferencias estadísticamente significativas ocurridas en la conducta de los líderes no podían deducirse directamente de nuestras definiciones centrales aunque tendían a ser consistentes con esas definiciones puestas en papel. El adulto enfrentado constantemente a problemas cambiantes de dirigir un grupo de niños, se encontró haciendo cosas que nunca hubiera supuesto que iba a realizar. Y las cosas no anticipadas que el líder de filosofía autocrática predeterminada hizo fueron por completo diferentes de las cosas realizadas en la misma situación, al cambiar al papel demócrata. Los datos describen los tipos diferentes de conducta de líder que resultaron de intentar la consistente aplicación de las varias filosofías de liderazgo representadas por las definiciones de autocracia, democracia y dejar hacer.

7.2. Cómo dar órdenes

Estadísticamente hablando, la característica principal de nuestro papel de líder autocrático, para distinguirlo del democrático y del laissez faire (dejar hacer), es el dar órdenes. El 45% de la conducta verbal de los autócratas, en contraste con el 3% demócrata y el 4% laissez faire, consistió en esta sencilla forma de imponer una voluntad sobre otra. Muchas fueron órdenes o afirmaciones directas dadas en imperativo:

"Colóquense los delantales de trabajo."
"Muy bien, aparten las brochas."
"Todos ustedes cambien de su trabajo."

Y muchas fueron órdenes indirectas, no expresadas en imperativo, pero sí reconocibles como autocráticas si se las ofrecía en ciertos contextos y en ciertos tonos de voz:

"Ahora necesitamos yeso."
"Ya ha de estar lleno hasta los dos tercios."
"Hoy tenemos que pintar y redactar el anuncio."
"Antes de empezar, debemos hacer algo."

Es claro que tales órdenes corresponden claramente a la parte de nuestra estricta definición experimental de liderazgo autocrático, que exige una "meta alta y el control de medios".

7.3. Órdenes de interrupción

Un criterio más ambiguo para controlar los medios y los fines es dar "órdenes de interrupción", esto es, órdenes que dividen el deseo expresado por algún miembro del grupo o su actividad en proceso, y la substituyen por algún deseo del líder. Tales órdenes representan el 11% de la conducta verbal en los líderes autocráticos, en contraste con el 1%, o menos, de los líderes democráticos y laissez faire. Por ejemplo:

"Deseo serrar."

"No, Bill, tú y Hamil hagan otra pata."

Los datos indican que los líderes laissez faire fueron constantes en no permitir iniciar metas y medios.

7.4. Críticas y elogios no objetivos

Un tercer tipo de conducta, más característico de nuestros líderes democráticos, fue la "crítica no objetiva": crítica adversa y personal por su carácter, y que no buscaba objetivamente mejoras al sugerir una razón del fracaso u otro modo de hacer mejor las cosas.

Tal crítica constituyó el 5 % de la conducta de los líderes en nuestras atmósferas autocráticas y el 1% en las atmósferas democráticas y de laissez faire. Por ejemplo:

"No estás haciendo un saco, estás haciendo un delantal."

"No, no puedes hacerlo así. Eso de ninguna manera está bien."

"¿Quién dejó de nuevo la caja de herramientas en el piso?"

También se halló más a menudo, en la conducta de los autócratas, el elogio (11%), respecto a los líderes democráticos (7%) y a los laissez faire (5%). Un ejemplo autócrata:

Fred está pintando muy bien las letras, y el señor Bohlen lo felicita por ello, siendo éste el segundo elogio oído en el día. "Esa es la mejor vista lateral hasta el momento. Pero creo que preferiría una vista frontal."

(En la democracia.) Bill al señor Rankin: "Eddie realizó un buen trabajo, ¿verdad? Yo no podría hacerlo tan bien."

El señor Rankin: "Sí, está bien."

Es obvio que distintos tipos de alabanza, en distintos contextos (al igual que diferentes tipos de crítica), producen significados psicológicamente muy diferentes. Sin embargo, tal vez importe, desde más de un punto de vista, que tanto la alabanza como la crítica fueran en especial características de los líderes autocráticos. Sin embargo, desde nuestro enfoque, la inferencia más interesante de este grado de alabanza y crítica es que ambas sugieren la existencia de un hincapié en la valoración personal desde el punto de vista del líder. Ambas sugieren que se hace hincapié en una jerarquía, y ambos sugieren que el líder se sitúa como juez supremo del status y de los logros de los miembros del grupo.

7.5. Sugerencias vs. órdenes

Ahora se verán las formas de conductas de líder más características del liderazgo democrático y del laissez faire que del autocrático. Por ejemplo, como contraparte directa de dar órdenes, característica del estilo autocrático, se hallan "sugerencias guía" como una de las dos formas más frecuentes de conducta verbal por parte de los líderes demócratas. Representa el 24% de la conducta de los líderes demócratas, en comparación con un 6% en la conducta autócrata. La línea divisoria entre "sugerencias guías" y el tipo indirecto de dar órdenes es, desde luego, un tanto difícil de trazar. Sin embargo, resultó satisfactoria la confiabilidad de hacer tales distinciones en la clave de la conversación. La forma en que definimos "sugerencias guía" puede verse en los siguientes ejemplos, que fueron clasificados así:

"¿Probaste alguna vez hacerlo en la otra dirección, según las vetas?"

"Este es un afilador de cuchillos; así tendrás cuchillos perfectos para trabajar la madera."

"Está ya muy débil aquí. Si no lo estrechas más, quedará bien."

"Muy bien, si la dejas así de grande podrás seguir trabajando."

La característica que distingue a cada uno de estos ejemplos es el relacionar determinado curso de acción, implícita o explícitamente, con uno de los propósitos propios. Este ejemplo sería para elegir un jefe democráticamente sin recurrir directamente a las votaciones:

"Se acepta la moción. Ahora el problema es ¿quién desea ser el jefe?" (Todos hablan.) "¿Escogeremos entre todos los que desean serlo o sólo entre quienes no han tenido aún oportunidad?"

Debe notarse en especial que una disposición muy activa a ofrecer sugerencias guía precisamente en los momentos en que se las aprecia y son adecuadas, y a indicar el procedimiento funcional que sirve de base a la acción eficiente fue, en la práctica, la única diferencia importante entre líderes democráticos y laissez faire. En estos últimos, esas sugestiones solo ocuparon el 14% de la conducta verbal del líder, en comparación con el 24% en los demócratas y el 6% en los autócratas.

En otras palabras, la democracia (a diferencia del laissez faire) no solo implicaba libertad, esto es, una "preocupación" relativamente pasiva por el bienestar, sino que se evitó frustrar innecesariamente los deseos de las personas. Si ha de lograrse por completo o el bienestar individual o el logro de grupo, el líder demócrata consideraba necesario tener también un respeto muy activo por esos deseos individuales en el sentido de un constante pensar activo sobre cómo será mejor realizarlos. Solo mediante tal participación total en la vida de grupo puede el líder verdaderamente guiar. En algunas situaciones exactamente la misma conducta del líder -repetir la pregunta- sería un modo constructivo de estimular la autoguía.

"¿Dónde vamos a ir esta tarde?"
"¿Dónde te gustaría ir?"
"¿Quién va a cocinar?"
En lugar de: "Elijamos al cocinero para hoy"
Pero, en el otro extremo, el líder democrático debe evitar hacer sugestiones demasiado complicadas, como las que siguen, pues ambas son dobles y ligeramente confusas:

"¿Quién quiere ayudar? ¿Quién va a terminar las cosas?"
"¿Qué tal tener una reunión en este momento, muchachos?"

Al parecer, el uso efectivo de sugerencias guía depende de la sincronización. El líder democrático debe tener un agudo sentido para captar las necesidades e intereses cambiantes y momentáneos de las personas, a modo de hacer sugerencias justo en el momento en que coinciden con esos intereses.

7.6. Aportar información

Otra actividad importante del líder democrático es sencillamente dar información, o ampliar los conocimientos de los miembros del grupo. Esto constituye el 27% de la conducta de los líderes democráticos y el 15% de los líderes autocráticos. (49% en los laissez faire, cosa natural dado que el papel de estos líderes se confinaba explícitamente a dar información técnica cuando se les pedía.) De hecho, el grado de información técnica dada por los tres tipos de líderes no fue significativamente diferente, aunque la proporción fue mucho mayor en laissez faire. He aquí algunos ejemplos típicos de aportación de información:

Finn (mostrando una vara de naranjo): "¿Para qué es esto?"
Señor Rankin: "Esto es una vara de naranjo y la parte lisa es para suavizar así" (hace una demostración). "Aquí está más curvo, y puedes obtener una punta de jabón más suave por ser más estrecho que esto."

En comparación con las órdenes y las sugestiones guía, casi no existe oportunidad de que dar información se vuelva una forma de presión o influencia social. Sencillamente, la información está allí. La persona puede aceptarla o no, usarla o no usarla, de acuerdo con las necesidades del momento.

7.7. Estimulación del autocontrol

Numéricamente hablando es menos frecuente este grupo de conductas de líder, aunque fue bastante frecuente en la situación democrática, y casi inexistente en la autocrática; los porcentajes fueron, respectivamente, 16 y 1.2. Aunque esto constituyó el 13% de la conducta de los líderes laissez faire, solo representó un promedio de 30 actos como esos por reunión, en comparación de los 59 habidos con líderes democráticos

También el significado tendió a ser por completo diferente En laissez faire, este tipo de actos de liderazgo tendía a devolver la responsabilidad al miembro individual. En el estilo democrático fue con mayor frecuencia una enseñanza a todo el grupo para que aprendiera a depender de sí mismo como grupo.

Un modo de estimular la autodirección democrática al escoger nuevas metas y elegir medios hacia ellas es inculcar directamente el procedimiento democrático: decisión de grupo; mayoría de voto; libre discusión, en que cada quien pueda opinar; voto secreto, cuando sea adecuado; delegar tareas especiales a comités; aceptación por la minoría de las decisiones de la mayoría, etcétera. Por ejemplo:

Finn: "Creo que voy a cambiar el nombre de nuestro club."

Bill: "No; todavía se llama Patrulla de Ley y Orden."

Señor Rankin: "Si el grupo desea cambiar el nombre, puede hacerlo... si lo desea la mayoría."

Bill: "Eddie debería ser capitán y Van teniente ayudante."

Van: "Hey, eso es menos de lo que soy ahora, y tengo una puntuación alta."

Señor Rankin: "En el ejército, el general decide los ascensos. Pero aquí, aunque esté organizado como ejército, es el grupo quien debe decidir a quién se da el ascenso."

Bill: "Ahora usted se queda al margen y nosotros tres votaremos."

El señor Rankin interviene para conferenciar con Bill sobre cómo votar. Le da una explicación formal. "Quienes estén a favor digan sí; quienes se opongan, no", etcétera.

8. ANOMALÍAS DEL COMPORTAMIENTO

8.1. Violencia:
Es la forma de ejercicio del poder mediante el empleo de la fuerza física, económica, política... e implica la existencia de un arriba y un abajo, reales o simbólicos, que adoptan habitualmente la forma de los roles complementarios: padre-hijo, hombre-mujer, maestro-alumno, joven-viejo, etc. Encontrando que el uso o abuso de la fuerza es un método para la resolución de conflictos interpersonales, en el que doblegar o anular la voluntad del otro es la solución.

8.1.1. Violencia conyugal:
Este tipo de violencia está basado en las reacciones entre el hombre y la mujer, por lo que se hace necesario enfocarla desde la perspectiva de género, que nos permita identificar claramente la diferencia entre sexo como una función biológica natural que diferencia al hombre y a la mujer, y el género concebido como el comportamiento social del hombre y la mujer, es decir lo femenino y masculino.

Habitualmente la violencia de género parece ser de hombre a mujer, pero los nuevos estudios demuestran un avance significativo de mujer a hombre, quizá porque el varón ahora denuncia también los malos tratos. Esto nos lleva a una situación años atrás, cuando la mujer apenas denunciaba los malos tratos, lo que nos hace pensar que dentro de pocos años el varón también alcanzará el mismo número de denuncias.

8.1.2. Maltrato a ancianos:
Es cualquier acción u omisión no accidental que provoca daño físico o psicológico por parte de un miembro de la familia.

311

Se cree que está tan extendida como el resto de la violencia familiar, pero que se denuncia muy poco, quizá por miedo o condición física deplorable.

8.1.3. Maltrato infantil:

* **Abuso físico:** incluye una escala que puede comenzar con un pellizco y continuar con empujones, bofetadas, torceduras, pudiendo llega a provocar lesiones internas, desfiguraciones, hasta el homicidio.

* **Abuso emocional:** típicamente se presenta bajo la forma de hostilidad verbal crónica (insultos, burlas, desprecio, críticas o amenazas de abandono) y constante bloqueo de las iniciativas infantiles (que puede llegar hasta el encierro o confinamiento) por parte de cualquier miembro adulto del grupo familiar.

*

Abuso sexual: cualquier clase de contacto sexual con un niño/a por parte de un familiar o tutor adulto, con el objeto de obtener la excitación o gratificación sexual del adulto. La intensidad del abuso puede variar desde la exhibición sexual hasta la violación.

9. DEPRESIÓN
Trastorno del humor que cursa con tristeza.

La mayoría de las personas sufren de depresión en algún momento en su vida, aunque hay varios grados de depresión, desde un problema leve hasta una enfermedad que amenaza la vida, pero habitualmente es curable y un tratamiento adecuado les puede cambiar la vida por completo.

Hay muchas cosas que pueden provocar dicho desequilibrio:

* Perdida de un ser querido o de algo que se estime mucho.
  * Pérdida del trabajo o del bienestar económico.
  * Divorcio.
  * Stress prolongado
  * Situación de pánico
  * Enfermedad grave
  * Reacciones a medicinas
  * Alcoholismo, abuso de drogas
  * Demencia (locura) y otros problemas de salud mental.
  * La falta de luz durante el invierno puede causarles a algunas personas un tipo de depresión llamada "depresión de invierno".
  * El cambio de residencia
  * El otoño
  * Fin de las vacaciones

Se considera que uno de cada cuatro individuos presentan habitualmente depresiones emocionales, siendo más frecuente en mujeres que en varones. La depresión es una reacción humana, normal, ante un problema de desaliento o situación adversa. El organismo trata de adaptarse rápidamente empleando sus recursos propios, pero con frecuencia es necesaria la ayuda de un especialista.

Las depresiones por causas conocidas, como fallecimiento de un ser querido, regreso de las vacaciones, pérdida del empleo, divorcio o frustración afectiva, son relativamente fáciles de curar, aunque la causa no se pueda corregir. Con el tiempo, el enfermo termina adaptándose a la nueva situación y puede soportar con entereza su tristeza.

Las depresiones endógenas, aquellas que nacen por causas orgánicas conocidas o no, son las más peligrosas y las que con frecuencia conducen al suicidio. Habitualmente se dan en personas sanas, con una vida familiar y laboral perfecta o soportable, pero que súbitamente se ven inmersos en un estado de tristeza imposible de controlar. En estos casos, suelen fracasar todos los razonamientos, aunque ello no quiere decir que se debe abandonar a su suerte a estos enfermos. Si tienen la desgracia de moverse en un entorno social y familiar que no les hace caso porque, según ellos, no tienen motivo para estar deprimidos, caerán en un estado de tristeza peligroso para su salud mental y física.

Las depresiones también tienen sus ciclos, más importantes en otoño, por la noche y en las horas de la madrugada, y pueden convertirse en crónicas y dificultar el buen rendimiento en el trabajo o el hogar. Son frecuentes el insomnio, la ansiedad, las crisis hipocondríacas, las fobias, los trastornos digestivos y la falta de apetito sexual.

9.1. ¿Por qué lloramos?

Parece ser que la cantidad de lágrimas no tiene una relación directa con el dolor que sentimos, ya que sucesos aparentemente inocuos nos producen un baño de lágrimas, mientras que otros con dolor profundo apenas nos dejan esbozar un ligero lagrimeo imperceptible. En ese mismo sentido, los niños son de lágrima fácil, las mujeres más que los hombres; los ancianos dicen que se comen sus lágrimas, mientras que las lágrimas de cocodrilo son una realidad y no una frase.

Lo más probable es que las lágrimas sean un mecanismo de expulsión para nuestros sentimientos, de la misma manera que lo son los gritos o el sudor, los cuales empleamos de manera inconsciente para liberarnos de algo que nos hace daño. Pero lo curioso del caso es que también podemos emplear el lloro para liberarnos de una tensión emocional o para expresar nuestra alegría, del mismo modo que podemos emplearlo para implorar ayuda, coaccionar a otra persona o, simplemente, para lubricar un ojo reseco o expulsar un cuerpo extraño. Todo ello nos deja bien claro que las lágrimas son un extraordinario mecanismo corporal que puede solucionar muchas cosas.

En muchas ocasiones lloramos demasiado poco en relación al dolor y en otras circunstancias tanta lágrima no está justificada y sin embargo parece que nos recreamos en la cantidad, hasta el punto de que alguien nos cede su pañuelo. Lloramos de rabia; por pura hipocresía (así disimulamos); falsamente (Nerón fue un ejemplo de ello); sin una causa que lo justifique (lágrimas de cocodrilo, dicen) y por cuestiones de imaginación (somos los protagonistas de una película ficticia.) También lo hacemos en sueños (es el lloro más profundo de todos); antes de que nos hagan daño (los niños lloran antes de que les pongan la inyección); durante el daño (lógico); después de ello (el recuerdo nos traiciona); por pura ternura (un recién nacido); de felicidad (cuando nos toca la lotería); en la marcha y el regreso de un ser querido (paradógico, pero cierto); voluntariamente (para buscar consuelo); involuntariamente (podemos quedar en ridículo), y hasta cocinando (la cebolla, ¿recuerdan?).

Todas estas situaciones y algunas docenas más, solamente se dan en el ser humano y esto que nos debería hacer felices nos molesta bastante. No siempre es agradable que los demás conozcan nuestras emociones, aquello que pertenece solamente a nosotros. Con las lágrimas nuestro mecanismo de defensa queda a merced del enemigo, del interlocutor, y ya no podemos disimular. Si nos aman aprovecharán para darnos un beso, pero si nos odian será la señal para atacarnos sin piedad.

Sin embargo, y al margen de todas las consideraciones anteriores, lo más increíble es que podemos llorar lo mismo de felicidad que de tristeza, dormidos que despiertos, cuando alguien muere y cuando otro nace.

Algunas personas, por herencia, corren un mayor riesgo de padecer de desequilibrios químicos en el cerebro, aunque por fortuna, hay tratamientos efectivos para estas y otras personas que pueden sufrir depresión.

Todo el mundo se puede sentir triste de vez en cuando, pero ello no siempre quiere decir que usted vaya a tener depresión muy fuerte. Las malas noticias y las decepciones pueden hacer que se ponga triste, quizá por varios días. Esto es normal, siempre y cuando la tristeza no se vuelva permanente. El pesar y la pena también pueden causar tristeza normal.

Los individuos deprimidos muestran:

Una consideración negativa de sí mismo

La persona deprimida muestra una marcada tendencia a considerarse como deficiente, inadecuada e inútil y atribuye sus experiencias desagradables a un defecto físico, moral o mental. Tiende a rechazarse a sí misma, ya que cree que los demás la rechazarán.

Una consideración negativa del mundo.

Se siente derrotado socialmente. Considera al mundo como haciéndole enormes exigencias y presentándole obstáculos que se interfieren con el logro de los objetivos de su vida.

Una consideración negativa del futuro.

Ve el futuro desde una perspectiva negativa y le da vueltas y más vueltas a una serie de expectativas negativas. El deprimido prevé que sus problemas y experiencias comunes continuarán indefinidamente y que se le amontonarán otros mucho peores en su vida. Tienden a deformar sus experiencias, malinterpretan acontecimientos concretos e irrelevantes tomándolos como fracaso, privación o rechazo personal. Exageran o generalizan excesivamente cualquier situación por más sencilla que sea, tienden también a hacer predicciones indiscriminadas y negativas del futuro. Todo siempre va a ir contra sí mismo, acentuando lo negativo hasta casi excluir los hechos positivos.

Y se asocian los siguientes síntomas secundarios:

Perder interés en las cosas que antes disfrutaba.

Sentirse triste, decaído emocionalmente o cabizbajo.

Sentir que no tiene energía, cansado, o al contrario, sentirse inquieto y sin poder quedarse tranquilo.

Sentir como que no vale nada o sentirse culpable.

Que le aumente o disminuya el apetito o el peso.

Tener pensamientos sobre la muerte o el suicidio.

Tener problemas para concentrarse, pensar, recordar, o tomar decisiones.

No poder dormir, o dormir demasiado.

Además se asocian otros síntomas de tipo físico o psicológico, como pueden ser:

Dolores de cabeza.

Dolores generales por todas las partes del cuerpo.
Problemas digestivos o gástricos.
Problemas sexuales.
Sentirse pesimista
Sentirse ansioso o preocupado.

EXAMEN TEMA 7

1.   ¿Cuántas neuronas contiene el cerebro humano?
a)   Cien mil
b)   10 billones
c)   Incontables

2.   Un movimiento autónomo es...
a)   La lactancia
b)   Responder a una agresión
c)   Huir ante una agresión

3.   El alimento esencial del cerebro es...
a)   La glucosa

b)   El oxígeno
c)   Las vitaminas

4.   La memoria es…
a)   Imprescindible para el aprendizaje
b)   Básica, pero no imprescindible
c)   Algo que requiere entrenamiento

5.   La inteligencia…
a)   Se pierde con la edad
b)   Se conserva indeleble
c)   Puede mejorar con la edad

6.   Con la edad mejora…
a)   La inteligencia
b)   Las habilidades artísticas
c)   La memoria

7.   La inteligencia es…
a)   Asimilar los conceptos
b)   Aprender las materias académicas
c)   La capacidad de poder usar los conocimientos

8.   Un cerebral activo debe…
a)   Entender antes de actuar
b)   Estudiar para entender
c)   Hacerse entender

9.   El cerebral pasivo debe…
a)   Estudiar repetidamente
b)   Analizar sus reacciones físicas
c)   No dejarse influir por los demás

10. Un pulmonar activo es...

a) Alguien que necesita actividad física
b) Valiente y decidido
c) Alguien que respira profundamente antes de actuar

11. El pulmonar pasivo...

a) Es muy tímido
b) Es una persona serena
c) Sufre por la suerte de los demás

12. Un digestivo activo es...

a) Aquel a quien le gusta comer mucho
b) Una persona que goza de buena salud
c) Un amante de la vida natural

13. El temperamento está determinado por...

a) La genética
b) El físico
c) La educación

14. El dolor debe...

a) Ocultarse
b) Soportarse
c) Compartirse

15. En presencia de otros se efectúan mejor...

a) Las labores intelectuales
b) Las labores manuales
c) Las labores artísticas

16. El líder debe ser...

a) Autoritario
b) Independiente
c) Democrático

17. Dejar hacer es...

a) Una buena opción
b) Una mala opción
c) Depende del líder

18. Las órdenes hay que darlas...

a) Sin ambigüedades
b) Directamente
c) Con sutileza

19. ¿Es mejor criticar o elogiar?

a) La crítica obliga a mejorar
b) Siempre elogiar
c) El elogio hace vagos

20. ¿Sugerir u ordenar?

a) Mejor sugerir
b) Las órdenes se ejecutan más rápidamente
c) Sugerir induce a la desobediencia

RESPUESTAS EXAMEN TEMA 7

1.   b
2.   a
3.   a y b
4.   b
5.   c
6.   b
7.   c
8.   a
9.   c
10.   a y b
11.   c
12.   a
13.   a y b
14.   c
15.   b
16.   a y c
17.   a
18.   c
19.   b
20.   a

Tema 8

INTELIGENCIA
PSICOANÁLISIS

ÍNDICE

1. HISTORIA DE LA INTELIGENCIA HUMANA

La historia de la inteligencia humana puede explicarse como el empeño del cerebro humano en buscar formas eficientes de comunicarse consigo mismo. Cuando el primer ser humano trazó la primera línea, precipitó una revolución en la conciencia humana; una revolución cuyo estadio evolutivo más reciente está constituido por el mapa mental.

Una vez que los seres humanos se dieron cuenta de que eran capaces de exteriorizar sus "imágenes mentales" internas, la evolución fue más rápida. Con las primeras representaciones hechas por los primitivos aborígenes australianos en las cavernas, los trazos iniciales se fueron convirtiendo paulatinamente en pinturas. Seguramente nuestros antepasados también pintaron en otros lugares, incluso en maderas y hojas grandes pero, desdichadamente, el tiempo ha impedido que se puedan conservar. Por eso solamente podemos evaluar y analizar aquello que fue grabado dentro de las rocas de las cavernas, seguramente una parte ínfima del arte de aquella época.

A medida que las civilizaciones evolucionaban, las imágenes comenzaron a condensarse en símbolos y, más tarde, en alfabetos y guiones; así sucedió con los caracteres chinos o los jeroglíficos egipcios. Con el desarrollo del pensamiento occidental y la creciente influencia del imperio romano, se completó la transición de la imagen a la letra. Posteriormente, a lo largo de dos mil años de evolución, el poder nada desdeñable de la letra adquirió primicia sobre la momentáneamente escarnecida imagen.

Así pues, los primeros seres humanos que hicieron marcas

estaban señalando, literalmente, un salto gigantesco en la evolución de nuestra inteligencia, porque así exteriorizaban los primeros indicios de nuestro mundo mental. Al hacerlo, no sólo fijaban sus pensamientos en el tiempo y en el espacio, sino que además capacitaban el pensamiento para que pudiera abarcar esas mismas dimensiones. Entonces, la inteligencia humana ya pudo empezar a comunicarse consigo misma a través de las extensiones infinitas del tiempo y del espacio.

En su evolución, los símbolos, las imágenes y los códigos terminaron por configurar la escritura, y ese principalísimo avance fue la clave de la aparición y de la evolución de civilizaciones destacadas, tales como las de Mesopotamia y de China, cuyos habitantes disfrutaron de evidentes ventajas sobre aquellos otros pueblos que todavía estaban por llegar al estadio de la escritura, y por ese motivo no tuvieron acceso a la sabiduría y al conocimiento que nos legaron las grandes mentes del pasado.

Tal y como las aguas de un ancho río tienden a acelerarse cuando se ve forzado a discurrir por un cauce estrecho, la tendencia a reunir información ha ido acelerándose a lo largo de los siglos, hasta dar origen a la actual "explosión informativa". En épocas recientes, esta "explosión" ha sido causada, en parte, por el supuesto de que la escritura es el único vehículo adecuado para el aprendizaje, el análisis y la diseminación de la información.

Si efectivamente escribir es la mejor manera de adueñarse de tal información, de analizarla y de transmitirla, ¿por qué hay tantas personas que tienen problemas en los campos del aprendizaje, el pensamiento, la creatividad y la memoria? ¿Por qué se quejan de una incapacidad básica, de pérdida de la confianza en sí mismas, de disminución del interés y de reducción de sus poderes de concentración, memoria y pensamiento? Entre las reacciones habituales ante tales problemas cabe incluir la auto denigración, la disminución del rendimiento, la apatía y la aceptación de reglas rígidas y dogmáticas, factores todos que obstaculizan aún más el funcionamiento natural del cerebro. Hemos convertido la palabra, la oración, la lógica y el número en los pilares fundamentales de nuestra civilización, con lo cual estamos obligando al cerebro a valerse de modos de expresión que lo limitan, pero que (tal es lo que suponemos) son los únicos correctos.

Los grandes cerebros usaron efectivamente una mayor proporción de su capacidad natural y de que (a diferencia de sus contemporáneos que usaban un pensamiento más lineal) estaban empezando a volverse intuitivamente de los principios del pensamiento irradiante y de la cartografía mental

2. INTELIGENCIA EMOCIONAL

La inteligencia emocional es la capacidad para reconocer sentimientos en sí mismo y en otros, teniendo habilidad para utilizarlos al trabajar con otros.

Al hablar de Inteligencia Emocional podríamos desarrollar personalmente un ejercicio de reafirmación y re–dirección de Visión, Misión y Valores Personales, Familiares, Profesionales y Ciudadanos. Ello lo hacemos a través de preguntas activas simulaciones y visualizaciones de las cosas que influyen filosóficamente en nuestra vida, sueños y principios sobre las cuales basamos nuestro actuar.

En esta época de grandes y constantes cambios en todas las esferas de nuestra existencia se nos exige estar preparados para enfrentarlos, ya que estos cambios cada día son mayores, más rápidos, más violentos y mucho más traumáticos. Están más ligados a un ambiente de gran incertidumbre, de una competitividad que no se había tenido antes, ocasionando riesgos a nivel personal a veces sin tomar conciencia de ello. El problema es que ante todo somos seres humanos, que tenemos necesidades y metas, las aceptemos, o no racionalmente. Una de las necesidades principales es el vacío personal de emociones, sentimiento y caricias que deben ser llenados, ya que esto determina y organiza todos los procesos mentales y comportamiento total que está dirigido al logro.

Dentro del contexto también estaremos analizando el mantenimiento físico, seguridad, competencias, reconocimientos, poder, éxito, esperanza, habilidades y destrezas. Desde luego esta no es una lista completa de las necesidades físicas, psicológicas y espirituales del ser humano, pero sí representan factores que son comunes en el trabajo.

Últimamente se les ha dado a los factores emocionales la importancia debida en el tiempo y espacio incluyéndolos en el óptimo desempeño de las actividades profesionales. Ahora tendemos a considerar a las personas como individuos, como gerentes y como líderes, donde cada uno de ellos tiene sus diferencias en muchos aspectos y áreas, pero que como ser humano está dentro de los principios de la Inteligencia Emocional

2.1. Principios de la Inteligencia Emocional:

Recepción:
Cualquier cosa que incorporemos por cualquiera de nuestros sentidos.

Retención:
Corresponde a la memoria, que incluye la retentiva (o capacidad de almacenar información) y el recuerdo, la capacidad de acceder a esa información almacenada.

Análisis:
Función que incluye el reconocimiento de pautas y el procesamiento de la información.

Emisión:
Cualquier forma de comunicación o acto creativo, incluso del pensamiento.

Control:
Función requerida a la totalidad de las funciones mentales y físicas.

Estos cinco principios se refuerzan entre si. Por ejemplo, es más fácil recibir datos si uno está interesado y motivado, y si el proceso de recepción es compatible con las funciones cerebrales. Tras haber recibido la información de manera eficiente, es más fácil retenerla y analizarla. A la inversa, una retención y un análisis eficientes incrementaran nuestra capacidad de recibir información

De modo similar, el análisis que abarca una disposición compleja de las tareas para conseguir información, exige una capacidad para retener (recordar y asociar) aquello que se ha recibido. Es obvio que la calidad de análisis se verá afectada por nuestra capacidad para recibir y retener la información.

Estas tres funciones convergen en una cuarta, es decir la emisión o expresión, ya sea mediante el mapa mental, el discurso, el gesto u otros recursos, de aquella que se ha recibido, retenido y analizado.

La quinta categoría la del control, se refiere a la actividad general del cerebro por la cual éste se constituye en "desertor" de todas nuestras funciones mentales y físicas, incluyendo la salud general, actitud y las condiciones ambientales. Esta categoría es de particular importancia porque una mente y un cuerpo sanos son esenciales para que los otros cuatro funcionen – recibir, retener, analizar y emitir puedan operar en la plenitud de su potencial.

2.2. La inteligencia Emocional en el trabajo

Las condiciones intelectuales no son la única garantía de éxito en el ámbito profesional del trabajo, sino tan sólo un factor, que unido a las necesidades emocionales cubiertas del personal como equipo, desarrollará el desempeño y los resultados de todo líder y trabajador motivándolo emocionalmente a ser productivo.

Una vez que una persona entra en una Organización para que pueda dar lo mejor de si y hacer bien su trabajo, se necesita no sólo su talento sino que, además, lo haga con entusiasmo y compromiso.

Estos son los tres requisitos básicos para la eficacia en el trabajo:

1. Primero, que tenga sus útiles de trabajo y que sepa qué es lo que tiene que hacer.

2. Segundo, que sepa cómo hacerlo.

3. Tercero, que sienta que lo que está haciendo tiene un valor significativo, que él está contribuyendo y que se le reconozca por ello afectivamente.

2.3. Los cinco poderes

"Dejemos de pensar en gente y comencemos a pensar en talento. Nutramos sus mentes y almas", recomienda Rosabeth Moss Kanter, quien en la Conferencia Internacional de la ASTD, se convirtió en el centro de la atención al asegurar, en su conferencia, que para poder enfrentarse con éxito a una sociedad cambiante se requieren de cinco poderes, los cuales están asociados con nuestros dedos de la mano.

Moss asegura que desde adquirir víveres, pasando por servicios médicos, financieros, domésticos, hasta llegar a la compra de información, el mercado realmente se mueve hacia donde están las mejores opciones sin reparar en dónde se encuentre el proveedor, dado el acortamiento de las distancias por la incorporación de tecnologías de conexión, como Internet.

Estos cinco poderes, son: el poder de la voz, el poder de la imaginación, el poder de la alianza, el poder del compromiso y el poder de la contribución.

- **El Poder de la Voz:**

Por muy buena que sea una idea, un método, un concepto, una teoría, éste no tiene vida si no es articulado. Los mejores pensamientos pueden morir por no ser compartidos y más que organizaciones de aprendizaje, lo que necesitamos son organizaciones de educación, donde la voz de quienes más saben o están preparados, se traduzca en el vehículo para facultar a cada vez más personas en las competencias claves del negocio. En cuanto a este poder, se resalta la habilidad para hablar varios idiomas y la de conversar activa y productivamente.

- **El Poder de la Imaginación:**

Las empresas y las personas que manejarán con éxito el siglo venidero serán las que en su actuar, generen conductas imaginativas que, como seres humanos, seamos capaces de desarrollar y usar para creer en imposibles, visualizarlos, diseñarlos, crearlos y ponerlos en práctica en nuestras realidades. Las personas que con su imaginación vislumbren un presente y futuro diferente, más rápido, más efectivo, más rentable y más placentero, serán las que estarán guando las acciones de liderazgo en el nuevo milenio.

- **El Poder de la Retribución:**

Otro poder tiene que ver con el emergente tópico de la inteligencia existencial o espiritual y su influencia en el ámbito laboral. Cada vez, más empresas están realizando acciones sociales de retribución a las comunidades con las cuales interactúan. La razón es que el personal desarrolla un sentido de conexión con la gente que eleva el espíritu y la motivación, aumentando la identificación con la firma y la productividad global. Como ejemplo tenemos los aportes de IBM a la educación de varios países latinos y asiáticos, y de otra empresa de su lista de clientes que creó el Día Global del Servicio, en el cual todas las oficinas y empleados de esta empresa en el mundo realizaron una obra social anónima y sin publicidad, solo buscando la satisfacción personal de cada uno de ellos.

- **El Poder del Compromiso:**

La lealtad aún existe y supone una ventaja competitiva para las personas y empresas que la poseen. Para contar con personas comprometidas se necesita cumplir con ciertas condiciones que despierten el poder del talento humano: la propiedad del trabajo, la identidad para con la empresa y sus proyectos, la autonomía de acción, la libertad de compartir ideas y hacer cambios, además de la posibilidad de permitirle al empleado el adueñarse del proceso.

- **El Poder de la Asociación:**

Cada vez más surgen en mayor cantidad y rapidez las alianzas entre personas, entre empresas, entre personas y empresas, entre países, entre entidades de diversos tipos. Lo hacen buscando aprovechar y potenciar sus diferencias, aprovechar la creatividad de uno y el capital de otro, el talento de uno y la acción de otro, los contactos de uno y la fuerza de otro. Las alianzas, aún cuando no siempre exitosas, nos permiten salir adelante con efectividad en mercados y sociedades en crisis como las actuales. El poder de la asociación es el poder de crear, desarrollar y mantener alianzas que permitan obtener resultados de manera más efectiva y productiva.

3. LAS COMPETENCIAS EMOCIONALES

Las competencias emocionales que más se repitieron como decisivas en el éxito de los líderes y sus empresas, fueron clasificadas en cuatro categorías, contando con varias competencias cada una para presentar así las Competencias Emocionales Claves, las cuales mencionaremos y comentaremos a continuación:

3.1. Auto-conciencia:

La habilidad para reconocer y comprender los propios estados emocionales, sentimientos, rasgos, así como su efecto en las demás personas. Las competencias que se miden y desarrollan en esta categoría son: la auto-confianza, la capacidad para despertar estados emocionales alegres y llenos de buen humor.

3.2. Auto-regulación:

La habilidad para controlar y redireccionar impulsos y estados emocionales negativos, unido a la capacidad para suspender juicios y pensar antes de actuar. Las competencias que se miden y desarrollan en esta categoría son: Auto-control, confiabilidad, conciencia, adaptabilidad, orientación a resultados e iniciativa.

3.3. Empatía:

Las habilidades para sentir y palpar las necesidades de otros y de la propia organización, unida a la apertura para servir y cubrir las inquietudes de quienes le rodean. En esta categoría se miden y desarrollan: la empatía, la conciencia organizacional y la orientación al servicio.

3.4. Socialización:

Engloba el dominio de estrategias y formas de relacionarse afectiva y efectivamente con las demás personas, creando redes de relaciones, construyendo climas agradables, abiertos y efectivos en sus conversaciones. Las competencias en esta categoría son: desarrollo de la persona, liderazgo, influencia, comunicación, gerencia del cambio, manejo de conflictos, construcción de redes y la cooperación en equipo

Sin embargo, es alarmante la proliferación de cursos cortos que afirman y garantizan la posibilidad de ser inteligente emocionalmente con solo un taller de uno o dos días. Son necesarios programas largos (mínimo de 6 meses) en los cuales los participantes se ven motivados y exigidos a auto–observarse en su interacción con otros, al mismo tiempo que un coach o moderador actúa como espejo del comportamiento.

Estas serían las siete pautas que nos llevarían a alcanzar altos niveles de satisfacción y efectividad en la meta para ser más competitivo.

- **Saludable:**

Cuide su salud, realice ejercicio y aliméntese adecuadamente para contar con la energía requerida en su trabajo intelectual, emocional y físico.

- **Sereno:**

Analice las respuestas emocionales que generan sus sentimientos y estados de ánimo. Sea firme cuando ha de serlo, pero emplee auto–control, paciencia y tacto en su actuar. Evita que sus impulsos produzcan arranques de ira que afecten sus relaciones humanas. Disfrute de la tranquilidad y domine técnicas de auto–relajación.

- **Sincero:**

Actúe en sus conversaciones y acciones basadas en la ética, honestidad y justicia. Sea abierto para expresar sus puntos de vista, empleando su verdad asertiva y respetuosamente, con franqueza y firmeza pero con consideración.

- **Sencillo:**

Manéjese en sus relaciones personales y profesionales con humildad y simplicidad, no deje de conocer su valor y sus logros, pero reconozca que puede aprender de todo ser humano y que sus éxitos se los debe a otras personas. Evite la pompa y los lujos excesivos, pues sabe darle el justo valor a lo material, dentro de un clima de abundancia y prosperidad.

- **Simpático:**

Sea cortés, amable, educado en su hablar, evitando los vicios del cinismo, sarcasmo, burla, humillación, discriminación, generalización y juicios sin sustentación. Busque ser asertivo, pero considerado y respetuoso en sus conversaciones, fluyendo con buen humor, alegría y disfrutando en su interacción humana.

- **Servicial:**

Empleee el poder de la retribución y del servicio para llegar dentro de las necesidades de otros, haciéndose cargo de las inquietudes de quienes le rodean en su familia, trabajo y vecindad. Sepa que a través del servicio logrará una elevación espiritual que le beneficiará en otros ámbitos de su vida.

- **Sinérgico:**

Coopere y cree climas de cooperación y ayuda mutua en sus equipos de trabajo, tanto en la familia, el gremio o la empresa. Manéjese como una parte clave de un equipo y no como una pieza indispensable. Esto le hace tomar consciencia de la importancia de la coordinación, el apoyo, la humildad para aprender, la visión común, la creatividad y la libertad.

La competitividad de una persona, depende de su equilibrio intelectual–lingüístico, emocional y corporal, de manera que el desarrollo de estas 7 pautas pueden contribuir a elevar los niveles de perfección en nuestros procesos diarios, ayudándonos a vivir la vida que merecemos y deseamos.

4. HABILIDADES TÉCNICAS COGNOSCITIVAS Y EMOCIONALES

Es notorio y evidente que dentro del entorno, existe un alto grado de insatisfacción emocional originado por los resultados de nuestro sistema. Tal insatisfacción está presente en las opiniones que expresan los diferentes sectores de la comunidad, a través de los medios de comunicación y conversaciones cotidianas interpersonales. No obstante, el hábito de quejarse, de protestar, y de culpar siempre a otro de nuestro infortunio, está tan extendido que ello nos debe llevar a cierta reflexión. ¿No somos, acaso, nosotros mismos los dueños de nuestro destino? ¿Por qué nos felicitamos y pedimos aplausos cuando algo que hemos realizado llega a buen fin? ¿No deberíamos buscar con la misma pasión las críticas cuando nos equivocamos?

4.1. Insatisfacción

La insatisfacción apunta tanto a la calidad como a la cantidad, a las condiciones ambientales, conocimientos, procedimientos, capacidades y destrezas, técnicas como conjunto que se emplean en el arte y ciencia, por medio de la educación, formación y entretenimiento. Según los grandes filósofos Platón, Marco Fabio, Juan Amós y otros, determinan la Educación como: "El objeto de la educación es proporcionar al cuerpo y al alma toda la perfección y belleza de que uno y otra son susceptibles". "La educación tiene por fin el perfeccionamiento y el bienestar de la humanidad". "La educación verdadera y natural conduce a la perfección, la gracia y la plenitud, de las capacidades humanas".

Estos grandes cerebros no se equivocaron cuando escribieron estas grandes verdades, por que para que la sociedad trasmita la herencia cultural y emocional a la demás sociedad y los contenidos de una buena educación cognoscitiva, en ideas, sentimientos, tradiciones, costumbres, hábitos, técnicas, podríamos definir la educación de la siguiente manera: es la suma total de procesos por medio de los cuales una sociedad o grupo social trasmite sus capacidades y poderes reorganizando y reconstruyendo las emociones para adaptar el individuo a las tareas que desempeñara en el proceso psicológico, potencial y social. Este proceso consiste en abarcar la vida entera del hombre en toda su extensión, la cual es cambiante al pasar por una serie de etapas sucesivas, infancia, adolescencia, juventud, madurez y senectud.

5. LA EMOCIONES

Las emociones, esos estados afectivos, de expresión súbita y de aparición breve, pueden   crear un impacto positivo o negativo sobre nuestra salud física, mental y espiritual. Determinaremos cada uno de estos estrados y cómo influyen en nosotros y cuáles son sus consecuencias:

5.1. Emociones que afligen:

Son aquellas que promueven o mantienen los procesos de enfermedad a través de una serie de conexiones psiconeuroinmunológicas. Mencionaremos en primer lugar, la Ira o Rabia, la cual abarca tres etapas:

5.1.2. La Inicial:
Desconfianza ante el medio que rodea la persona.

Luego: Sentimiento de molestia o rabia como tal.
Finalmente: La conducta expresiva como gritar, agredir, romper o tirar objetos.

5.1.3. En Segundo Lugar:
La Depresión, es decir, la tristeza acompañada de una visión negativa de si mismo, el mundo que lo rodea y su futuro. Esta afecta cualquier proceso de recuperación de cualquier otra enfermedad.

5.1.4. En Tercer Lugar:
La Ansiedad que consiste en una preocupación constante y excesiva por los acontecimientos en nuestra vida diaria.

5.1.5. En Cuarto Lugar:
Represión o Negación es cuando la persona no expresa o no toma conciencia de que existe algo que le causa molestia o dolor emocional, siendo grave para nuestra salud integral.

6. PSICOANÁLISIS

En griego, "diagnosis" significa conocimiento. La tradición médica ha recogido este significado para designar al diagnóstico como el proceso según el cual se determina una cierta enfermedad a partir de los signos y síntomas presentados por el paciente.

Suele decirse que en el psicoanálisis no 'encaja' la idea de diagnóstico, y que éste, de existir, va realizándose según avanza el tratamiento y conforme se va configurando la transferencia de una manera única e irrepetible para cada caso. Esta situación aparentemente entraría en conflicto con aquellos casos en los que el terapeuta debe emitir un diagnóstico a los efectos de cumplimentar una norma admnistrativa. Distingamos, pues, dos clases de diagnósticos en la clínica psicoanalítica, y que podríamos denominar el burocrático y el analítico.

6.1. El diagnóstico burocrático

El diagnóstico burocrático es aquel que el analista debe emitir cuando así se lo solicita o se lo exige una norma de derivación, o a los efectos de llenar una ficha en una institución, etc. En tales casos el analista se limitará a ubicar al paciente en alguna categoría psicoanalítica (neurosis, psicosis, perversión) o estadístico descriptiva. Se trata de un diagnóstico que puede hacerse antes, durante o después del tratamiento, y suele presentar las siguientes dificultades:

a) Si entra en conocimiento del paciente, éste puede identificarse con el rótulo y convertir el diagnóstico en una profecía autocumplidora. Es el caso de los llamados pacientes "psiquiatrizados", a quienes les han dicho brutalmente que tenía una esquizofrenia simple, han asumido esa identidad diciendo "soy un esquizofrénico", y han comenzado a comportarse como tales y a exigir de los demás un trato acorde con su condición de "esquizofrénicos".

b) Cuando el analista formula su diagnóstico, éste puede orientar su escucha en una determinada dirección, lo que lo obligará a mantener una disociación entre lo que el paciente "es" por diagnóstico, y lo que el paciente "dice" desde su singularidad. La escucha debe depender, en efecto, no del qué es el paciente sino del qué dice, con lo cual se abre el camino para acceder a su singularidad.

c) Otra dificultad del diagnóstico en psicoanálisis (y en general en psicopatología) es que se usan categorías discretas, cuando en realidad se utilizan clasificaciones categoriales en vez de clasificaciones dimensionales. Lo cierto es que ningún cuadro es 'puro', cosa que sí podía funcionar con diagnósticos de infecciones bacterianas, pues cada bacteria es distinta a la otra: la espiroqueta pálida para la sífilis, el meningococo para la meningitis, el gonococo para la gonorrea, etc: estas son clasificaciones categoriales. Pero, como aún no se ha descubierto la bacteria que produce la neurosis, y que podría llamarse el 'neuroticoco', debemos contentarnos con aceptar que la llamada 'neurosis' no tiene límites tan precisos como los que encontramos en la clínica médica, y por lo tanto deberíamos optar por una clasificación dimensional, que más que mostrar diferencias entre categorías pone el énfasis en la continuidad entre las mismas. Está clara la diferencia entre sífilis y gonorrea, pero, ¿quién puede definir el límite preciso entre un psicótico y un neurótico?

En las clasificaciones dimensionales siempre es posible seguir intercalando nuevas clasificaciones, pero si seguimos indagando tal vez encontremos una nueva dimensión intermedia entre las dos primeros y establecer la "neurosis bordeline", y así sucesivamente. Cuanto más precisas sean estas dimensiones, más información nos podrán suministrar sobre el problema del paciente, de manera que un diagnóstico burocrático como "neurosis" no tiene la misma precisión que el diagnóstico "gonorrea".

6.2. El diagnóstico analítico

En la cura psicoanalítica encontramos también el diagnóstico analítico, o sea aquel que va haciéndose junto al tratamiento (o tal vez no se termina de hacer nunca). En la medida en que el paciente va definiendo su historia solidariamente con 'ese' analista, también el diagnóstico irá cambiando porque irá cambiando la opinión del analista acerca de lo que a ese paciente verdaderamente le pasa.

Urgido por requerimientos burocráticos, el analista puede intentar una solución transaccional entre el lacónico diagnóstico burocrático y el singular diagnóstico analítico mediante un informe en el cual, sin hablar de categorías establecidas, procura hacer una descripción y una explicación sintéticas del problema central del paciente. Con ello intentará conciliar la exigencia fundada en la tradición médica y la otra exigencia de la cura psicoanalítica.

Las siguientes diferencias entre este tipo de diagnóstico y el diagnóstico burocrático podrán esclarecer mejor de qué se trata el primero.

6.3. Diferencias entre ambos diagnósticos

1) El diagnóstico burocrático se establece antes del tratamiento, por cuanto para la medicina "el diagnóstico indica el tratamiento de la enfermedad": hay una angina bacteriana, entonces suminístrense antibióticos. Pero en psicoanálisis

diagnóstico y tratamiento van juntos, se superponen temporalmente. Por lo tanto, un diagnóstico previo al tratamiento, que bien podía ser útil y necesario en medicina, se convierte en el contexto psicoanalítico es un simple trámite burocrático.

2) Suele decirse que el lenguaje que usamos cumple tres funciones principales: comunica información, expresa afectos y promueve conductas. Son las llamadas funciones informativa, expresiva y conativa del lenguaje. Cuando yo le digo a mi suegra "Qué bello día" estoy al mismo tiempo informándole que el día es bello, expresando un estado de ánimo frente a un sol hermoso, y sugiriéndole que se vaya a pasear por ahí y que no moleste. Desde ya, una de estas funciones será la predominante (que en este caso puede ser la última), pero siempre están presentes las demás.

Cuando realizamos un diagnóstico ocurre otro tanto. Por empezar, descartamos en el ámbito psicoanalítico la implicación expresiva del diagnóstico. En la vida cotidiana solemos poner el énfasis en esta cuestión cuando por ejemplo, luego de haber presenciado un accidente, decimos "¡Pero ese tipo es un psicópata al volante!", con lo cual predomina aquí la función expresiva del lenguaje, quedando en segundo plano la función informativa ("ese señor era un psicópata") o la conativa ("persíganlo"). Este tipo de diagnósticos expresan así la perplejidad, la impresión o la angustia de quien lo emite.

Descartada la función expresiva como predominante, nos quedan la función informativa, y la conativa o directiva. Lo que proponemos aquí es lo siguiente: en psicoanálisis, en el diagnóstico burocrático predomina la función conativa, mientras que en el diagnóstico analítico predomina la función informativa.

En efecto, con un diagnóstico burocrático intentamos satisfacer una demanda de manera tal que el sistema se tranquilice, no se resienta contra nosotros y termine echándonos de la clínica: predomina la función conativa porque intentamos promover un determinado tipo de conducta en el otro. La función informativa puede incluso quedar prácticamente anulada, sobre todo si pensamos que nuestro diagnóstico en realidad no aclara nada respecto a lo que al paciente le pasa. Es como si dijésemos "mire, yo le puedo decir a usted que este paciente es esquizofrénico, pero esto no le va a aclarar mucho porque tal vez no lo sea, o porque ser esquizofrénico es algo diferente a lo que usted se imagina".

En la clínica médica, también el diagnóstico tiene una función predominantemente conativa (de propósito) en cuanto es una prescripción para actuar de determinada manera, habida cuenta de aquello de que "el diagnóstico determina el tratamiento". En este sentido, también son diagnósticos "intérnese", "diviértase", "medíquese", etc. Como vemos, un diagnóstico no necesita ser una palabra o una descripción: puede también ser una orden directa.

El diagnóstico analítico cumple, en cambio, una función predominantemente informativa. Cuando el analista formula este tipo de diagnóstico, si es que alguna vez lo hace, no intenta orientar con ello el tratamiento sino adquirir un conocimiento teórico sobre la enfermedad. Sea que adopte la forma de un diagnóstico descriptivo, estructural o genético, servirá solamente para el conocimiento teórico que el analista procura obtener. Por ejemplo, un determinado caso clínico podrá servirle para enriquecer su conocimiento de la neurosis.

Cabe presumir que cuando Freud introduce nosografías (descripción de la enfermedad), no lo hace con el ánimo de orientar un tratamiento sino con la idea de establecer categorías generales que hacen a la comprensión de la enfermedad, es decir, más con fines de investigación que con los fines prácticos de la orientación de la terapia.

7. TERAPIA CONDUCTUAL RACIONAL EMOTIVA

Se define por el ABC en inglés.

• La A se designa por la activación de las experiencias, tales como problemas familiares, insatisfacción laboral, traumas infantiles tempranos y todo aquello que podamos enmarcar como productor de infelicidad.

• La B se refiere a creencias (beliefs) o ideas, básicamente irracionales y autoacusatorias que provocan sentimientos de infelicidad actuales.

• Y la C corresponde a las consecuencias o aquellos síntomas neuróticos y emociones negativas tales como el pánico depresivo y la rabia, que surgen a partir de nuestras creencias.

Aún cuando la activación de nuestras experiencias puede ser bastante real y causar un gran monto de dolor, son nuestras creencias las que le dan el calificativo de larga estancia y de mantener problemas a largo plazo.

Ellis añade una letra D y una E al ABC:

• D, el terapeuta debe disputar las creencias irracionales.

- E, de manera que el cliente pueda a la postre disfrutar de los efectos psicológicos positivos de ideas racionales.

Por ejemplo, "una persona deprimida se siente triste y sola dado que erróneamente piensa que es inadecuado y abandonado". En la actualidad una persona depresiva puede funcionar tan bien como una no depresiva, por lo que el terapeuta debe demostrar al paciente sus éxitos y atacar la creencia de inadecuación, más que abalanzarse sobre el síntoma en sí mismo.

A pesar de que no es importante para la terapia ubicar la fuente de estas creencias irracionales, se entiende que son el resultado de un "condicionamiento filosófico", o hábitos no muy distintos a aquel que nos hace movernos a coger el teléfono cuando suena.

Estas creencias toman la forma de afirmaciones absolutas, pero en vez de aceptarlas como deseos o preferencias, hacemos demandas excesivas sobre los demás, o nos convencemos de que tenemos necesidades abrumadoras. Existe una gran variedad de "errores de pensamiento" típicos en los que la gente se pierde, incluyendo...

1. Ignorar lo positivo
2. Exagerar lo negativo, y
3. Generalizar

Es como negarse al hecho de que tengo algunos amigos o que he tenido unos pocos éxitos. Puedo explayarme o exagerar la proporción del daño que he sufrido. Puedo convencerme de que nadie me quiere, o de que siempre meto la pata.

347

Hay 12 ejemplos de creencias irracionales y que causan la neurosis:

1. La idea de que existe una tremenda necesidad en los adultos de **ser amados** por otros en prácticamente cualquier actividad; en vez de concentrarse en su propio respeto personal, o buscando aprobación con fines prácticos, y en amar en vez de ser amados.

3. La idea de que **ciertos actos son feos o perversos**, por lo que los demás deben rechazar a las personas que los cometen; en vez de la idea de que ciertos actos son autodefensivos o antisociales, y que las personas que cometan estos actos se comportan de manera estúpida, ignorante o neurótica, y sería mejor que recibieran ayuda.

4. La idea de que es horrible cuando **las cosas no son como nos gustaría que fueran**; en vez de considerar la idea de que las cosas están muy mal y por tanto deberíamos cambiar o controlar las condiciones adversas de manera que puedan llegar a ser más satisfactorias; y si esto no es posible tendremos que ir aceptando que algunas cosas son así.

5. La idea de que **la miseria humana** está causada invariablemente por factores externos y se nos impone por gente y eventos extraños a nosotros; en vez de la idea de que la neurosis es causada en su mayoría por el punto de vista que tomamos con respecto a condiciones desafortunadas.

6. La idea de que si algo es o podría ser **peligroso o aterrador**, deberíamos estar tremendamente obsesionados y desaforados con ello; en vez de la idea de que debemos enfrentar de forma franca y directa lo peligroso; y si esto no es posible, aceptar lo inevitable.

7. La idea de que **es más fácil eludir** que enfrentar las dificultades de la vida y las responsabilidades personales; en vez de la idea de que eso que llamamos "dejarlo estar" o "dejarlo pasar" es usualmente mucho más duro a largo plazo.

8. La idea de que necesitamos de forma absoluta **otra cosa más grande** o más fuerte que nosotros en la que apoyarnos; en vez de la idea de que es mejor asumir los riesgos que contempla el pensar y actuar de forma menos dependiente.

9. La idea de que siempre debemos ser **absolutamente competentes**, inteligentes y ambiciosos en todos los aspectos; en vez de la idea de que podríamos haberlo hecho mejor, más que necesitar hacerlo siempre bien y aceptarnos como criaturas bastante imperfectas, que tienen limitaciones y falibilidades humanas.

10. La idea de que si algo nos afectó considerablemente, permanecerá haciéndolo **durante toda nuestra vida**; en vez de la idea de que podemos aprender de nuestras experiencias pasadas sin estar extremadamente atados o preocupados por ellas.

11. La idea de que **debemos tener un control preciso** y perfecto sobre las cosas; en vez de la idea de que el mundo está lleno de probabilidades y cambios, y que aún así, debemos disfrutar de la vida a pesar de estos "inconvenientes".

12. La idea de que **la felicidad humana** puede lograrse a través de la inercia y la inactividad; en vez de la idea de que tendemos a ser felices cuando estamos vitalmente inmersos en actividades dirigidas a la creatividad, o cuando nos embarcamos en proyectos más allá de nosotros o nos damos a los demás.

13. La idea de que **no tenemos control** sobre nuestras emociones y que no podemos evitar sentirnos alterados con respecto a las cosas de la vida; en vez de la idea de que poseemos un control real sobre nuestras emociones destructivas

si escogemos trabajar en contra de la hipótesis masturbatoria, la cual usualmente fomentamos.

Para simplificar, Ellis también menciona las tres creencias irracionales principales:

"Debo ser increíblemente competente, o de lo contrario no valgo nada".
"Los demás deben considerarme; o son absolutamente estúpidos".
"El mundo siempre debe proveerme de felicidad, o me moriré".

El terapeuta utiliza su pericia para argumentar en contra de estas ideas irracionales en la terapia o, incluso mejor, conduce a su paciente a que se haga él mismo estos argumentos. Por ejemplo, el terapeuta podría preguntar...

¿Hay alguna evidencia que sustenten estas creencias?
¿Cuál es la evidencia para enfrentarnos a esta creencia?
¿Qué es lo peor que puede ocurrirle si abandona esta creencia?
¿Y qué es lo mejor que puede sucederle?

Además de la argumentación, el terapeuta se asiste de cualquier otra técnica que ayude al paciente a cambiar sus creencias. Se podría usar terapia de grupo, refuerzo positivo incondicional, proveer de actividades de riesgo-recompensa, entrenamiento en asertividad, entrenamiento en empatía, quizá utilizando técnicas de rol-playing para lograrlo, impulsar el auto-control a través de técnicas de modificación de conducta, desensibilización sistemática, y así sucesivamente.

8. AUTO-ACEPTACIÓN INCONDICIONAL

Hay que convencer a las personas de su valor intrínseco como ser humano, y el solo hecho de estar vivo ya provee de un valor en sí mismo. La mayoría de las teorías hacen mucho hincapié en la autoestima y fuerza del yo, y conceptos similares. Nosotros evaluamos de forma natural a las personas, y esto no tiene nada de malo, pero existen muchas otras formas de promover el ego que resulta dañino, tal y como explica a través de los siguientes ejemplos:

Soy especial o soy detestable.
Debo ser amado o cuidado.
Debo ser inmortal.
Soy o bueno o malo.
Debo probarme a mí mismo.
Debo tener todo lo que deseo.

Esta autoevaluación conduce a la depresión y a la represión, así como a la evitación del cambio, lo que nos lleva a pensar que deberíamos detenernos a evaluarnos entre todos, pues esta idea sobre el ego está sobrevalorada.

El budismo, por ejemplo, se las arregla bien sin tomar en cuenta el ego y deberíamos ser más escépticos con respecto a los estados alterados de consciencia de las tradiciones místicas y las recomendaciones de la psicología transpersonal. ¿Es necesario ir al Tíbet para alcanzar algún tipo de perfección personal? ¿La creencia en Dios es el requisito imprescindible para ser feliz?

8.1. Karma

Como ahora las filosofías orientales son del agrado de las personas, especialmente por lo poco que sabemos de ellas, surgen con ellas multitud de entendidos y propagadores que nos avisan de nuevas maneras de pecar. La ventaja para ellos es que no creen en un Dios todopoderoso, ni en un Cristo redentor, pero la idea del pecado les sigue entusiasmando. Por eso asocian Karma con pecado y castigo, y menos frecuentemente con recompensa. Es igual, pues esa conclusión está equivocada.

El pecado es un acto reprobable que necesita un juez para que sea considerado como tal, del mismo modo que se necesita otro juez para castigar. *Puesto que en el Karma no hay divinidades, es obvio que tal concepto de castigo, premio o pecado, no puede existir*. Afortunadamente tenemos un concepto mucho más claro y físico como es el de "consecuencia".

Nadie duda de que la consecuencia de no cuidar una cosecha es que se malogre, ni de que conducir borracho nos lleve al accidente. Por eso el Karma es una filosofía lógica y natural, pues se integra en la misma existencia y depende exclusivamente de nosotros. El miedo al error, al mal comportamiento o a la maldad, lo debemos valorar personalmente, pues no hay nadie detrás -ni siquiera en los cielos-, que nos juzgue y castigue por ello. Es como poner nuestra salud disciplinadamente en manos del médico o ser nosotros mismos los responsables de ella.

Vamos a repasar la apasionante filosofía del Karma:

- El conocimiento filosófico trascendental no es mejor que el trabajo, pues es necesario comprometerse en los problemas humanos.

- El Señor Supremo dijo: En este mundo, hay dos caminos que deben ir unidos: la práctica espiritual que nos lleva al autoconocimiento, y el camino del trabajo que nos lleva a la actividad.

- El conocimiento no basta para lograr una acción, pues es solamente un instrumento en las manos de las personas, listo para usarse.

- Uno no logra liberarse de la esclavitud del Karma absteniéndose meramente de trabajar. Nadie logra la perfección dejando el trabajo.

- Nadie puede permanecer inactivo durante mucho tiempo pues todos necesitamos acción.

- El engañado que refrena sus necesidades físicas de acción pero mentalmente dice gozar con el espíritu, se llama hipócrita.

- Quien controla los sentidos, especializados y purificados, la mente y el intelecto, y compromete los órganos a la acción del Karma, es superior.

- Realice sus deberes obligatorios, porque la acción es de hecho mejor que la inactividad. Ni siquiera el mantenimiento de su cuerpo sería posible con la inanición.

- El que no ayuda a guardar la rueda de la creación a través de su deber, y quien se regocija solamente en los placeres de los sentidos, vive en vano. Semejante persona no tiene ningún interés en lo que se hace o lo que no se hace.

- Las personas que se comprenden a sí mismas no dependen de nadie y realizan sus obligaciones eficazmente y sirven de guía para las personas y ayudan al bienestar universal.

- Lo que hacen las personas nobles es seguido por otros.

- La mente del ignorante está atada a los frutos de su trabajo, pero el ilustrado debe inspirar a otros logros realizando todos los trabajos eficazmente sin ataduras por el premio.

- No se ata a nada quien sabe la verdad. Dedicando el trabajo a perfeccionar el espíritu, se logra estar libre de deseos.

- *El deseo apasionado para todos los placeres sensuales y materiales, se vuelve insoportable al no ser cubiertos.*

- Cuando el fuego es cubierto por el humo, como un espejo por el polvo, el conocimiento desaparece.

Las actividades en la que usted está comprometido han de servir a la nación y a las buenas personas. También puede adquirir la nobleza a través de la meditación pues no hay una sola manera o método. Es decir, mientras esté dando un servicio, no debe haber el menor pensamiento o sentimiento de "yo sirvo, yo hago este trabajo". El servicio real requiere desinterés y debe hacerse desinteresadamente. No debe haber el menor pensamiento de "yo ayudo" o "hago esto", porque tales pensamientos egoístas crean el orgullo y nuestros actos aparentemente bondadosos son en realidad recompensas morales que nos buscamos.

Las personas siempre hacen algún tipo de servicio como servir a su comunidad o algún país, pero en su servicio, el grado de autoestima se parece más a un sentimiento egoísta que a un servicio desinteresado. *Les preocupa más los aplausos por su bondad, el reconocimiento, que la ayuda que prestan.* Dotados de una aureola de santidad que se han puesto, realizan manifestaciones públicas sobre su trabajo, incluso en los medios de comunicación, con lo cual obtienen el premio que realmente buscaban: el aplauso. Suelen parecer a los ojos de los demás como personas buenas y decentes, pero la mayoría no se olvidan de cobrar su sueldo mensual. *Dicen que tienen que comer, pero su salario es superior con mucho a cualquiera de las personas que están ayudando.*

9. AUTOGESTIÓN

Psicología y Autogestión son temas que siempre se han tratado separadamente o, en el mejor de los casos, en yuxtaposición. Cuando se plantea la autogestión, se hace en un contexto y desde un punto de partida socioeconómico y político. En estos casos, la persona y la ciencia que la tiene como objeto de estudio, se consideran como epifenómenos. Cuando se hacen planteamientos psicológicos, estos generalmente ocurren a partir de necesidades concretamente limitadas, en donde se piensa en una práctica profesional especializada para su solución. En estas circunstancias, se opera dentro de una realidad parcelada y se pierde el enfoque más significativo que enmarcaría la realidad global del ser humano.

No obstante lo anterior, el problema aparece cuando la psicología se eleva por encima de su anclaje tecnológico - aparatos, tests y estadísticas- a los que angustiosamente se aferran algunos profesionales en su afán de que se les reconozca como "verdaderos" científicos, es decir, como si fueran físicos.

Por otro lado, cuando aquellos que favorecen la autogestión profundizan en su contenido, es decir, las personalidades de los campesinos, obreros e intelectuales, y dejan de "amasarlos" y "enclavarlos" debido a su incapacidad de hacer comprensible la situación en el sub-nivel socio político, en donde impera el pragmatismo más grosero y el simplismo de pensamiento, entonces sus metas aparecen como el categórico

355

más deseable para la humanidad: seres humanos totalmente dueños de sus vidas, libres de imposiciones, miedos y dogmas.

De hecho, la ciencia del hombre -la Psicología- avala con sus descubrimientos experimentales y los productos de su observación metódica en todos los ámbitos de la vida humana: personal, grupal, comunitario, institucional y societal, los planteamientos socioeconómicos y políticos de la autogestión. A su vez, la autogestión provee el marco social para que el hombre que la psicología enfatiza, pueda realizarse.

9.1. Delegar en otro

Siempre ha parecido más cómodo que "otro" se haga cargo de uno mismo. Delegamos en el médico nuestra salud, en los abogados nuestros problemas económicos e incluso familiares, en el psicólogo la solución a nuestras angustias, y en el mecánico la perfección de nuestro vehículo. Pero esta pasividad y dependencia, en suma, nos ha hecho vulnerables y constituyen el primer paso para las enfermedades mentales. Es necesario señalar de inmediato que la autogestión es, precisamente, asumir y apropiarse de lo que se había abandonado en manos de otro. Y esto es difícil. Hay que estudiar, informarse, sentarse a discutir y analizar y tomar parte en las decisiones y sufrir las angustias del riesgo de malas decisiones. Todo esto, mientras se sigue trabajando y asumiendo nuestro papel en sociedad.

Hacerse cargo de uno mismo y de su destino es algo que los psicólogos sabemos bien que de, preferencia, se evade. Agréguese a ello el hacerse cargo, colectivamente, de los compañeros de trabajo, de los destinos de la producción y de los riesgos de las malas decisiones para que el panorama se haga sumamente pesado. En este punto es donde se separan los hombres de personalidad más auto-construida (madura, dicen algunos psicólogos) de aquellos hombres de personalidad enajenada.

9.2. La política

En el caso del poder político, los dirigentes han demostrado una lamentable carencia de conocimientos reales sobre el ser humano. Toda vez que su concepción del hombre se ha formado a raíz de su propia experiencia en el quehacer público, esta idea de hombre resulta por demás muy politizada. Según ellos, el hombre puede ser un miembro del partido (en el mejor de los casos), un opositor, o un candidato. Si se trata de la primera opción deberá ser disciplinado, obediente, asiduo participante de las marchas, mítines y manifestaciones públicas; provisto de un lenguaje ad hoc, con el cual debe difundir la "realidad" aún en los momentos de intimidad conyugal o arrullar al bebé con la marcha del partido.

Ahora bien, una vez en el poder, le dan a la población los frutos de su experiencia política en forma de arengas y, con ello, pretenden que la gente les siga. Ya no necesitan personas que piensen individualmente (algo que les exigían cuando les pedían su voto), sino fieles seguidores. Cuando esto no ocurre, y no puede ocurrir porque afortunadamente la población no ha vivido esas experiencias deformadoras, entonces los dirigentes deciden que "aún no está preparada" y proceden a enquistarse en el poder.

Desde otro ángulo, los que tienen poder administrativo (que son los de más conflictos) cuando intentan modificar la organización interna de una empresa o institución para favorecer la integración de los trabajadores a los procesos de toma de decisiones, generalmente caen en el paternalismo cuando se enfrentan a lo que consideran demandas irracionales de los trabajadores. Entonces se comportan caprichosamente traicionando sus propios intereses y obligando, según los administradores, a retomar el poder.

En ambos casos, políticos y administradores, retienen forzosamente, es decir, detentan lo que no les es propio: el poder de decisión sobre la colectividad. La detentación es, sin lugar a dudas, el obstáculo que impide la realización humana desde el punto de ubicación del ejercicio del poder.

9.3. El desempeño de múltiples tareas

Las metas de la autogestión para las personas, consisten en que cada una pueda asumir a plenitud varias y diversas tareas simultáneamente y en los momentos en que su grupo, comunidad, institución o país lo requieran. En una sola frase, se trata de la formación de: "individuos autónomos asociados". Estos propósitos se oponen de una manera radical a la práctica todavía vigente de la llamada especialización, en donde las potencialidades múltiples que son inherentes al ser humano, se ven impedidas de aflorar o, en su caso, resultan mutiladas.

El punto de partida de los planteamientos actuales sobre la polivalencia laboral se encuentra en Marx quien busca redimir al "... trabajador aislado... baldado por la repetición perpetua de una sola e idéntica operación trivial", sustituyéndolo por el "individuo plenamente desarrollado apto para diversos trabajos, listo para encarar cualquier cambio de producción, y para el cual, las diferentes funciones técnicas y sociales que desempeña, no son sino otras tantas formas de dar rienda suelta a sus propios poderes naturales y a los que ha adquirido".

Posteriormente, y tratando de realizar estas ideas, Lenin declaraba su aspiración de que cualquier panadero podía dirigir el Estado desde su panadería. Mas recientemente, M. Pecujlic trata de establecer que el propio desarrollo tecnológico contribuye a la formación del "obrero colectivo", es decir, al desarrollo del trabajador integral que reúna, en su persona, los elementos manuales e intelectuales de la tarea. Por su parte, H. Lefebre propone el rescate de la cotidianeidad mediante la autogestión.

Ciertamente que el deseo de que cada ser humano se despliegue en forma de abanico y ponga en juego su total potencialidad, descubriendo e inventando nuevas posibilidades para su colectividad y, por tanto, para sí mismo, es propio tan solo de personas profunda y esencialmente humanistas. Sin embargo tanto el "sentido común" como nuestra experiencia cotidiana parecen poner en entredicho estos buenos deseos. ¿Acaso no ha sido un éxito rotundo el sistema industrial de producción por partes y en serie? y, siendo este el caso ¿no es mejor funcionar mediante equipos de personas en donde cada una está especializada en uno de los aspectos que se requieren para producir el todo? de lo contrario, ¿acaso no sería caer en lo que señala el viejo proverbio de "aprendiz de todo y oficial de nada"? Bien, este refrán indudablemente lo diseñó un torpe, una persona que seguramente necesitó muchos años de su vida para dominar, aunque sea superficialmente, una sola materia.

Ejemplos de dualidad laboral las tenemos en cineastas como Charles Chaplin y Woody Allen, quienes frecuentemente se han encargado, simultáneamente, de las labores de dirección, interpretación, música y guión, sin que ninguna de ellas desmerezca de las otras. El problema es que ahora la tecnología nos complica utilizar estas facultades múltiples, pues el desarrollo y complicación de los procesos industriales actuales es tal que resulta imposible que una persona domine todos los aspectos de la producción. Tampoco parece posible que un trabajador manual domine también la gestión administrativa y económica de la empresa. n resumen, parecería obvio que existieran límites a las posibilidades del hombre individual que han sido sobrepasados por la complejidad de la vida moderna y que, por lo tanto los buenos deseos de los mejores humanistas se vean reducidos a tales. Pero si pensamos en los millones de empresarios autónomos que llevan ellos solos todo el peso de sus negocios (incluidos limpieza, contabilidad, archivo, compras y atención al cliente), nos reafirmaremos en que solamente un torpe intelectualmente es incapaz de efectuar varias materias con éxito al mismo tiempo.

9.4. Autogestión o unión

El ser de la especie humana es, por naturaleza, un ser sociocultural. Esto quiere decir que, a diferencia de los otros animales que tienen sus respuestas preestablecidas (instintos) el hombre tiene que aprender (aspecto cultural) de otros hombres (aspecto social) e inventar sus propias respuestas al medio en el que está inmerso. Dicho de una manera concreta, la especie humana y cada persona en particular, tiene que producir su vida. Cada uno de nosotros, necesariamente, tenemos que engendrar y generar constantemente nuestros cuerpos, nuestros conocimientos y nuestras motivaciones desde la fecundación hasta y aún después de la muerte, a través de nuestros descendientes y las obras que hayamos producido.

Las investigaciones psicológicas han demostrado también que no es difícil la vida humana en ausencia de otros hombres. Desde las investigaciones sobre los llamados niños lobos, pasando por los casos de personas que han vivido encerradas en sótanos, hasta el estudio sobre el efecto del aislamiento de los cosmonautas en las naves espaciales, se sabe que los seres humanos se necesitan mutuamente si es que han de subsistir y desarrollarse. De esto se infiere, entonces, que la vida social es una condición que necesariamente se debe dar para que la posibilidad humana ocurra. Por el contrario, si se vive desde chico con lobos, se animaliza el niño al grado que ya no será posible humanizarlo posteriormente. En este mismo orden de ideas, si a un adulto se le encierra en aislamiento durante algún tiempo, su personalidad se verá mutilada empobreciéndose a una velocidad de días y horas lo que costó años en formarse y desarrollarse. Esta conclusión, no obstante, puede quedar en entredicho en los casos de secuestros, en donde la víctima es encerrada en un zulo durante semanas o meses, y al ser rescatado recupera en pocas semanas su intelecto habitual.

De lo asentado arriba se puede apreciar que, la condición social es esencial de y para el hombre. De ella dependerá si un ser se desarrollará como humano y el grado de desarrollo que tendrá. "Dime con quién andas y te diré quién eres"; este refrán expresa con exactitud los límites que imponen a la personalidad las relaciones que mantiene. Si nos relacionamos con un grupo de gente positiva, constantemente estaremos estimulados a superarnos para estar a tono con ellos. Lo que ellos nos comunican nos reporta conocimientos que amplían nuestras motivaciones y nos hacen actuar. En tanto que si nos reunimos con gente de personalidad menos construida, nuestro propio desarrollo no rebasará esos límites.

El modo de producir nuestra vida, es decir, nuestra Personalidad, resume los aspectos mencionados. Por un lado están los Medios de producción de la vida: el cuerpo, los conocimientos y las motivaciones, que son los aspectos que necesitan crecer, desarrollarse y madurar constantemente estructurando al YO y, por el otro, se encuentran las Relaciones vitales: familiares; educativas; laborales; amistosas y cívicas; y las sexuales o amorosas, que son las relaciones interpersonales que establecemos y dentro de las cuales vivimos, que estimulan o limitan las posibilidades de nuestro crecimiento y desarrollo y que estructuran al OTRO. La conjugación de ambos aspectos (YO-OTRO) acontece como Conciencia Recíproca, Allelon (del griego; pronombre personal que significa "uno de otro".) que se expresa en el proceso mismo de producción de nuestras vidas, es decir, nuestra Conducta.

10. LOS ARQUETIPOS

Los contenidos del inconsciente colectivo son los arquetipos. Arquetipo significa "modelo original o prototipo", pero la definición, desde la psicología de Jung, no es tan sencilla, y menos cuando leemos al sabio suizo que indica que "el arquetipo es el núcleo de un complejo", con lo que aquellos adquieren renovada trascendencia. Los complejos que "mueven" al hombre tienen como elemento básico a un arquetipo, pero no uno en especial, pues diversos arquetipos pueden originar diversos complejos, y se pueden tener varios complejos a la vez, unos más intensos que otros.

Ya no son entonces estos contenidos del inconsciente colectivo algo lejano, oscuro y profundo de rara presencia en los estratos superficiales de la psique. Ahora comprendemos otro de los motivos por los que son ellos quienes rigen nuestra existencia. Es muy importante para la correcta comprensión de la teoría sobre los arquetipos, que estos no sean considerados como cuadros totalmente desarrollados en la mente, como imágenes de los recuerdos de las experiencias pasadas de nuestra vida. El Arquetipo de la Madre, por ejemplo, no es una fotografía de una madre o de una mujer. Mas bien es como el negativo de lo que debe ser desarrollado por la experiencia.

Lo que se hereda es la estructura potencial de los arquetipos, pues no percibimos a los arquetipos en si mismos, sino a sus manifestaciones simbólicas. Los arquetipos se manifiestan a través de proyecciones, lo que nos permite inferir la presencia de ellos.

Una imagen primordial determinada, es decir, un arquetipo, se cumplimenta como tal, con respecto a su contenido, solamente cuando se hace manifiesto, y se completa, por lo tanto, con el material de la experiencia conciente. Volvemos aquí a la imagen ilustrativa del cauce seco del río y la experiencia rellenándolo vigorosamente.

En efecto, puede considerarse que llegamos al mundo con potenciales estructuras arquetípicas que son, en nuestra psique, como un nutrido complejo de cauces de ríos que en este momento se hallan secos. Estos, así como sucedió en la Tierra con el Cañón del Colorado, fueron labrados por las 'corrientes' de generaciones y generaciones. No corrientes de agua que lo recorren desde hace millones de años como ocurre en el Gran Cañón, sino corrientes psíquicas, mentales; con toda la metáfora significativa que implica hablar de inundaciones psíquicas, sequías psíquicas, remansos psíquicos, erupciones psíquicas y toda otra combinación posible de este estilo. Así, heredamos cauces secos, ríos muertos, aunque nuestra experiencia los va haciendo fértiles y les agrega agua una vez más.

Jung expresa también que los 'arquetipos' son las formas innatas, a priori, de 'intuición', de percepción y de aprehensión. "Igual que los instintos impelen al hombre a un modo específicamente humano de existencia, así los arquetipos fuerzan sus vías de percepción y de aprehensión dentro de esquemas específicamente humanos".

He aquí, entonces, que los arquetipos aparecen en el hombre a través de formas determinadas: en las mitologías, en las leyendas, en los sueños, en ciertos deseos de colectividad. Mediante el estudio de determinados sueños (Jung hablará de sueños del inconsciente colectivo y otros, los más comunes, donde aparecen elementos de ambos estratos, ya que raramente existen manifestaciones oníricas puras), de las leyendas y de las mitologías -particularmente las de culturas en estado primitivo o bien otras de enorme esplendor creativo como la egipcia, la griega y la romana-, es posible deducir la existencia de los mismos arquetipos a través de los tiempos.

Además de la madre, existen otros arquetipos familiares. Obviamente, existe un **padre** que con frecuencia está simbolizado por una guía o una figura de autoridad. Existe también el arquetipo de **familia** que representa la idea de la hermandad de sangre, así como unos lazos más profundos que aquellos basados en razones conscientes.

También tenemos el de **niño**, representado en la mitología y en el arte por los niños, en particular los infantes, así como por otras pequeñas criaturas. La celebración del niño Jesús en las Navidades es una manifestación del arquetipo niño y representa el futuro, la evolución, el renacimiento y la salvación. Curiosamente, la Navidad acontece durante el solsticio de invierno, el cual representa el futuro y el renacimiento en las culturas primitivas nórdicas. Estas personas encienden hogueras y realizan ceremonias alrededor del fuego implorando la vuelta del sol. El arquetipo niño también con frecuencia se mezcla con otros, formando el niño-dios o el niño-héroe.

Muchos arquetipos son caracteres de leyendas. El **héroe** es uno de los principales. Está representado por la personalidad mana y es el luchador de los dragones malvados. Básicamente, representa al Yo (tendemos a identificarnos con los héroes de las historias) y casi siempre está envuelto en batallas contra la sombra, en forma de dragones y otros monstruos. No obstante, el héroe es tonto. Es, después de todo, un ignorante de las formas del inconsciente colectivo. Luke Skywalker, de La Guerra de las Galaxias, sería el ejemplo perfecto.

Al héroe usualmente se le encarga la tarea de rescatar a la **doncella**, la cual representa la pureza, inocencia y en todas por igual, la candidez. En la primera parte de la historia de la Guerra de las Galaxias, la princesa Leia es la doncella. Pero, a medida que la historia avanza, ella se vuelve agresiva, descubriendo el poder de la fuerza (el inconsciente colectivo) y se vuelve un compañero igual que Luke, quien resulta ser su hermano.

El héroe es guiado por un **viejo hombre sabio**, una forma de animus que le revela al primero la naturaleza del inconsciente colectivo. En la Guerra de las Galaxias, este viejo es Obi Wan Kenobi, y luego Yoda. Obsérvese que ambos enseñan a Luke todo sobre la fuerza, y cuando Luke madura, mueren, volviéndose parte de él.

Quizás se estén preguntando por el arquetipo de "padre oscuro" de Darth Vader. Es la sombra y el maestro del lado oscuro de la fuerza. También resulta ser el padre de Leia y Luke. Cuando muere, se convierte en uno de los viejos hombres sabios.

Este es también un arquetipo **animal** y representa las relaciones humanas con el mundo animal. Un buen ejemplo sería el del caballo fiel del héroe. Las serpientes también son frecuentes arquetipos animales y creemos que son particularmente listas. Después de todo, los animales están más cercanos a sus naturalezas que nosotros. Quizás, los pequeños robots y la siempre disponible nave espacial (el Halcón) sean símbolos de animales.

Y luego está el **ilusionista**, usualmente representado por un payaso o un mago. El papel de éste es el de hacer las cosas más difíciles al héroe y crearle problemas. En la mitología escandinava, muchas de las aventuras de los dioses se originaban en algún truco demostrado a sus majestades por el medio-Dios Loki.

Existen otros arquetipos que son un poco más complicados de mencionar. Uno es el **hombre original**, representado en las culturas occidentales por Adán. Otro es el arquetipo **Dios**, el cual representa nuestra necesidad de comprender el Universo;

que nos provee de significado a todo lo que ocurre y que todo tiene un propósito y dirección.

El **hermafrodita**, tanto hombre como mujer, es una de las ideas más importantes de la teoría junguiana y representa la unión de los opuestos. En algunos cuadros religiosos, Jesucristo está representado más bien como un hombre afeminado. Así mismo, en China, el carácter de Kuan Yin es de hecho un santo masculino (el bodhisattva Avalokiteshwara), ¡pero está pintado de una forma tan femenina que usualmente se le considera más como la diosa de la compasión!.

El arquetipo más importante es el de **self** (mantendremos aquí el término "self" que "sí mismo", por su aceptación literal en psicología de habla hispana. N.T.). El self es la unidad última de la personalidad y está simbolizado por el círculo, la cruz y las figuras mandalas que Jung halló en las pinturas. Un **mandala** es un dibujo que se usa en meditación y se utiliza para desplazar el foco de atención hacia el centro de la imagen. Puede ser un trazo tan simple como una figura geométrica o tan complicado como un vitral. La personificación que mejor representa el self es Cristo y Buda; dos personas, por cierto, que representan según muchos, el logro de la perfección. Pero Jung creía que la perfección de la personalidad solamente se alcanza con la muerte.

EXAMEN TEMA 8

1.   La inteligencia humana se puedo completar gracias a…
a)   Los inventos
b)   La escritura
c)   Las armas

2.   Para poderse comunicar hay que…
a)   Saber hablar
b)   Saber escribir
c)   Saber analizar y transmitir la información

3.   Las reglas gramaticales…
a)   Pueden limitar nuestra capacidad de expresión
b)   Aumentan nuestras posibilidades de expresión
c)   Son demasiado complejas

4.   La inteligencia emocional…
a)   Nos ayuda a reconocer sentimientos
b)   Nos ayuda a curar patologías
c)   Nos ayuda a controlar nuestras debilidades

5. **Hemos aprendido que...**
a) Los humanos debemos vivir en comunidad
b) Los humanos somos débiles
c) Los humanos somos diferentes entre nosotros

6. **Recordar es...**
a) Acceder a la información
b) Reorganizar lo vivido
c) Expresar una vivencia

7. **Para recordar hay que...**
a) Hacer un esfuerzo de memoria
b) Concentrarse
c) Archivar adecuadamente antes la información

8. **Para ser eficaces en nuestro trabajo es**
necesario...
a) Que estemos interesados y motivados
b) Que estemos rodeados de buenos compañeros
c) Que el sueldo nos motive lo suficiente

9. **La imaginación es...**
a) Algo no imprescindible para trabajar
b) Uno de los poderes para el éxito
c) Algo a desarrollar

10. **Vislumbrar un futuro de éxito puede ser...**
a) Ilusionarse con algo que quizá no llegue
b) Albergar falsas esperanzas
c) Algo imprescindible para lograrlo

11. Asociarse es...
a) Una manera de compartir trabajo
b) Una necesidad para poder competir con eficacia
c) Un mal necesario

12. La empatía es...
a) Igual a simpatía
b) Igual a personalidad
c) Percibir las necesidades ajenas

13. Una persona sencilla es...
a) Humilde
b) Poco amante del lujo y la pompa
c) Alguien poco culto

14. Una persona simpática es...
a) Equivalente a una graciosa
b) Alguien que cae bien
c) Una persona amable y asertiva

15. Psicoanalizar es...
a) Diagnosticar la mente
b) Entender los problemas
c) Escuchar largamente al paciente

16. Es esencial...
a) No catalogar al paciente
b) No definirle
c) Diagnosticar su patología

17. **Normalmente...**
a)   El diagnóstico se modifica con el tiempo
b)   El primer diagnóstico es el que vale
c)   Las personas no cambian durante la terapia

18. **Los psicólogos establecen rápidamente un diagnóstico para...**
a)   Facilitar así su trabajo
b)   Poner cuanto antes el tratamiento
c)   Dar al paciente una definición de su problema

19. **Lo importante en una depresión...**
a)   Es lograr que el paciente la asuma
b)   Proporcionar cuanto antes alegría
c)   Evitar que pierda las ganas de vivir
20. **Es importante...**
a)   Ser amados
b)   Ser aceptados en sociedad
c)   Ganarse el propio respeto

RESPUESTAS EXAMEN TEMA 8

1. b
2. c
3. a
4. a
5. c
6. a
7. c
8. a
9. a
10. c
11. b
12. c
13. a y b
14. c
15. b
16. a
17. a
18. a, b y c
19. a
20. c

Tema 14
PSICOTERAPIA

ÍNDICE

1. DEFINICIÓN DE LA PSICOTERAPIA

1.2. ¿Qué es la psicoterapia?

Parte de la dificultad de la respuesta a esta pregunta se encuentra en la naturaleza compleja y diversa de este campo. Actualmente existen una multitud de psicoterapias modernas que difieren en cuanto a sus supuestos subyacentes, focos de tratamiento, objetivos y métodos para alcanzar esos objetivos. Parloff (1976) ha recabado la existencia de 130 enfoques terapéuticos, Corsini (1981) lo estima en unos 250, y parece que el proceso de expansión y diversidad es continuo.

Dada la pluralidad de enfoques psicoterapéuticos, existe una amplia gama de definiciones de lo que es psicoterapia. Feixas y Miró (1993) intentan de recabar lo común de las diversas definiciones, y definen la psicoterapia como:

"Un tratamiento ejercido por un profesional autorizado que utiliza medios psicológicos para ayudar a resolver problemas humanos en el contexto de una relación profesional. Algunas definiciones resaltan el valor del proceso interpersonal entre cliente y terapeuta como característico de la psicoterapia. Otras destacan fines específicos en términos de la personalidad del cliente, o de sus pautas de comportamiento".

Respecto a quién practica la psicoterapia, la diversidad también es el factor común. Hoy en día, ninguna profesión puede pretender tener el monopolio de su práctica. Aunque la mayoría de los terapeutas suelen ser psicólogos o psiquiatras, también otros profesionales como consejeros y trabajadores sociales suelen ejercer esta actividad. Ahora bien, la actividad mas profesionalizada y especializada, al menos en la actualidad, suele estar bajo el cargo de psicólogos y psiquiatras (p.e servicios públicos de salud mental), tendencia que podría ir cambiando con el desarrollo social.

La diversidad también se refiere al "contenido" de la actividad psicoterapéutica, siendo esta el producto de la interacción de diversos factores: las características del cliente, del terapeuta y de la relación.

Los motivos de los clientes (o pacientes) para comenzar un tratamiento son diferentes, aunque suelen ser temas comunes: la desesperanza, el aislamiento social, la desmoralización y un sentimiento de fracaso y falta de valor. El cliente se suele sentir al margen del fluir de la vida y experimenta sentimientos de ansiedad, desánimo e infelicidad. La diversidad de problemas que presenta el cliente o su estructura subyacente, también va a influir en el enfoque y la orientación que adopte el terapeuta.

2. MODELOS HUMANISTAS

2.1. Reseña histórica

Kierkegaard

Los modelos humanistas de la psicoterapia abarcan a las concepciones "fenomenológicas", "humanistas" y "existencialistas" desarrolladas en el campo psicoterapéutico. Dentro de las concepciones humanistas destacan la "Terapia guestáltica", el "Análisis Transaccional" y la "Psicoterapia Centrada en el Cliente" (de la que nos ocuparemos con preferencia, por ser el modelo humanista con más apoyo empírico).

377

A todas las orientaciones anteriores se les denomina "tercera fuerza" en los años sesenta, por presentarse como alternativas tanto al psicoanálisis como al conductismo dominante en esos años.

Estas psicoterapias se desarrollan sobretodo en Norteamérica, en gran parte al margen de la tradición académica. Sus antecedentes filosóficos se encuentran en autores como F. Brentano (1838-1917) que destaca el papel de la experiencia y el carácter intencional de los actos psíquicos; E. Husserl (1859-1938) que destaca el análisis de la experiencia inmediata, de la conciencia pura a través del método fenomenológico; K. Jaspers (1883-1969), filosofo y psicopatólogo que introduce en psiquiatría el método fenomenológico como forma de describir las vivencias anómalas del enfermo psíquico; S. Kierkegaard (1813-1855), precursor del existencialismo y que describe los problemas del significado de la vida, la muerte, y la ansiedad existencial; L. Binswanger (1881-1966), psiquiatra vinculado originalmente al psicoanálisis y que evolucionó hacia el existencialismo, aportando su método de análisis del significado vital, el llamado daseinanálisis (forma de ser-en-el-mundo); J.P. Sastre (1905-1980), que destaca el como la existencia precede a la esencia, es decir, que el ser humano no viene con un ser a desarrollar sino que tiene que encontrarlo por si mismo.

El ser humano es radicalmente libre, y se autodetermina mediante su proyecto existencial a través de sus decisiones (hay que notar que la concepción budista del "karma" es similar a esta existencial en cierto grado) y al psiquiatra V. Frankl (1905-) que a partir de su propia experiencia radical de prisionero en un campo de concentración nazi, enfatiza la importancia del encuentro o pérdida del sentido de la propia existencia, describiendo las llamadas "neurosis noogénicas" como forma de pérdida de este sentido.

Sin embargo, a pesar de estos antecedentes europeos, la psicología humanista es un fenómeno básicamente norteamericano. Sus antecedentes más claros están en el "neopsicoanálisis" de K. Horney, E. Fromm, la psicología individual de Alfred Adler, los filósofos Tillich y Martin Buber, residentes en EE.UU., y la escuela Gestalt, sobretodo a través de K. Goldstein que introduce en este país la idea del organismo humano (su obra "El organismo" de 1934), como una totalidad impulsada hacia la autorrealización.

En los años cincuenta comienzan a destacar dos autores, C. Rogers que elabora sus primeras aportaciones terapéuticas (Rogers en 1952 publica su obra "Psicoterapia centrada en el cliente") y Maslow que jerarquiza la motivación humana en su obra "Motivación y personalidad". En 1961 se constituye la Asociación Americana de Psicología Humanista que aparece como reacción a la insatisfacción producida tanto por la psicología académica, dominada por el conductismo que entendían como reduccionista y mecanicista, y por su alternativa el psicoanálisis que entendían también como reduccionista al olvidar el carácter de construcción del significado vital del sujeto.

Bernstein

Según Bernstein y Nietzel (1980) los modelos humanistas se caracterizan por:

1º La importancia concedida a la percepción subjetiva del

mundo o realidad como determinante fundamental de la conducta.

2º La afirmación de que cada persona posee de manera innata un potencial de crecimiento o desarrollo de si mismo orientado hacia metas positivas como la armonía, el amor o la alegría.

3º La persona humana es considerada en si misma como un sujeto independiente y plenamente responsable de sus actos, sin plantearse causas subyacentes, como hacen los modelos conductistas o psicodinámicos.

4º Solo podemos comprender a una persona cuando nos podemos situar en su lugar para percibir el mundo desde ella misma. Como consecuencia, el modelo rechaza el concepto de enfermedad mental y las clasificaciones de los trastornos mentales, asumiendo que toda conducta es normal cuando nos colocamos en el punto de vista de la persona afectada (este punto es mas relativo en los modelos fenomenológicos, en los que se basan gran parte de las actuales nosologías psiquiátricas actuales).

5º La intervención terapéutica se suele centrar en el aquí y ahora de la experiencia actual e inmediata, concediendo poca importancia a los antecedentes históricos y a las intervenciones directivas.

2.2. Conceptos fundamentales

El modelo de psicoterapia desarrollado por C. Rogers parte de la idea de que toda persona posee una tendencia actualizante, una especie de impulso hacia el crecimiento, la salud y el ajuste. La terapia mas que un hacer algo al individuo, tratará de liberarlo para un crecimiento y desarrollo adecuado (Rogers, 1951).

2.3. Carl Rogers

Uno de los obstáculos más poderosos para impedir la anterior tendencia, es el aprendizaje de un concepto de si mismo negativo o distorsionado en base a experiencias de desaprobación o ambivalencia hacia el sujeto en etapas tempranas de su desarrollo (Raimy, 1948). Parte del trabajo de la terapia centrada en el cliente trata de facilitar que el sujeto se exprese con sus ambivalencias e impulsos hostiles y agresivos, de modo que este pueda reconocerse de manera integral.

Otro elemento fundamental para que el sujeto continúe su tendencia actualizante es el experiencing. Este consiste en la experimentación consciente de un sentimiento que hasta el momento fue reprimido. La experimentación de sentimientos reprimidos por ambivalentes, hostiles o irracionales, que aparezcan permite al sujeto actualizar su experiencia, ser "el mismo" y modificar el autoconcepto distorsionado que estaba manteniendo hasta el momento.

De la manera anterior se da una interacción mutua entre la experiencia y el autoconcepto. Sin embargo el sujeto puede desarrollar una desconfianza hacia su propia experiencia emocional en base a las prácticas de educación y crianza en las que está inmerso. La presión del entorno (familia, colegio, etc.) puede hacer que el niño enfoque su conducta a agradar, llevarse bien, alcanzar el éxito, según es definido por instancias externas a él mismo. El niño aprende que para ganarse la aprobación de los otros debe de actuar según unos criterios externos. De este modo puede sentir en privado, consciente o inconscientemente, deseos o sentimientos que inhibe en público. Rogers (1983) identifica este proceso como la "Cultura de la Coca-Cola". El proceso evaluador anterior queda así conformado por la discrepancia entre lo experimentado y lo que debe de experimentarse o expresarse.

La anterior discrepancia genera psicopatológica. La incongruencia entre lo que el organismo experimenta y lo que es necesario para mantener la aceptación o consideración positiva hacia si mismo, genera una especie de conducta defensiva que implica negación y distorsión y por lo tanto mayor o menor grado de psicopatología.

El terapeuta centrado en el cliente tratará de desarrollar una serie de mecanismos de cambio (aceptación positiva incondicional, empatía y congruencia) mediante los que comunicará al sujeto la actitud de que experimentar su organismo, su subjetividad emocional, es importante y esencial para su actualización y desarrollo personal (Rogers, 1957).

3. MÉTODO TERAPÉUTICO

Básicamente, el terapeuta parte de la idea de que su cliente tiene una tendencia actualizante y un valor único y personal que está bloqueado o distorsionado por determinados criterios de aceptación externa (consideración positiva condicional). La terapia tratará de desbloquear el proceso anterior mediante la aplicación de tres estrategias o técnicas fundamentales: La Empatía, la Consideración positiva incondicional y La Congruencia (Rogers, 1957).

382

3.1. La empatía

Se refiere al esfuerzo continuo del terapeuta por apreciar y comunicar a su cliente una comprensión de los sentimientos y significados expresados por este. Esto se hace mediante un ciclo de tres fases:

1) La resonancia empática del terapeuta a las expresiones del cliente
2) La expresión de empatía por parte del terapeuta al cliente
3) La recepción del cliente de la respuesta empática del terapeuta.

3.2. Consideración positiva incondicional:

El terapeuta brinda la oportunidad al cliente a expresar sus sentimientos generalmente inhibidos para facilitar su autoaceptación. Para ello le acepta sin condiciones de valor y evita corregirle o dirigirle hacia criterios preestablecidos. Esta actitud conlleva un aprecio hacia los sentimientos y la persona del cliente con todas sus aparentes contradicciones e irracionalidades.

3.3. La congruencia:

Se refiere a la autenticidad del terapeuta ante su cliente particular. Para que este pueda mostrarse empático ha de ser congruente con sus propios sentimientos generados en la relación terapéutica. Tal congruencia se muestra tanto a nivel verbal como no verbal.

La terapia centrada en el cliente ha contribuido poderosamente a establecer una serie de condiciones que son necesarias en casi todas las psicoterapias, sobretodo en sus aspectos relacionales.

Se discute que sus tres condiciones básicas (empatía, aceptación positiva incondicional y congruencia) sean condiciones suficientes para la psicoterapia, aunque sí parecen necesarias (p.e Carkuff, 1979).

También es de destacar que los movimientos actuales de psicoterapia (p.e enfoques cognitivos constructivistas e integradores) se basan en gran parte en el enfoque experiencial expuesto por C. Rogers (p.e Bohart, 1992; Guidano, 1993). La emoción y su experimentación se consideran básicas en el proceso de cambio de la psicoterapia efectiva.

4. MODELOS CONDUCTISTAS

4.1. Reseña histórica

La extensión de los modelos conductistas al campo de la clínica y la psicoterapia viene marcada por varios hechos históricos. Durante la segunda guerra mundial los psicólogos comienzan a ejercer sus funciones como seleccionadores de personal y como ayuda de los psiquiatras en tareas de diagnóstico. Después de este conflicto se dedicaron al cuidado de los veteranos de la guerra en instituciones públicas.

En 1949 se desarrolla la conferencia Boulder, donde se define el papel del psicólogo clínico. Socialmente, la profesión del psicólogo clínico se va consolidando y lleva de la mano una nueva forma de abordar los trastornos mentales. Por un lado se comienza a cuestionar el diagnóstico basado en clasificaciones particulares (fiabilidad baja, efecto de "marca" negativa de la etiqueta, circularidad explicativa y poca relación con la etiología), y por otro, la relación de estos diagnósticos con su tratamiento (escasa relación entre el tipo de trastorno y el tipo de tratamiento).

A partir de 1950 surgen tres focos geográficos de extensión de la terapia de conducta: En Inglaterra H.J. Eysenck (1952) publica su ácido artículo sobre la baja eficacia de la terapia tradicional en el campo de las neurosis (extiéndase terapias basadas en el psicoanálisis y los psicofármacos). Este autor siguiendo la tradición de Pavlov basa su modelo de personalidad y terapia en la psicología del aprendizaje y la psicofisiología. Desde Sudáfrica, Wolpe (1958) desarrolla un nuevo modelo para interpretar y tratar las neurosis, basado en el condicionamiento clásico y en la "desensibilización sistemática". Este autor muestra en sus obras como esta terapia es eficaz en el tratamiento de las distintas neurosis.

El tercer foco deriva de los EE.UU. donde la obra de B.F. Skinner basada en el condicionamiento operante se aplica con cierto éxito a problemas de aprendizaje escolar (educación programada), retraso mental y manejo de conductas en pacientes psicóticos.

Eysenck

En 1959, Eysenck introduce el término terapia de conducta para referirse a aquella psicoterapia basada en los principios de aprendizaje (clásico y operante) y en una metodología científica de tratamiento. En la década de 1960, se desarrolla por Bandura (1969) el tercer tipo de aprendizaje humano relevante: el aprendizaje por imitación o modelado. En la siguiente década, los años setenta comienzan a cuestionarse la suficiencia de los modelos conductuales basados exclusivamente en el condicionamiento y aparecen los llamados modelos cognitivos-conductuales como el paradigma A-B-C (Acontecimiento-Cognición-Consecuencia) de Ellis (1962), los enfoques cognitivos de la depresión de Beck (1966), los métodos de inoculación al estrés de Meichenbaum (1977), y la teoría de las expectativas de autoeficacia de Bandura (1977) dentro de su enfoque de aprendizaje social.

De forma general, se generan así dos grandes corrientes en la terapia de conducta:

1. Aquellos que rechazan los términos mentalistas y apoyan la suficiencia del condicionamiento para la explicación y el tratamiento de los problemas psicológicos (abanderados por Wolpe y los segudores de Skinner)

2. Aquellos otros, que aun reconociendo la importancia del condicionamiento, lo ven insuficiente para abordar los problemas psíquicos (Eysenck y sus seguidores destacan el papel de los factores biológicos; y los terapeutas cognitivos el papel de los significados subjetivos como las creencias, atribuciones, metas e interpretaciones personales).

Actualmente la terapia o modificación de conducta tiene aplicación en un rango muy amplio de problemas (neurosis, depresión, trastornos de pareja, toxicomanías, trastornos psíquicos infantiles, medicina, etc.); y es reconocida como uno de los enfoques más influyentes y prestigiosos en el terreno de la salud mental.

Algunos autores destacan como su último desarrollo las llamadas terapias cognitivas. Para otros autores (p.e Beck) las terapias cognitivas se basan en un modelo del hombre y la terapia distinto al mantenido en la terapia de conducta más tradicional. Sin embargo, en la terapia cognitiva se utiliza con profusión las técnicas conductuales como procedimiento de cambio de significados cognitivos. Nosotros trataremos estas terapias en otro punto por tener algunas características distintivas a estos modelos conductuales.

Los postulados básicos del modelo conductual (Kazdin, 1975; Skinner, 1975) son:
1° La conducta anormal o desviada no es el producto de procesos mentales o biológicos alterados. No es un síntoma "superficial" de una estructura subyacente. Ella misma conforma la anormalidad. Los llamados procesos mentales son actividades conductuales encubiertas, no observables directamente.

2° La evaluación o diagnóstico conductual consiste en la determinación de la conducta objeto de estudio, sus antecedentes y sus consecuencias.

3° La intervención psicoterapéutica conductual consiste en la modificación de los antecedentes y consecuencias de la conducta afín de modificar esta.

4° La conducta puede ser manifiesta (actos motores y conducta verbal) o encubierta (pensamiento, imágenes y actividad fisiológica).Los llamados procesos mentales subjetivos son conductas encubiertas regidas por los mismos principios de aprendizaje que la conducta manifiesta.

5° El estudio del "sujeto conductual" consiste en el análisis de su conducta manifiesta y encubierta.

6º El conductismo y la terapia de conducta no niegan la existencia de los procesos subjetivos llamados mentales, como se suele malinterpretar, sino mas bien los considera actividad mental, actividades conductuales, conducta (Skinner, 1974).

7º La terapia de conducta estudia la conducta encubierta a través de la conducta manifiesta. La conducta manifiesta no está causada por la conducta encubierta, sino que ambas se explican en función de la historia de aprendizaje del sujeto conductual y las variables antecedentes y contingenciales actuales.

8º El terapeuta de conducta "siente" un profundo respeto por la persona de su paciente, y le informa de sus intervenciones, de las que suele pedir consentimiento. La terapia conlleva un rol activo del paciente y del terapeuta. Los terapeutas de conducta están profundamente interesados en mantener una adecuada relación terapéutica con sus clientes.

4.2. Conceptos fundamentales

La terapia de conducta asume una serie de supuestos fundamentales que podemos agrupar en los cinco siguientes (Rimm y Cunningham, 1988):

1º) La terapia de conducta se centra en los procesos conductuales más cercanos a la conducta manifiesta (salvo en el caso de los conductistas cognitivos)

2º) La terapia de conducta se centra en el aquí y ahora y presta menos atención a los sucesos históricos

3°) La terapia de conducta asume que la conducta anormal es adquirida en gran parte a través del aprendizaje (clásico, operante y por modelamiento).

El paradigma del condicionamiento clásico se refiere al aprendizaje basado en la asociación de un estímulo neutro, que posteriormente adquirirá poder para desarrollar la conducta (estímulo condicionado) al asociarse con un estímulo incondicionado. Aunque el condicionamiento clásico supone que el estímulo condicionado antecede por lo general al incondicionado, también existe el caso inverso donde el estímulo condicionado sigue al estímulo incondicionado, es el llamado condicionamiento hacia atrás. El condicionamiento clásico ha sido propuesto para explicar y tratar diversos fenómenos neuróticos. La llamada Teoría de los dos factores (Mowrer, 1946) propone que la respuesta de ansiedad se condiciona a un estímulo neutro (primer factor) y que la respuesta de escape o evitación es reforzada por la reducción de la ansiedad, como respuesta operante (segundo factor).
Eysenck (1982) desarrolla su teoría de incubación del miedo donde el estímulo condicionado de carácter fuerte puede adquirir las características del incondicionado (aunque este no termine presentándose), manteniéndose la respuesta ansiosa sin extinguirse (la llamada paradoja neurótica).

El paradigma del condicionamiento operante se basa en que una conducta en presencia de un estímulo particular (estímulo discriminativo) se hace más probable si es seguida de una consecuencia o contingencia reforzante. En este paradigma la conducta no está controlada por sus antecedentes (no es una E-R) sino por sus consecuencias (R-C). Si una conducta

389

aumenta su probabilidad de producirse si es seguida por una determinada consecuencia, se denomina a este proceso reforzamiento positivo. Si esa conducta aumenta su probabilidad de producción si es seguida por la retirada de un estímulo aversivo, se denomina a ese proceso como reforzamiento negativo. Si la probabilidad de esa conducta se reduce como consecuencia de la presentación de un estímulo aversivo o la retirada de uno positivo, se denomina al proceso como castigo. Si esa conducta deja de producirse como consecuencia de la no presentación de sus consecuencias reforzantes (positivas o negativas) se denomina al proceso como extinción.

Los principios del condicionamiento operante han sido propuestos para explicar y modificar diversas conductas anormales como la depresión (Lewinsohn, 1974), evitación o "defensas" de los trastornos neuróticos (Mowrer,1949), conducta histriónica (Ullman y Krasner,1969), esquizofrenia (Ullman y Krasner,1975), problemas de la pareja (Linenhan y Rosenthal,1979), toxicomanías (Kepner,1964), etc.

El tercer paradigma es el llamado condicionamiento vicario o aprendizaje por modelamiento o imitación. Las personas no sólo adquieren su conducta por la asociación de experiencias o los resultados de sus acciones sino también por observación de cómo actúan otras personas reales o actores simbólicos (historias, relatos, etc.). Gran parte de la conducta humana es mediada culturalmente por diversidad de modelos familiares y sociales en el llamado proceso de socialización o aprendizaje social. Las habilidades sociales para relacionarse con los demás y muchos temores y prejuicios que dan lugar a conductas patológicas, están mediados por este proceso (Rosenthal y Bandura, 1978).

También los conductistas más actuales han destacado no sólo el papel del aprendizaje y la cultura social en la conducta humana, sino también la importancia de los factores biológicos. Por ejemplo, tanto Eysenck (1967) como Gray (1975) postulan bases biológicas para las diferencias de personalidad entre los sujetos; y Seligman 1971) desarrolla su teoría de las fobias preparadas biológicamente.

Otro aspecto destacable son las teorías del autocontrol y el interaccionismo reciproco. Aunque la persona está en gran parte controlada por sus contingencias ambientales y su historia de aprendizaje, su propio repertorio conductual le permite ejercer cierto autocontrol sobre su propia conducta y sobre el entorno, de modo que este y ella (la persona y el entorno) se modifican recíprocamente (Skinner, 1975; Bandura, 1984).

Queda claro que el conductismo actual está lejos de ser una simple teoría Estímulo- Respuesta.

4.3. Método terapéutico

Básicamente la terapia de conducta comienza mediante un proceso de diagnóstico denominado Análisis Funcional o Conductual. Consiste en "traducir" el problema presentado a categorías conductuales operativas (conductas manifiestas y encubiertas por lo general clasificadas como "cogniciones", "emociones" y "conductas") y en determinar las variables que las mantienen (organísmicas-mediacionales, antecedentes estimulares y contingencias de refuerzo).

El anterior proceso determina de qué variables es función la conducta estudiada y guía el proceso de selección de las técnicas terapéuticas. En la mayoría de los casos el terapeuta comparte con su cliente o paciente los resultados de tal análisis y cómo a partir del mismo es deseable intervenir.

También hay que destacar que la misma Relación Terapéutica puede ser analizada por el mismo procedimiento, cuando ésta es relevante para la terapia en curso (colaboración del paciente). Cuando la conducta del paciente presenta una escasa colaboración para la terapia, se puede intentar modificarla para lograr niveles mejores de relación terapéutica analizando su función.

El terapeuta de conducta suele manejar un amplio abanico de Técnicas terapéuticas para diversidad de problemas. El empleo de las mismas más adecuado es cuando deriva del análisis funcional del problema en cuestión. De manera resumida podemos agrupar estas técnicas mediante el paradigma de aprendizaje en el que se basan:

1º Técnicas basadas en el condicionamiento clásico:

La más conocidas y utilizadas son los métodos de Exposición y de Desensibilización Sistemática que consisten en enseñar al sujeto a enfrentarse más o menos gradualmente a las fuentes estimulares de su ansiedad, miedos, vergüenzas y otras emociones, de modo que dejen de responder con ansiedad ante las mismas. La desensibilización conlleva el aprendizaje previo de habilidades de relajación.

2º Técnicas basadas en el condicionamiento operante:

Básicamente se dividen en procedimientos encaminados a aumentar conductas adecuadas (Reforzamiento-Moldeamiento por aproximaciones sucesivas, etc.) y aquellos otros encaminados a reducir conductas inadecuadas (Extinción y Castigo), así como aquellos que combinan las dos finalidades anteriores (Reforzamiento diferencial, Contrato de conducta, Control de estímulos, etc...).

3º Técnicas basadas en el modelamiento:

A través del modelado del terapeuta o grupo se presenta al paciente diversos procedimientos de manejo de problemas relacionales, el paciente las observa e imita el modelo y el terapeuta le proporciona información correctora. También se utilizan como técnicas para expresar no sólo nuevas conductas, sino también para expresar deseos y emociones diversas. Las técnicas más conocidas en este terreno son el Entrenamiento en Habilidades Sociales y el Entrenamiento en Asertividad.

4º Técnicas basadas en los principios del autocontrol:

Se suele utilizar en combinación con las anteriores, y en cierto sentido las intervenciones anteriores se proponen al paciente como vías de autocontrol o aprendizaje de manejo de problemas. Las más utilizadas son los autorregistros a través de los cuales el paciente aprende a observar su propia conducta y a modificarla y las técnicas cognitivas mediante las que se aprende a manejar la relación entre los acontecimientos, su interpretación-valoración subjetiva y sus efectos emocionales y conductuales. Estos procedimientos se utilizan con mayor énfasis y extensión por los terapeutas cognitivos y de una manera más particularizada por los terapeutas cognitivos-conductuales o conductistas cognitivos.

Un aspecto a resaltar es que para el terapeuta conductual la terapia es mucho más que la utilización de un determinado elenco de técnicas, sino un modo de entender a la persona y su conducta basado en los principios del Conductismo clásico (Pavlov, Watson), moderno (Skinner, Bandura) y actual (Eysenck, Staats, Ardila, Meichenbaum).

Los desarrollos actuales del conductismo y la terapia de conducta se mueven entre dos polaridades mas o menos extremas, los que defienden los principios conductistas más radicales (Conductismo Radical de Skinner), os que combinan principios conductistas y cognitivos (Psicólogos Cognitivos-Conductuales (Beck,Ellis) y aquellos que se consideran ajenos al conductismo, aunque conectados históricamente al mismo (Psicólogos Cognitivos-Constructivistas como Mahoney y Guidano). Estos tres grupos a su vez suelen ser denominados en la psicoterapia como pertenecientes a la Modificación de Conducta. Aunque sus objetivos, filosofías y métodos, suelen ser diversos, por lo general son complementarios, al intervenir sobre distintos niveles, áreas o dominios conductuales.

5. PSICOTERAPIA EXISTENCIAL

Autores relacionados por el desarrollo de la Psicoterapia Existencial:

KIERKEGAARD, considera importante la forma en que las personas construyen el significado de sus vidas a través de las decisiones acumuladas. Además, este autor habla de los "estilos de vida" o maneras de experimentar, que representan distintos niveles de desarrollo.

Heidegger
HEIDEGGER, este autor distinguió entre el "dasman" (mentalidad convencional) y el "daseim" (niveles altos de consciencia).

LUDWIG BINSWANGER, opina que a la hora de estudiar la personalidad se ha de partir de "la estructura fundamental del significado", (tendencia no aprendida a percibir significados en los eventos, y por tanto, trascender a las situaciones concretas).

Victor Frankl

VICTOR FRANKL, conocido por desarrollar la "Logoterapia"; distinguió 3 clases de valores:
1. **experienciales,** basados en la experiencia recibida.
2. **actitudinales**, pueden obtenerse a través de la comprensión cuando los otros valores están bloqueados.
3. **creativos,** obtenidos por la acción directa con el mundo.

VAN KAAM, autor interesado en el Método Fenomenológico de describir y validar la experiencia.

GENDLIN, desarrolló el concepto de "Significado sentido", como una manera de resolver la diferencia entre pensamiento-sentimiento.

Para todos estos autores la Psicoterapia Existencial es un modo general de tratamiento de desórdenes de todo tipo. Las dificultades, los síntomas y los desórdenes psicológicos son entendidos como una falta de significado y de indecisión.

5.1. Principios de la terapia existencial

Para comprender el funcionamiento de la psicoterapia existencial hay que entender los principios en que se basa.

Se parte de la existencia de un mundo objetivo al que se le da forma gracias a las interpretaciones y el mecanismo por el que se construye el significado es lo que se conoce como:

Sartre

5.1.1. Toma de decisiones

Las decisiones tienen 2 alternativas posibles:

- elección del futuro.
- elección del pasado.

La toma de decisiones es la relación que las personas tienen (con otros, con instituciones, con sus ambientes biológicos, físicos y además, consigo mismo).

Lo que importa a los existencialistas es la calidad de estas relaciones; las relaciones serán más fructíferas si el sujeto ha elegido el futuro, ahora bien, teniendo en cuenta que existen realidades que no se pueden cambiar, con la elección del futuro las podemos minimizar pero no eliminar.

5.1.2. Personalidad

Otro principio es el de entender el concepto de personalidad, una combinación de realidades y de posibilidades. A la hora de evaluar la personalidad se debe conocer tanto lo presente como lo posible.

5.1.3. Proyecto Fundamental

Este concepto, de Sartre, explica la unión entre el pasado y el futuro con el momento presente de la persona. Al tomar decisiones están participando los recuerdos de las decisiones pasadas y la imaginación sobre decisiones futuras.

5.1.4. Procesos

La máxima que persigue la Psicología Existencial es desarrollar niveles altos de consciencia y para ello es necesario el uso de 3 procesos:

1. **Simbolización;** desarrollo de categorías cognitivas que representan la experiencia sin que realmente esté.
2. **Imaginación;** yuxtaposición, combinación y recombinación de categorías mentales que se asemejan a la experiencia pero sin existir interacción con el ambiente.
3. **Juicio,** adoptar una postura evaluativa en relación a la experiencia actual e imaginada.

Estos 3 procesos son los que construyen el significado que las personas dan a la experiencia.

5.1.5. Ser Auténtico

El concepto de "ser auténtico" o madurez aunaría lo visto hasta ahora, ya que una persona próxima a este concepto es aquella que se ve capaz de influir en su vida a través de la simbolización, imaginación y el juicio en el proceso de toma de decisiones. Son personas que muestran una tendencia a elegir el futuro en pensamiento y en acción.

Muy relacionado con alcanzar la autenticidad está la explicación llevada a cabo del desarrollo temprano y el tardío.

El **desarrollo temprano** va desde el nacimiento hasta que la fortaleza ha sido aprendida; la fortaleza está compuesta por:

- Compromiso versus Alienación.
- Control versus Impotencia.
- Desafío verus Amenaza.

Compromiso es la capacidad para involucrarse en una actividad.

Control es actuar como si se pudiera influir en los eventos.

Desafío es la esperanza de cambio.

El **desarrollo tardío** tiene lugar durante la adolescencia y se caracteriza por el aprendizaje a través de los propios fracasos. Si el desarrollo transcurre correctamente se pasará por 2 etapas:

1. El **Esteticismo**, es el deseo de intentar las cosas por sí mismo, termina cuando se han acumulado suficientes experiencias de fracaso.

2. El **Idealismo**, compromisos imperecederos y valores que se aplican universalmente.

La Psicología Existencial está interesada por los estados psicopatológicos que incluyen la falta de significado. Estos estados aparecen cuando el conformista, persona con poca protección ante los eventos estresantes por lo que evalúan de forma pesimista y evitan las situaciones, se encuentra ante sucesos estresantes de bastante intensidad produciendo en ellos el colapso.

A la hora de llevar a cabo la terapia hay una serie de estrategias a tener en cuenta:

- Confrontación y orientación en el presente.
- Las emociones de la interacción terapéutica.
- Énfasis en el contenido.

La **Confrontación** se usa para forzar al cliente a reflexionar sobre lo que está pensando y haciendo. Al igual que la corriente psicoanalítica, la existencial considera que el funcionamiento presente de una persona es reflejo de lo aprendido en el pasado.

Ahora bien, las confrontaciones de la corriente existencial incluyen los hechos específicos de la vida diaria presente, (en la psicoanalítica las interpretaciones conducen al paciente hacia el pasado).

La importancia de las **Emociones** que surgen en la interacción terapéutica se debe a que expresan las reacciones de lo que está sucediendo. Si las emociones son negativas significa que la interacción no es productiva.

Las emociones pueden suponer un obstáculo para lograr el cambio cuando se refieren al pasado o a sí mismo; los existencialistas consideran que el presente y el futuro son más importantes para recobrarse que el pasado.

Los terapeutas existenciales tienen unos **Contenidos** preferentes de la experiencia que son importantes para el funcionamiento humano. Los contenidos son:

a) Responsabilidad.
b) Aislamiento.
c) Muerte.

El primer contenido, el de **responsabilidad**, hacer referencia a que cuanto antes acepte el sujeto que es responsable de sus pensamientos, sentimientos y actos mucho mejor, porque le llevará a romper con el pasado y así podrá tomar decisiones orientadas hacia el futuro.

El **aislamiento** se refiere a que no se puede conocer completamente a los demás, ni éstos a nosotros. Hay que ayudar a los clientes a aceptar el aislamiento pero, mientras deben continuar esforzándose por hacer posible la intimidad.

Respecto al contenido de la **muerte** hay que reconocer que es algo que no puede controlarse, es inevitable e imprescindible. La función del terapeuta es conseguir en el cliente la fortaleza necesaria para aceptarlo.

Para terminar, podemos decir que la Psicología Existencial busca que el cambio del desarrollo sea constante, lo mismo que la vitalidad. La terapia se centra más en procesos racionales al considerar que las capacidades mentales son las que formulan el significado.

Para lograr todo esto el terapeuta existencial usa las siguientes técnicas:

A) INTENCIÓN PARADÓJICA, sirve para que los clientes controlen sus síntomas y se den cuenta de que son ellos quienes los producen.

B) EL ENFOQUE, técnica introducida por Gendlin, su fin es llegar al sentido más individual que cada persona tiene de las cosas. Ayuda al cliente a desarrollar su fortaleza ya que es un buen ejercicio de simbolización, imaginación y del juicio.

C) RECONSTRUCCIÓN SITUACIONAL, su función es proporcionar ideas acerca del cambio.

C) AUTOMEJORA COMPENSATORIA, usada por Kobasa y Maddi, pretende incrementar el sentido de posibilidad de áreas que no estén dominadas por el determinismo.

E) CONSTRUCCIÓN DE LA FORTALEZA A TRAVÉS DE LA ESTIMULACIÓN TEMPRANA DEL DESARROLLO, aquellos ejercicios que se realizan para trabajar la fortaleza en el sujeto es importante que se den en el ambiente creado en la psicoterapia.

6. ESTRÉS

6.1. Introducción:

La palabra estrés (stress) viene de la ingeniería y se refiere a tensión o estiramiento excesivo, pero no es hasta la formulación de H. Selye del Síndrome General de Adaptación (SGA) cuando se generaliza en el ámbito humano (H. Selye, 1954,1983).

Síndrome General de Adaptación (SGA) comprende tres fases:

1).- Reacción de alarma.
2).- Fase de resistencia.
3).- Fase de agotamiento.

El concepto de estrés se ha aplicado a los fenómenos psicosociales con lo que ha llegado a designar diversos aspectos. Se da un estado de estrés psicosocial cuando una serie de demandas inusuales o excesivas amenazan el bienestar o integridad de una persona. En el intento de dominar la situación se corre el peligro de que los recursos de afrontamiento se vean superados, llevando a una perturbación en el funcionamiento, dolor, enfermedad o incluso, muerte.

Los estudios de psicología del estrés han llamado la atención sobre la importancia de los *actos de evaluación cognitiva* que determina un valor de la amenaza.

Estos mismos autores distinguen entre:

- evaluación primaria (se centra en la situación)
- evaluación secundaria (se centra en la eficacia o resultados que tendrán las medidas que se adopten para hacer frente a la situación o acontecimiento).

Los factores de personalidad determinan la importancia del estresor y la vulnerabilidad o tolerancia de la persona al estrés en general.

Entre las situaciones estresantes podemos destacar:

1. Incertidumbre y subestimación.
2. Sobrecarga de información.
3. Peligro.
4. Fracaso en el auto-control.
5. Fracaso del auto-dominio.
6. Amenaza a la auto-estima.
7. Amenaza a la estima de otros.

6.2. Solución de problemas

Cohen y Lazarus (1979) definen *las estrategias de afrontamiento* como: *los esfuerzos, tanto intrapsíquicos como orientados hacia la acción, para manejar las demandas ambientales e internas, y los conflictos entre ambas, que se evalúan como que exceden los recursos de una persona.*

El afrontamiento puede servir a una de dos funciones:

1. Resolución de problemas.
2. Regulación de la emoción.

Folkman y Lázarus

Los recursos de que dispone una persona para hacer frente a situaciones o acontecimientos estresantes son muy diversos. Según Folkman y Lazarus (1986) podemos señalar los siguientes:

1. Materiales y económicos.
2. Vitales: salud y energía.
3. Psicológicos: creencias positivas.
4. Técnicas de solución de problemas.
5. Habilidades sociales.
6. Apoyo social.

Según estos mismos autores, el estrés se investiga a nivel *fisiológico, psicológico y sociológico.* El estrés experimentado a un determinado nivel de análisis no significa forzosamente que sea experimentado en otro distinto. La evaluación cognitiva representa el vínculo psicológico entre los distintos niveles.

El planteamiento dominante en la evaluación del estrés ha sido el de evaluar los cambios ambientales principales o acontecimientos vitales (Live events). Este planteamiento es defectuoso (según Folkman y Lazarus, 1986) en las principales premisas de las que parte, según las cuales, el cambio por sí mismo ya es estresante, y los acontecimientos de la vida han de ser de orden superior para crear estrés o de una magnitud determinada para producir un deterioro en la salud. Según estos autores, los acontecimientos vitales tienen poca importancia práctica en la predicción de las consecuencias sobre la salud, pero se continúa con este planteamiento porque es fácil de aplicar y se confía en que las modificaciones que se introduzcan resulten de utilidad.

Una medición del afrontamiento como proceso debe:

1. Hacer referencia a pensamiento, sentimientos y actos específicos, y no a los informes de un individuo de lo que podría o quería hacer.
2. Ser examinada en un contexto específico.
3. Ser estudiada en diferentes períodos de tiempo.

La forma propuesta por Folkman y Lázarus, para evaluar el afrontamiento es hacer que los sujetos reconstruyan situaciones estresantes recientes y describan lo que pensaron, sintieron e hicieron para afrontar las distintas demandas de una determinada situación. Su medición de la evaluación se ha centrado en los conceptos de evaluación primaria y secundaria.

Conciben el autoinforme como la primera fuente de datos sobre el estrés, evaluación, emoción y afrontamiento. Las ventajas del autoinforme superan las desventajas y resumen su trabajo en un autoinforme sobre los modos de afrontamiento. Este autoinforme consta de 67 ítems que se pueden valorar de 0 a 3.

Para la evaluación del afrontamiento tenemos también otros instrumentos como:

- Inventario de Mecanismos de Defensa.
- Inventario de Preferencia de Operaciones de Afrontamiento
- Escala de Atributos de Competencia Psicosocial (Tyler y Pargament).

Como hemos visto antes, la solución de problemas está relacionada con el concepto de afrontamiento, y forma parte de él. Por ello los autoinformes propuestos son medidas también de las habilidades del sujeto para la solución de problemas, pero si queremos una evaluación diferencial podemos utilizar el SPSI de D'Zurrilla y Nezu (1990). Meichembaum (1987) establece el proceso de evaluación de afrontamiento y habilidades de solución de problemas en base a las siguientes técnicas:

1.- Entrevista.
2.- Autoregistros.
3.- Evaluaciones conductuales.
4.- Tests psicológicos.

1.- ENTREVISTA: Tiene como finalidad:

a). Obtener ejemplos de acontecimientos y reacciones estresantes.
b). Evaluar las expectativas del cliente.
c). Proporcionar un análisis cognitivo-funcional de los determinantes internos y externos de las reacciones estresantes.
d). Examinar los elementos comunes o temas presentes en las situaciones estresantes.

e). Considerar el impacto que ejerce el estrés en el funcionamiento cotidiano del cliente.

f). Formular objetivos y planes de tratamiento.

2.- AUTOREGISTROS:

Este procedimiento puede variar desde un diario sin límite fijo hasta el registro o clasificación sistemática de pensamientos, sentimientos y comportamientos específicos.

3.- EVALUACIONES CONDUCTUALES:

Se intentan efectuar evaluaciones en la vida real, la clínica o el laboratorio. Estas evaluaciones del comportamiento ayudan a determinar si la incapacidad de afrontamiento del paciente es un reflejo de un repertorio inadecuado o de interferencias transmitidas interna y/o externamente.

4.- TESTS PSICOLÓGICOS:

En la evaluación es conveniente una serie de tests psicológicos estandarizados, que pueden ser útiles para comprender mejor la naturaleza del estrés que sufre el paciente. Las medidas específicas a elegir van en función de las exigencias de la población en donde se va a intervenir.

EXAMEN TEMA 14

1.   ¿Qué es la psicoterapia?
a)   El tratamiento de las enfermedades mentales
b)   El tratamiento de los problemas sociales humanos
c)   El tratamiento de las anomalías del carácter

2.   La causa más habitual para acudir al psicoterapeuta es...
a)   La desesperanza
b)   La soledad
c)   La infelicidad

3.   El precursor del existencialismo fue...
a)   Freud
b)   Jung
c)   Kierkegaard

4.   El existencialismo explica...
a)   El significado de la vida y la muerte
b)   La existencia de Dios
c)   Nuestra relación con el cosmos

5.   El existencialismo es similar a...
a)   La filosofía clásica
b)   El budismo
c)   El karma

6.   El humanismo insiste en que...
a)   El ser humano es único y responsable de sus actos
b)   Todos somos buenos por naturaleza

c) La bondad es el bien más preciado

7. La presión del entorno puede ser negativa porque…
a) Nos agobia y angustia
b) Nos obliga a agradar a los demás por encima de nuestras necesidades
c) Nos impide movernos en libertad

8. La congruencia del terapeuta es imprescindible para…
a) Que la relación resulte sincera y auténtica
b) No se sienta presionado el enfermo
c) El enfermo pueda ser sincero

9. El conductista…
a) Conduce a las personas
b) Encauza el comportamiento anómalo
c) Observa el comportamiento objetivamente

10. Hay muchas personas que sostienen que la neurosis…
a) Es una anomalía de adaptación
b) No debe ser tratada nunca con fármacos
c) Es una enfermedad física

11. La mayor crítica a la psiquiatría es que…
a) Ingresa a los enfermos en hospitales
b) Aísla a los enfermos con demasiada frecuencia
c) Utiliza más fármacos que psicoterapia

12.   Las anomalías del psiquismo están generadas por...

a)   Alteraciones biológicas
b)   Alteraciones genéticas
c)   Creencias e interpretaciones personales

13.   La conducta hay que evaluarla sobretodo por ...

a)   Sus consecuencias
b)   Su justificación
c)   Su causa

14.   Un conductista tratará de que...

a)   El paciente analice las consecuencias de sus actos
b)   El paciente entienda sus razonamientos
c)   El paciente colabore en su propia curación

15.   El conductista apenas tiene en cuenta...

a)   Los procesos anteriores
b)   Las consecuencias de los actos erróneos
c)   La genética

16.   La conducta se considera modificada cuando...

a)   No son necesarios nuevos castigos
b)   No son necesarios los premios
c)   No hay nuevas consecuencias

17.   El condicionamiento vicario es el...

a)   Aprendizaje por imitación
b)   La presión del entorno
c)   La influencia del físico

18. El condicionamiento operante trata de...

a) El que premia los buenos resultados

b) El que aumenta o disminuye algunas pautas

c) El que busca la pasividad

19. El autocontrol pretende que...

a) El paciente controle sus actos

b) El paciente reprima sus instintos

c) El paciente analice las consecuencias de sus actos

20. Para tomar una decisión hay que...

a) Analizar el pasado

b) Analizar el futuro

c) Las dos

RESPUESTAS EXAMEN TEMA 14

1. b
2. Las tres
3. c
4. a
5. c
6. a
7. b
8. a
9. c
10. b
11. c
12. Las tres
13. a
14. c
15. a
16. c
17. a
18. b
19. c
20. c